Compêndio universal da Espiritualidade

Psicografado pelos espíritos
Alquimista e Poeta

Editora Appris Ltda.
1.ª Edição - Copyright© 2019 dos autores
Direitos de Edição Reservados à Editora Appris Ltda.

Nenhuma parte desta obra poderá ser utilizada indevidamente, sem estar de acordo com a Lei nº 9.610/98. Se incorreções forem encontradas, serão de exclusiva responsabilidade de seus organizadores. Foi realizado o Depósito Legal na Fundação Biblioteca Nacional, de acordo com as Leis nos 10.994, de 14/12/2004, e 12.192, de 14/01/2010.

Catalogação na Fonte
Elaborado por: Josefina A. S. Guedes
Bibliotecária CRB 9/870

A458c 2019	Alquimista (Espírito)
	Compêndio universal da espiritualidade / ditado pelos espíritos Alquimista e Poeta; psicografado por Marcos Melone Cesario, Vera Lucia Stefano.
	1. ed. – Curitiba : Appris, 2019.
	¡399 p. ; 23 cm - (Artêra)
	Inclui bibliografias
	ISBN 978-85-473-3893-0
	1. Ficção espírita. I. Poeta (Espírito). II. Cesario, Marcos Melone. III. Stefano, Vera Lucia. IV. Título. V. Série.
	CDD – 133.93

Appris editora

Editora e Livraria Appris Ltda.
Av. Manoel Ribas, 2265 – Mercês
Curitiba/PR – CEP: 80810-002
Tel. (41) 3156 - 4731
www.editoraappris.com.br

Printed in Brazil
Impresso no Brasil

MARCOS MELONE CESARIO

COMPÊNDIO UNIVERSAL
DA
ESPIRITUALIDADE

PSICOGRAFADO PELOS ESPÍRITOS
ALQUIMISTA E POETA

Appris
editora

FICHA TÉCNICA

EDITORIAL
Augusto V. de A. Coelho
Marli Caetano
Sara C. de Andrade Coelho

COMITÊ EDITORIAL
Andréa Barbosa Gouveia (UFPR)
Jacques de Lima Ferreira (UP)
Marilda Aparecida Behrens (PUCPR)
Ana El Achkar (UNIVERSO/RJ)
Conrado Moreira Mendes (PUC-MG)
Eliete Correia dos Santos (UEPB)
Fabiano Santos (UERJ/IESP)
Francinete Fernandes de Sousa (UEPB)
Francisco Carlos Duarte (PUCPR)
Francisco de Assis (Fiam-Faam, SP, Brasil)
Juliana Reichert Assunção Tonelli (UEL)
Maria Aparecida Barbosa (USP)
Maria Helena Zamora (PUC-Rio)
Maria Margarida de Andrade (Umack)
Roque Ismael da Costa Güllich (UFFS)
Toni Reis (UFPR)
Valdomiro de Oliveira (UFPR)
Valério Brusamolin (IFPR)

ASSESSORIA EDITORIAL
Monalisa Morais Gobetti

REVISÃO
Cindy G. S. Luiz

PRODUÇÃO EDITORIAL
Lucas Andrade

DIAGRAMAÇÃO
Bruno Ferreira Nascimento

CAPA
Eneo Lage

COMUNICAÇÃO
Carlos Eduardo Pereira
Débora Nazário
Karla Pipolo Olegário

LIVRARIAS E EVENTOS
Estevão Misael

GERÊNCIA DE FINANÇAS
Selma Maria Fernandes do Valle

Escrever é sonhar entre as linhas da literatura.
Conquistar é um ato de loucura, perdoar é um ato de pura bravura.
Adjunto ao amor, há uma perspectiva de uma nova vida que segue.

O Alquimista

EXPRESSÃO DA MINHA CONSCIÊNCIA

Como é bom ser usado por energias tão perfeitas. É como transpor a barreira tempo-espaço da criação. Estar presente, consciente ou não, em inúmeras façanhas da plenitude de outros seres.

Poder percorrer o corpo carnal e espiritual de todos que necessitam de uma palavra, um sentimento, um carinho. Ajudar o próximo a conquistar novamente a saúde e o bem-estar.

Tudo isso só pode ser uma dádiva divina. Sou apenas uma ferramenta sutil que deve esquecer o passado e viver apenas o que se pode ser hoje.

Poder compreender a delicadeza e a destreza de um ser mais completo, com evolução plena e mais afinidade com o Criador.

Pudera, um dia, tornar-me um deles e comportar toda aquela singularidade de existência.

Contornos de energias tornam meu simples corpo carnal em algo divino e plenamente ligado ao espaço infinito.

Contudo, ainda falta muito para alcançar tal estágio na evolução divina, mas quem sabe um dia, consiga esquecer todo o passado e completar meu Espírito com uma imensurável ternura que ainda não possuo.

Através dos tempos, poder ter a felicidade de atingir tal estágio e completar meu ciclo existencial dentro da experiência celestial universal.

Como ainda é difícil conseguir demostrar apenas essa tendência!

Contudo, a desistência nunca passou pela minha alma, apertar o coração talvez faça parte de tal experiência.

Enquanto crio essa divina concordância com meus mestres do além, aproveito ao máximo essa oportunidade, sem nunca desistir dessa busca infinita.

Poder crescer continuamente dentro desse invólucro e me tornar liberto nessa transição.

Deixar de lado outros objetivos e, com total dedicação e sem orgulho, poder sempre ajudar e evoluir.

Vou me esforçar ao máximo para transformar meu passado, transpor todas as barreiras e reconstruir meu presente.

Com ajuda de todos, poder conquistar a plenitude e evoluir dentro dessa escalada.

Difícil sim, mas não impossível. Por isso, é preciso suportar todos os caminhos difíceis da jornada.

Absoluto é o ser que sabe os seus erros e prossegue.

Vou elucidar a alma para saber acalentar o Espírito para, um dia, concluir que, ao menos, tentei, ao máximo, corrigir o que fiz de errado em outros tempos.

Dimensões a transportar, vou girando no campo gravitacional deste mundo em evolução para que, com a ajuda de meus amigos, eu possa completar a jornada a qual fui exposto.

Nem sempre é fácil suportar, mas, quando se vê a alegria de um olhar, tudo vale a pena.

Marcos Melone Cesario

AGRADECIMENTOS

• A Deus pela oportunidade que tive de receber amigos queridos nesta minha vida de intenso aprendizado.

• aos benfeitores espirituais que sempre ao meu lado estiveram, dando-me força para que eu pudesse continuar minha trajetória nesta vida.

• ao meu querido amigo Hans Walter, cuja presença foi de grande significado para minha vida.

• A minha esposa Kyriakitsa, por dividir comigo os momentos mais difíceis de minha trajetória de vida.

• em especial, a minha amiga Vera Stefano, por ter dedicado seu tempo na leitura, correção e montagem desta obra.

Que essa obra possa contribuir para muitos que necessitam de esclarecimentos sobre a vida, e que possa tirar muitos de estados depressivos, voltando a sentir a alegria de viver, devolvendo a esperança de dias melhores e o sentimento de gratidão pela vida.

Marcos Melone Cesario

Bom te reencontrar no meio de tantas confusões.

Bom saber que contigo estive por muito tempo e que, agora, me foi dada a chance de ajudá-lo nesta obra magnífica, que traz conteúdos ricos para mentes que desejam a sua expansão.

Creio que, por misericórdia divina, seus mentores chegaram até mim, apresentando-se um a um, mostrando o que deveria ser feito e que tentamos, ao máximo, seguir as suas instruções.

Sou extremamente grata por ter uma pequena parcela dentro deste livro e de tua vida, pois sempre falamos de tal ligação que nos unia.

Desejo-lhe muito sucesso em sua trajetória evolutiva, e que o amor impere sempre em seus atos, palavras e ações.

Vera Lucia Stefano

PREFÁCIO

Crescendo com a vida, está a compreensão que surge diante do saber. Por isso, é preciso guardar toda a cultura que adquirimos.

Toda ciência tem uma explicação, então, vamos tentar entender sempre o que está escrito.

Temas diversos surgirão, por isso, é preciso conhecer para entender o universo. As leis da física estão por toda parte. A química aparece em todas as substâncias. A tecnologia crescerá muito mais, para poder ajudar a ciência de curar.

Diante de tanto estudo, é preciso atenção para compreender o que temos a aprender.

A cultura é tudo que vamos levar. Saber usá-la para ajudar a todos e continuar aprendendo a lição.

Com toda razão, o universo está aí para uma nova era de espiritualidade aparecer.

A evolução espiritual chegará para poder mudar todo modo de pensar. A comunicação tende a ser diferente. Um novo tempo chegou, ultrapassando as linhas do saber.

Temos que aprender e ver essa evolução, para não ficarmos para trás.

Esse universo é uma máquina complexa, cheia de energias em constantes mudanças, que afeta a tudo e a todos. Por isso, precisamos pensar, assimilar e entender a razão de tudo.

Todos os assuntos desta obra estão ligados à espiritualidade, por mais diferentes que pareçam ser.

Nossa intenção é a de elucidar cada vez mais as mentes que tenham a evolução por meta prioritária em suas vidas.

O Alquimista

Por que as partes se decompõem?

Tudo faz parte de um todo.
Assimilam-se as dádivas da vida à semelhança do Senhor.
A composição melódica da vida acompanha a trajetória da existência acordada entre você e o Criador.
Busca, nesse caminho, o brilho da luz da vida que o acompanhará na estada da existência terrena, acompanhando a derradeira e protuberante caminhada desse amigo do passado.

DESTE ALQUIMISTA DAS PALAVRAS E DO CORAÇÃO!

SUMÁRIO

QUÍMICO E PSICOLÓGICO 21

FUNÇÃO EXTRACORPÓREA 23

MEIOS DE COMUNICAÇÃO ENTRE PLANOS 25

OS FÓTONS SOBRE O CORPO HUMANO 26

ENERGIA SALUTAR 27

CLARIDADE DA DOUTRINA ESPÍRITA 28

ETERNO TRANSFORMISMO 29

MUNDOS EM EXPANSÕES 30

FORMAÇÃO DE NOVAS PERSONALIDADES 31

PENSAMENTO CRIADOR 33

A JUNÇÃO DO PASSADO, PRESENTE E FUTURO 34

LIGAÇÃO ETERNA 36

A TEORIA DA CRIAÇÃO 37

A ATUAÇÃO DE TRÊS CONSCIÊNCIAS 39

UM NOVO PLANETA 41

TRANSFORMAÇÃO COM O DIVINO 43

O CONTRASTE DE IDEIAS 44

A PERFEITA CONEXÃO 46

CIÊNCIA E ESPIRITISMO 47

MÔNADAS EM PROPORÇÃO 48

CONEXÃO 50

A ESPIRAL DA CRIAÇÃO 52

COMUNICAÇÃO SEM EXPRESSÃO . 54

O CONTROLE DO TEMPO PELO PENSAMENTO 55

MUDANÇA COMPORTAMENTAL ... 56

O PODER DA ORAÇÃO 57

TRANSFORMAÇÃO DAS ENFERMIDADES 58

A ENERGIA DO PENSAMENTO ... 59

OS PASSEIOS TRIDIMENSIONAIS NOS CAMINHOS DA MENTE 60

VISÃO GERAL DE UM MUNDO EM CONSTANTE TRANSFORMAÇÃO ... 61

INCÓGNITAS DE UM PENSAMENTO 62

PERCEPÇÃO MEDIÚNICA 63

A JUSTAPOSIÇÃO DE DOIS MUNDOS 64

PROCESSO DE ASCENSÃO 66

PROCESSO DE CURA ESPIRITUAL .. 67

MANIFESTAÇÕES COMPLEXAS ... 68

VIDA CÍCLICA 69

LIGAÇÃO MEDIÚNICA 70

A COMUNICAÇÃO MEDIÚNICA DO TERCEIRO MILÊNIO 71

ESPELHO DE VIDRO 73

O RESSURGIMENTO DOS SÁBIOS ... 74

AS MOVIMENTAÇÕES NAS CAMADAS DA CROSTA TERRESTRE 75

UNIÃO DOS REINOS 76

INTERLIGAÇÃO VETORIAL 77

TRATAMENTO DA DEPRESSÃO 78

MOLÉSTIAS EPIDEMIOLÓGICAS . . .79

A BUSCA PELA EVOLUÇÃO 80

CIÊNCIA E ESPIRITUALIDADE 82

APERFEIÇOAMENTO DA ESPÉCIE
HUMANA NO CAMINHO DA
EVOLUÇÃO 84

O EFEITO PLACEBO NO CORPO
HUMANO 86

RUPTURA CEREBRAL 87

ALQUIMIA NA ATUALIDADE 88

INTERCÂMBIO E A EVOLUÇÃO 89

A INFLUÊNCIA ESPIRITUAL NAS
PATOLOGIAS HUMANAS 90

O PODER DA REAÇÃO 91

FLUXO EMOCIONAL NEGATIVO . . .92

INFLUÊNCIA EMOCIONAL NA
EVOLUÇÃO 93

QUEM SOU EU? 94

POESIA 95

REENCONTRO DE ALMAS 96

A DANÇA DA HARMONIA 98

LEMBRANÇAS PELO TOQUE 99

AMAR SEM SOFRER 101

AMBIÇÃO DE AMAR 102

VIDA VIVIDA DE FORMA FELIZ . . .103

ACRÉSCIMO DE TERNURA 104

CORAÇÃO NO
COMPASSO DA VIDA 105

O RESULTADO DE
DUAS VIDAS EM UMA 106

UM SENTIMENTO PERDIDO 107

LIGAÇÃO POR AMOR 108

QUANDO O
SUBCONSCIENTE FALA 109

UMA VIDA
DENTRO DE OUTRA VIDA 110

E SURGE UM AMOR 111

MUDANÇA DA ESTRUTURA
EMOCIONAL 113

UM NOVO BRILHO PARA UM
CORAÇÃO SOLITÁRIO 114

UMA NOVA FASE DO AMOR 115

PURO SENTIMENTO 116

SOBRE A LUZ DE UM OLHAR 118

APRENDENDO COM A PRÓPRIA
HISTÓRIA .119

EXPRESSÃO FACIAL 121

HISTÓRIAS SOBRE UMA TELA 123

LAPIDANDO AS EMOÇÕES 124

OLHAR NOTURNO 126

POESIA EM PAPEL 127

PEQUENAS LEMBRANÇAS
TRANSFORMADAS. 128

A MAGIA DE SER E VER. 129

SER OU ESTAR UM POETA 130

AS DIVERSAS FORMAS DA BELEZA . 132

O FAZ DE CONTA. 133

SILHUETA PERFEITA 134

O CICLO DA VIDA 135

TEATRO DE UMA VIDA 136

A DIMENSÃO
DENTRO DE SI MESMO 137

VELEJAR .138

UM NOVO MUNDO INTERIOR . . .139

A ARTE DA PERSUASÃO 140

O ESPÍRITO 142

ATOS PASSADOS 143

LÁGRIMAS 144

POESIA 145

É PRECISO PENSAR 146

FILME INTERIOR 147

SUA PRESENÇA 148

O CAMINHO DA POESIA 149

NOSSAS SEMENTES 150

EXEMPLO 151

O AMIGO 152

O DEUS INTERIOR 153

TRANSFORMAR A VIDA 154

SER FIEL 155

AMOR 157

A SIMBOLOGIA ALTRUÍSTA 158

RESPLANDECER EM CORES 159

REFLEXÃO 160

TERNURA NO AR 162

SER E ESTAR 163

RELÓGIO DO TEMPO 165

EXPRESSÃO 166

DEVER CUMPRIDO 167

CORRER DA VIDA 169

VIDA SOFRIDA 170

TUDO É POSSÍVEL
ÀQUELE QUE CRÊ 171

CONTEMPLAR 172

LEVEZA DE UM LUGAR 173

NOVA VIDA 174

DESENHO DIVINO 175

O CAMINHO AO CRIADOR 176

A PRISÃO DO EU 177

JARDIM INTERIOR 178

PAISAGEM 179

LÁGRIMA PERDIDA 180

CAMINHAR À FRENTE 181

TRANQUILIDADE 182

ASCENSÃO DE UM SER 184

OLHAR DA VIDA 186

O PORQUÊ DA VIDA! 187

A REALIDADE 188

CESTO DA VIDA 190

O HOMEM PRIMITIVO 191

VELHA INFÂNCIA 192

O CULTIVO DO AMOR 194

ARQUIVOS DO ESPÍRITO 195

A CASA DO FINAL DA RUA 196

POR QUE SILENCIAR? 197

PALAVRAS LIDAS
DE UM CORAÇÃO 198

AS BRUMAS
DA FLORESTA INTERIOR 199

RIOS 200

DURANTE A PARTIDA 201

O CAMINHO DO AMOR 203

FLORES 204

HÁ ALGO DE NOVO NO AR 205

A EXPANSÃO DO UNIVERSO
INTERIOR 206

A VIDA FALA 207

PSICOLOGIA 209

CUMPLICIDADE 210

UM ATO DE AMOR 211

CONTINUAR 212

O AMOR DENTRO DO ESPAÇO/TEMPO 214

FATOS MARCADOS PELA EXISTÊNCIA 215

ENTENDIMENTO 216

A PERSUASÃO FAZ PARTE DA ARTE DA CONQUISTA 217

SÓ O AMOR MODIFICA 218

A DISSERTAÇÃO CONTINUA 249

UMA NOVA PAGINA ESCRITA 220

NADA ACONTECE POR ACASO 220

UM MOTIVO PARA VIVER 223

UMA NOVA FASE DA VIDA 225

A TRADUÇÃO DE UM CORAÇÃO 226

A MOEDA DA ILUSÃO 228

O MAL DO SÉCULO 230

EXPRESSÃO ENTRE DOIS IRMÃOS 232

A FACE OCULTA DO SER 233

ACEITAÇÃO DA ALMA 235

UMA JORNADA SERENA 236

SIMBIOSE DE SERES 237

INTEGRIDADE ENTRE A ALMA E A ESCRITA 238

POTENCIAIS DA ALMA EM AÇÃO 239

A ESCULTURA DO PENSAMENTO 240

O TRABALHO DO SUBCONSCIENTE 241

A NOVA ERA 243

ARTE CRIATIVA 244

O INCONSCIENTE FUTURO 245

HISTÓRIA 246

ENLACE ENTRE CONSCIENTE E SUBCONSCIENTE 248

PENSAMENTO ALIENADO 249

SABER APRECIAR 250

ALMA FEMININA 251

UMA NOVA PEÇA DE TEATRO 252

A RELAÇÃO ENTRE A PARTE FÍSICA E A MENTAL 253

O MUNDO DAS VÁRIAS PERSONALIDADES DE UM ÚNICO SER 254

REFLEXOS VIVIDOS POR UM CORAÇÃO 256

SEM MEDO 257

A DOR NÃO É MAIS NECESSÁRIA 259

O SENTIMENTO TRANSCRITO 260

O CLAMOR DA ALMA 261

LIÇÃO 262

PLANEJAMENTO 263

UM NOVO SENTIDO DE VIVER 265

EXISTÊNCIA CÍCLICA 267

PERCEPÇÃO 269

PENSAMENTO POSITIVO 270

MUDANÇA DE PERSONALIDADE 271

UM NOVO EU 272

DIVERGÊNCIAS DO INCONSCIENTE 274

AS CARACTERÍSTICAS QUE SURGEM COM O TEMPO 275

SIGNIFICADO DA DOR 276

BIPOLARIDADE 278

EU PROFUNDO 279

A FLOR DO CAMINHO 280

A AVENTURA DE VIVER. 282

INCERTEZA DA ALMA 283

MUDANÇAS PARA O SÉCULO XXI . . 284

DE CORAÇÃO PARA CORAÇÃO . . .285

VIVER OU SOBREVIVER? 286

VIDA LITERÁRIA 287

CURA PELA ARTE 288

PERCEPÇÃO DA ENERGIA 289

POSTURA 290

AS VARIANTES DA EVOLUÇÃO 291

PASSAR ADIANTE 292

NÃO DUVIDE 293

AS CORRENTES DE VIDAS 294

UMA QUESTÃO DE MUDANÇA . . .296

A RAZÃO 298

MUDANÇA DE VIDA 209

VIDA APÓS VIDA 301

A MAGIA NÃO
ESTÁ CONTIDA NO AR. 302

PENSAMENTO NOBRE 303

PROSSEGUIR 304

O PODER DA IMAGINAÇÃO 305

AS CORES DA REAÇÃO 306

REGENERAÇÃO 307

FILOSOFIA MEDIEVAL 308

RELÓGIO DO TEMPO 310

A UTILIDADE DA ALQUIMIA
INTERIOR .311

AS MEMÓRIAS 312

O PERDÃO DE UMA REGRESSÃO . .314

HISTÓRIAS VIVIDAS NA MENTE E
SUBSEQUENTES 316

A TRANSFORMAÇÃO 318

ILUSÓRIO OU REAL 319

A VERDADEIRA
RAZÃO DO EXISTIR. 321

MENSAGENS DOS CÉUS 322

A PREGAÇÃO DIANTE
DE UM NOVO AMANHECER 323

AGONIA DO INEVITÁVEL 324

FILOSOFIA E CIÊNCIA 326

FATOS PASSADOS NA ATUAÇÃO DA
VIDA CONTEMPORÂNEA DE UM
INDIVÍDUO 327

A HISTÓRIA FAZ A REFLEXÃO 328

LITERATURA ESPÍRITA 329

EXISTIR SEM AO MENOS PENSAR 330

NÃO SOMOS NADA SOZINHOS . . .331

TEMOR DO INCOMPREENDIDO 332

QUEM ÉS? .333

NUNCA ESTAMOS SOZINHOS 335

O LADO ACEITÁVEL DA LÓGICA . .336

O SILÊNCIO DA NOITE 337

INCONSCIENTE ADORMECIDO . .339

CONEXÃO PENSAMENTO 341

ÚNICA CONSCIÊNCIA 342

SUTILEZA E BRUTALIDADE 343

MILAGRES REVESTIDOS PELA FÉ .344

MEMÓRIA LITERÁRIA 345

O ARQUIVO OCULTO 346

PROCESSO DE REGRESSÃO 347

TRANSCRITOS
DA EVOLUÇÃO DO SER 348

FORÇA ADORMECIDA INTERIOR . 350

CIRURGIA ESPIRITUAL 352

AMBIÇÃO 353

O FLERTE DA ILUSÃO 355

COMUNICAÇÃO 356

DESARQUIVAMENTO LETÁRGICO . 358

A VISÃO ALQUIMICA. 360

ALQUIMIA E POESIA 362

ATRIBUTOS DE UM SER VIVENTE 363

ILUSÃO ÓTICA DO SER HUMANO 364

A DESCOBERTA DA RAZÃO 365

DIANTE DA DIFICULDADE. 366

OUSE FAZER 367

SABEDORIA ADORMECIDA 368

O CONHECIMENTO 370

FÍSICO 373

A PRESENÇA DA VERDADEIRA
ALQUIMIA 374

UMA FREQUÊNCIA DIMENSIONAL
DE LUZ .375

O VÁCUO É ENERGIA
IMPRODUTIVA? 376

AS LIGAÇÕES
IÔNICAS DOS ÁTOMOS 377

PROPULSÃO IÔNICA 378

UNIVERSO NA SUA VARIEDADE . .379

A FUNÇÃO MOLECULAR 380

TRATADO E SALTOS EVOLUTIVOS 381

FORMAS DE VIDAS DIFERENTES. .382

INFLUÊNCIA DOS ASTROS 383

A INCIDÊNCIA
DA LUZ SOBRE AS MOLÉCULAS
DO TECIDO ORGÂNICO 384

COMPARABILIDADE ASTRAL E
ATÔMICA 385

NOÇÕES LÓGICAS DA FÍSICA 387

MOVIMENTAÇÃO ORBITAL DOS
ASTROS 388

INTERFERÊNCIAS MOLECULARES 389

COEFICIENTE DE DILATAÇÃO DOS
METAIS 390

FÍSICA E RELATIVIDADE 391

O QUE É TEMPO. 392

MACRO E MICROCOSMOS 393

PEQUENOS FRAGMENTOS DA CONSCIÊNCIA. 395

CONCLUSÃO: SÓ O AMOR TRANSFORMA 399

Químico e Psicológico

Aleatórias ao tempo da vida estão as
conquistas de um só homem!

O Alquimista

FUNÇÃO EXTRACORPÓREA

As funções fisiológicas não são essencialmente primordiais no relacionamento humano. A busca pela compreensão de administrar o lado psiconeurológico e espiritual nunca termina. Esse lado quase que incompreensível pode levar o eu interno a encontrar a psicopatia que influencia o lado espiritual por vários degraus no escalonamento espaço tempo existencial de uma distinta encarnação. Vários fatores alternam-se nesse pensamento crítico evolutivo, e outras nuances de aperfeiçoamento intelectual e fisiológico são diretamente afetadas.

Tais comportamentos encontram uma subestrutura psicológica que se enquadra perfeitamente na psicanálise experimental freudiana.

Analisando esse lado, podemos notar nitidamente um novo padrão comportamental em que a insegurança, o estresse e as síndromes surgem momentaneamente.

Mentes elaboradas e com alto poder de concentração podem superar com facilidade essas situações de incompreensão da alma.

Em contrapartida, outras síndromes podem afetar o lado sensitivo, o espiritual e a compatibilidade de convivência adequada com o meio, época e local em que teve suas vivências anteriores e contemporâneas.

Entretanto a sensibilidade sempre tem um alto grau na psicossomática do ser em vivência e estudo, que por consequência tem um fator intenso na mediunidade ativa no espaço tempo, afetando diretamente a psicoemersão em diversos casos de estudo pragmático, encontrando fatores de bloqueio temporal, a não ser em casos especialmente distintos.

Esses casos são raros e incompatíveis com a intelectualidade do momento, causando uma eterna incompreensão do ser em questão.

Pondo à prova, em todas as vezes, uma eterna dualidade vivencial que leva a um transtorno psíquico evolutivo espiritual.

Uma imensa carga de influências espirituais tem que encontrar um ambiente psicológico constante, livre das interferências comportamentais.

Em análise distinta, a ciência ainda não diferencia os dois lados psicofísicos, mas, com a evolução científica, tende à compreensão.

Como consequência, a eficiência dos estudos tem atingido parâmetros dignos de nota.

A estabilidade comportamental também atingirá diversos degraus na escala comportamental evolutiva entre homem, alma e espírito no lado científico das pesquisas.

O Alquimista

MEIOS DE COMUNICAÇÃO ENTRE PLANOS

Durante a influência psíquico química de psicotrópicos, a parte espiritual consegue uma relação de atuação de maior potencialidade, com uma maior facilidade de conectividade entre os dois planos, pois o lado crítico do médium entra em um estado de dormência temporal, deixando-o com poucas condições de atuação, sem interrupções de caráter emotivo na formulação de frases e textos experimentais.

Isto é, em doses compatíveis com o estado psíquico físico do médium atuante, como no caso do xamanismo, que atua com a inalação de ervas para um estado de elevada comunicação espiritual, não sendo um perfeito modo de elevação e exposição psicológica lógica e determinante, mas com a possibilidade mediúnica em questão atuante.

A percepção e a facilidade linguística são de fundamental atuação nas condições de mediunismo.

O fator predileção e intelecto são de acentuados valores nessas comunicações, com validade real e confiável, pois o médium está livre de métodos artificiais de transferências entre planos de informações, substâncias de culturas e textos científicos de complexidade.

A dor também é um fator de aproximação espiritual, como alerta da interferência e aviso de mensagens inteligíveis entre planos, pois corpos de densidades diferentes, mais etéreos, têm outras maneiras de comunicabilidade.

Mesmo membros de diferentes épocas de vivência têm capacidades a essa comunicabilidade e a experimentam como meio de expor novas e antigas ideias.

O Alquimista

OS FÓTONS SOBRE O CORPO HUMANO

A velocidade da luz é de aproximadamente 300 mil quilômetros por segundo.

Então, vamos imaginar esses fótons que são partículas da luz percorrendo um corpo humano atingido por uma enfermidade.

Se esse feixe de luz for direcionado de uma forma extremamente correta, tudo pode mudar.

Moléculas sofrem essa influência de imediato, e a transformação é iminente.

Em pouco tempo, tudo pode mudar, transformar-se e curar com uma simples imposição de mãos.

O milagre acontece, a física explica a ocorrência. É preciso compreender e saber fazer, direcionar ao ponto certo.

Todos os seres vivos sofrem a interferência da luz, as moléculas reagem de uma maneira totalmente diferente a essa situação.

Ao imaginar a velocidade de atuação da luz sobre átomos e sistemas mais complexos, como as moléculas, poderemos concluir de forma lógica e analítica o que pode ocorrer.

A luz atua, transforma e cura.

Assim sendo, podemos afirmar que nada é impossível de ser curado, modificado.

Cientificamente falando, em uma análise, podemos concluir que o fator fundamental é a disposição adequada da exposição aos fótons em questão.

O Alquimista

ENERGIA SALUTAR

A busca não é necessariamente uma única opção. Aguardar o que podemos receber e estarmos predispostos à situação é uma realidade.

Devemos estar aptos e em boas condições físicas e espirituais para que a tal energia nos atinja.

Em qualquer situação, a predisposição é um fator indispensável à realização.

A função neural prepara a faixa de frequência para serem recebidas e torná-las realizáveis.

Uma faixa de frequência é distinta a qualquer mudança no espaço.

O corpo físico e o astral são submetidos às irradiações e, assim, poderemos recebê-las como um fato real.

Todos os fatores são conclusivos para tais realizações e a concretização dos desejos.

Com essa predisposição, funcionamos como uma antena de amplo espectro capaz de ser conectado às ondas em formação.

Um campo intenso é absorvido de maneira ininterrupta, nessa ligação extrafísica.

O potencial está na capacidade de receber, estando em plena harmonia.

O Alquimista

CLARIDADE DA DOUTRINA ESPÍRITA

Na premissa de uma nova concepção, outras ideias vêm à tona e tomam parte de uma nova era espiritual.

Realmente, não existe nada de novo, somente a demonstração com olhos abertos e diferentes alternativas de comunicação com nossos amigos espirituais.

Uma manifestação singela, pura e direta, uma simples conversa entre seres que se denominam amigos e companheiros de jornada.

Quem vislumbra uma manifestação cheia de alardes, sem dúvida, sai frustrado, mas já os que apreciam a verdade simples entenderam por completo.

Oriundos de diversos pontos distintos de uma sociedade que, às vezes, aparenta estar em decadência, nada mais é do que um estado de transformação ou evolução.

Todos os fatores provenientes de uma pura comunicação mediúnica tendem a se tornar compreensível a um maior número de adeptos da doutrina.

Uma doutrina compreensível vem desvendar todos os "mistérios", o que se imaginava incompreensível, causando a admiração de todas as mentes que desejam entender e estudá-la, compatível com o novo milênio e dentro de todos os padrões doutrinários kardecistas, levando de maneira plausível, o conhecimento de acordo com a filosofia e a ciência, para o completo entendimento de um planeta em regeneração.

Assim sendo, ficam para trás os desenganos, elevando a doutrina a patamares sem dogmas e sem vestígios de qualquer incompreensão.

As explicações surgem de forma contemporânea ao novo tempo, mas sempre diante do mesmo Deus que habita todas as nossas almas e corações.

O Alquimista

ETERNO TRANSFORMISMO

Partindo-se, particularmente, de um ponto de vista **puramente analítico**, podemos afirmar veementemente que nada podemos controlar.

Que o imediatismo faz parte de existência e que a fatalidade está sempre presente.

Relativamente, estamos em um fluxo constante de mudanças com fatos prováveis.

Na verdade, não podemos controlar, sequer, um passo à frente. Temos apenas a certeza de que estamos caminhando rumo a um traço distintivo na evolução.

No nosso modesto pensamento, podemos imaginar que alguns fatos e acontecimentos controlamos, sem pensar que somos frutos da criação divina, em que o Criador escreve todas as regras e que fazemos parte e atuamos em um grande todo universal.

Consequentemente, todos os patamares da existência estão ligados, relativamente, às condições de ordem do conteúdo astral ao qual pertencemos no dado momento.

Elaborações dentro dos padrões da criação tornam-nos suscetíveis a esses conteúdos ditados da existência em execução no espaço tempo de cada ser.

A todo o momento, somos submetidos a novos contextos. Além da preponderância do Criador, o individualismo também influencia o alinhamento na escalada evolutiva existencial, pois, diante desses fatores, não haveria livre arbítrio em determinada faixa preestabelecida.

Em **síntese**, podemos relatar que nem tudo está dentro do fator controlável, que o acaso também faz parte da coexistência Criador e criatura dentro desse contexto da universalidade.

Todo ser, mesmo que momentaneamente, pode evidenciar novos traços de vivência plena, sem nenhuma forma de controle, que o acaso também faz parte com relatividade na existência.

Por esse motivo, a complexidade instala-se na escalada evolutiva de todo ser.

O Alquimista

MUNDOS EM EXPANSÕES

Relação climatológica e posicionamento espacial no universo são fundamentais na formação de novas espécies. As formas orgânicas dos animais e vegetais são completamente alteradas devido aos fatores climáticos e minérios do sistema em questão.

Por esse motivo, podemos afirmar que, na imensidão do universo de nosso Deus Criador, é possível encontrar condições iguais ou semelhantes ao nosso planeta.

Nessa busca interminável pela comunicação, mesmo que demore algum tempo, esse contato direto acontecerá, elevando o conhecimento da formação da vida como é e também poderá se tornar.

Por esses motivos, a curiosidade nunca cessa dentro das espécies, sendo fator fundamental na jornada evolutiva.

Campo astral vibracional entre ondas de energias é uma constância do universo.

O Alquimista

FORMAÇÃO DE NOVAS PERSONALIDADES

Castigadas pelo vento, as mais duras rochas são esculpidas em diversas formas e exibem cores diferentes com padrões extraordinários.

Assim é o homem. Transformado com o passar dos anos, conforme sua passagem pelas vidas no planeta Terra.

Emoções diferenciam cada ponto do ser humano nessa trajetória, às vezes, inóspitas e ingratas.

As esperanças perdem-se, e uma ordem diferente toma conta de tudo a sua volta.

Novos padrões e novas personalidades são formados, e o âmbito emocional transmutado nessa escalada evolutiva.

Muitas dessas novas emoções são fundidas com as anteriores acumuladas, e novos parâmetros direcionais tomam conta dos pensamentos, das atitudes e das sensações. Todos os fatos emocionais tornam essa nova formação em algo com uma ordem escalar crescente de novas personalidades.

Cada umas dessas personalidades são carregadas de sonhos, emoções, amores e dedicação extraordinariamente complexa na sua ordem cronológica.

Os fatores físicos passados têm pouca relevância dentro da evolução, mas interferem na transição juntamente aos fatores psicológicos, criando um paradoxo filosófico emocional.

Tênues nuances também estão contidas e tornam a aparecer nos fatores escalares psicológicos dessa formação espiritual.

Cada vez que um novo fato é apresentado e vivido, a conexidade é alterada com outras mentes, e a transitoriedade de pensamentos é influenciada.

Cada ser compõe uma formação cada vez mais notória. As aparentes emoções surgem com essas novas formações, criando novos patamares emotivos, juntamente ao personalismo mente e espírito.

Nada permanece inerte nas condições adversas dos pensamentos, e novas ilusões são formadas a cada situação emocional.

Novas condições, como se fossem intempéries climáticas, agem na formação do intelecto de cada ser, sempre em conjunto ao Criador, pois essa transição tem a complacência parcial Dele, sempre com o livre arbítrio dentro de uma via evolucionária.

É notório que não é nada fácil a compreensão e a adaptação de todas essas ocorrências, mas uma nova filosofia emocional é sempre formada nessa escalada.

Psicologicamente em formação, as mentes são paradoxalmente encontradas diante dessas emoções com diferenças na criação, surgindo a diversidade de personalidades em um mundo em transformação.

Criador e criatura têm um fator único dentro de um ambiente natural esculturado como nas rochas de um lugar inóspito.

As rochas e as flores delicadas convivem em um mesmo ambiente. Elas coexistem, convivem com uma naturalidade impressionante, assim é a vida evolutiva em expansão.

Mente, corpo e espírito estão ligados entre si e ao Criador, sem contar a conexidade universal que permanece com suas linhas de ligação permanentes.

Distante ou não, as linhas expansivas estão aí e são usadas pelo Criador diante de diversos fatos psicológicos, filosóficos, culturais e científicos, também na conjunção do homo sapiens.

O Alquimista

PENSAMENTO CRIADOR

Reflexão geral de um pequeno trecho da realidade pode levar qualquer um a uma série de questionamentos sobre o que somos, de onde viemos, se fazemos parte única da vida deste universo de comunicação geral, de conexão constante.

Uma ligeira indagação surge: tudo realmente faz parte da criação de Deus, ou o acaso também tem sua atuação nessa construção da evolução humana?

Toda configuração do universo tem suas variáveis e uma inconstância pode fugir as regras gerais, podendo tornar o incrível surgimento parte de uma reação, transformando-se em um milagre.

Esse milagre tem um nome simples e de uma única sílaba, fé.

É a constância de pensamentos que torna poderosas e possíveis as mais incríveis e memoráveis realizações do homem dentro de Deus Criador.

O Alquimista

A JUNÇÃO DO PASSADO, PRESENTE E FUTURO

Voltar ao passado, caminhar na contra mão do tempo para tentar entender o presente e determinar o futuro.

Um dilema que habita a mente humana, que pode desvendar o que vivemos em um passado distante, de uma forma diferente de pensar, mas que pode se tornar possível algum dia.

O presente está aí, neste exato momento, para ser estudado e vivido de forma conveniente a cada ser.

Se existir dificuldade para entender, usar a razão para procurar os fatos que fizeram você chegar onde está agora.

Inúmeras portas abriram-se, e um caminho foi definido para que o seu propósito fosse atingido.

Seu inconsciente planejou e permitiu chegar até aqui, no ponto certo para que pense e aja de modo correto e seja feliz.

Tudo faz parte de uma relação direta entre tempos diferentes.

A relatividade existencial existe de forma constante, possuindo um sentido para tudo nesta vida.

Contemple todos os fatores que podem alterar seu futuro, pois existe uma incrível relação.

Todo o universo pode conspirar a seu favor, dependendo da sua intenção de imaginar e agir.

Os pensamentos influem diretamente na relatividade do tempo. Seu destino ainda pode ser mudado, pois o que hoje é presente, amanhã será passado.

A consciência tenta compreender toda relação que, às vezes, parece não estar contida na vida, mas, com uma imersão profunda, podemos sempre concluir o porquê de alguma situação, sem muito retroceder.

Que conclusão confusa dentro da mente, que submete o seu ego a um esforço incrível para poder entender.

Qual filósofo não pensou ou tentou imaginar uma resposta à altura para tirar uma conclusão derradeira em um estudo concreto na vida?

A situação muda, e as relações são inevitáveis e incontroláveis dentro de todo pensamento.

Difícil é relacionar tudo isso para poder tirar uma conclusão lógica, se é que exista uma.

Dentro de uma existência, tudo acontece e pode mudar, é só pensar e querer mudar.

O futuro podemos tentar planejar, desde que uma ordem cronológica possa existir e ser relativamente correlata à sua existência.

A vida continua sem fim, só as posições mudam de lugar e transformam tudo ao seu redor.

As perspectivas variadas são criadas, o jogo continua e pode virar de lado a qualquer instante.

Uma flutuação que está na mente, a de pensar, criar e alterar qualquer relação. As energias estão em volta, dentro de uma espiral contínua infinita.

Inigualável insatisfação atinge toda questão que vem a sua razão. Poderemos, um dia, pelo menos tentar compreender essa difícil questão do inigualável ser. Com toda certeza, tudo tem um começo, meio e, quem sabe, um dia, um fim.

Assim espero!

O Alquimista

LIGAÇÃO ETERNA

A existência é comprovada sempre que as criaturas voltam a se encontrar na escalada evolutiva da vida. Basta observar a nossa volta para completar esse raciocínio. Nota-se que indivíduos distintos estão em plena comunicação. O quadro completa-se de acordo com uma simples questão lógica de ajuda mútua, em uma vida ou em várias passagens em conjunto.

Não há contrariedade, e sim uma demonstração de que a relação existente é apenas uma continuação do que há muito tempo já havia sido iniciado.

A função predefinida é estável, e essa conformidade perpetua-se dentro de uma equação de vivência contínua.

Toda conformidade de atitudes manifestam-se como um complemento em um estudo de entendimento comportamental e definição dentro do contexto.

A compreensão faz parte da vida, desde a criação divina.

Em contratempo, às vezes, são notadas variações de vibrações que levam algum tempo para atingir a sua meta de conformidade e estabilização, mas o ápice, em dado momento, vem à tona, elevando com clareza o entendimento, a compreensão e a cumplicidade no meio evolutivo.

A total ligação é atingida de acordo com os padrões elaborados pela intensão do Criador, de atingir um alto grau de conformidade, em que mentes podem estar ligadas constantemente dentro de um fluxo de energias, em que sangue, suor e lágrimas se misturam.

O Alquimista

A TEORIA DA CRIAÇÃO

Dentro de uma orquestrada composição, surge a sinfonia da criação divina.

Depois de uma junção de química, física e filosófica, submersos na poesia divina, surge a vida nas conformidades de como ela é. Tudo começa de uma forma simples, toma vida e segue o fluxo da equação da vida com um rigoroso padrão de evolução, tomado com os ditames de um contexto complexo da criação.

Darwin tinha razão quando observou e escreveu sobre a teoria da evolução humana, criando uma série de controvérsias na sociedade da época, mas que, com excelentíssima razão, encontrou um meio de explicar a sua teoria baseada em diversos fatos.

Obteve a discordância do clero, pois tinham seus fundamentos baseados na formação da vida como uma imposição simplesmente divina.

Em contraponto, na observação, levou diversos fatos à indagação com respostas claras à sua teoria, dentro de um critério puramente científico, elucidando e demonstrando os fatos com controvérsia para a época.

Tudo estava contido nos achados petrificados e em outros vivos da escala evolutiva, que demonstravam o que aconteceu na vida desde o exato momento da criação. O que parecia um sonho tomava forma dentro da equação da vida.

Sem dúvida alguma, estamos aqui para evoluir, passando e tomando vários caminhos em transformação, cabendo uma diferença para cada indivíduo dentro de sua capacidade de aspirar e absorver os conhecimentos.

Filosofia de vida que passa diante de nossos olhos nesta jornada evolutiva, o pensamento adquire forma em constante transformação, dentro do padrão de uma vida individualista de compreensão e absorção dos fatos e das ideias que surgem.

Em nossa volta, é demonstrada cientificamente uma sinfonia poética da criação divina. Não adianta negar, subjugar ou fugir, pois existe uma verdadeira função lógica de pensar e entender. Basta questionar a teoria da evolução, conforme os padrões demonstrados e acreditar no que está sendo informado.

É específico, existe o dedo do Criador nessa magnitude tamanha da compreensão do padrão evolutivo de milhares de anos que tudo criou para ser estudado e entendido.

A evolução não cessa em momento algum, basta observar tudo a nossa volta com um olhar crítico que obteremos a resposta.

O Alquimista

A ATUAÇÃO DE TRÊS CONSCIÊNCIAS

Não dá para esquecer, tudo acontece tão rápido e determinado, como se fosse um livro escrito.

Assim se comporta tudo que começa e termina, se agora é o fim ou começo, um dia saberemos.

De tal modo, é assim que as coisas acontecem, o bem e o mal convivem juntos, só existe uma diferença, a de que o bem sempre vence.

Diante de qualquer infortúnio, o tempo parece conter um fator relevante à vida. Tudo muda, o mundo parece ser diferente.

O modo de dizer está programado dentro de nós, parece acolher um personagem para depositar nossas mágoas.

Quando o sino toca, ele aparece e começa a viver novamente, seguro de si e com outra maneira de se pronunciar.

Como é possível assumir um personagem que vive dentro de nós?

Acaba tornando se normal falar de outro modo, em outra língua, um diálogo completamente eloquente.

Tudo é diferente, uma nova janela abre-se, e aquele que parecia irreal assume um papel. Três personagens pronunciam-se em um único ser, no mesmo instante. Aparentemente diferente da realidade, falar, pensar e viver como outro ser, em um lugar diferente, aparentando uma nova maneira de coexistir.

Qual o propósito dessa ligação, completamente indiferente da realidade como conhecemos?

Uma vida orbital é criada naquele instante, várias mentes que se comunicam no mesmo momento e atuam em conjunto, como se fossem uma única personalidade.

Uma superação que pode se apresentar e demostrar o que parecia ser impossível diante de nós, filosofia e ciência ao mesmo tempo, uma espécie de antologia a real percepção deste mundo.

Um novo método cria-se, e surge um fato inédito, dentro da realidade que sabemos. A atmosfera muda, gira uma corrente de emoções, as energias parecem palpitar dentro da alma. Uma filosofia completamente diferente da conhecida neste nosso mundo, a órbita geral parece que atordoa ao mesmo tempo em que esclarece. Todo conteúdo tem uma lógica geral e atinge todos os pensamentos.

A mediunidade da nova era atua como antologia diversa a essa era, comunicação em três eixos distintos, com uma funcionalidade que se apresenta diante dessa adversidade consciente. A energia atua em poli consciências, que toma parte a essa questão.

Atuando desse modo, imaginamos que outros casos já existiram, com manifestações diferentes. Juntamente ao tipo de vida, tudo pode acontecer a qualquer momento.

Psicologicamente, um alvo aparece e a existência como conhecemos é transitória.

Sistematicamente, todas as consciências interagem, passando de personagem a autor, quem poderá dizer realmente, a não ser o Criador.

O Alquimista

UM NOVO PLANETA

Diante dos mais incrédulos, surgirá um novo pensamento, uma nova maneira de sentir a vida e que crescerá dentro de seus corações. Todos, diante dos anos que virão, mudarão o modo de olhar o universo.

Essa angustiante corrida desaparecerá e novos rumos surgirão, sem a ambição para corroer um novo modo utópico de viver.

Assim será o novo mundo, ou melhor, o novo universo da percepção. A tranquilidade reinará, e a transformação ocorrerá diante dos olhos. Todas as maneiras de encarar os fatos de uma existência tomarão um novo curso de tranquilidade. A fome não mais existirá, e a ambição não produzirá nenhum tipo de riqueza desnecessária.

Essa transformação já acontece agora, de maneira linear e passiva, sem criar impactos em uma sociedade atuante que gira ainda em torno do vil metal.

Toda indiferença pode se transformar em uma distinta compaixão dos desejos, em torno da criação com uma alquimia existencial e cultural.

A moralidade será de alto grau, com uma formação progressiva, atuante e decisiva.

Dentro de todas as atuações do individualismo, crescerá em ritmo constante de amor voltado à criação.

Que maneira mais brilhante e incisiva de olhar a vida!

Crescerá de forma sobrepujante o lado cultural voltado à intelectualidade de todos.

Logicamente que alguns destaques continuarão aparecendo, mas dentro de um contexto de unicidade. A comunicação já está tomando rumos diretos, o imediatismo resultará na rapidez da transformação intelectual com uma definição lógica e com propósito.

Não tarde a acreditar, pois um novo conceito já está acontecendo dentro dos padrões da existência e aplicados com a definição do Criador.

Será impossível de impedir essa nova geração, pois os novos conceitos estão inerentes aos espíritos da transformação. Devagar, estão chegando para atuar e ficar definitivamente na realidade de interação e interpretação dos fatos.

Criar, mudar e atuar abrangentemente, com participação na escalada definitiva.

Sem o caos, sem desavenças, tudo se torna solidariamente atuante por definição e competência, dentro dos padrões dos grandes sábios que já surgiram e deixaram traços de sua existência e que voltam para mais uma atuação, trazendo novas ideias e formações diferenciadas.

Todo aprendizado está sendo refeito com a atuação de imersão da totalidade universal. Uma única raça tomará conta do planeta, sem divisões de conceitos e com uma junção de pensamentos.

Realmente, a alquimia de opiniões surgirá para ficar e continuar atuante junto ao poder da criação.

O Alquimista

TRANSFORMAÇÃO COM O DIVINO

Uma obra de ficção decai perante a apresentação da realidade. A história é o retrato da verdadeira informação que eleva a inteligência a um novo grau de compreensão.

Tudo se transforma diante da apresentação dos novos fatos.

O espírito se eleva sobre a pretensão da evolução, uma constante é demostrada desde a criação. O divino se instala nos pensamentos, toda consequência vem à tona.

O silêncio impera diante da apresentação de uma nova concepção e compreensão da doutrina. Os fatos são elucidados e demostrados aos olhos. Novas determinantes chegam ao consciente, uma nova maneira de pensar atinge a alma.

A apresentação de novos dados do Criador está à disposição de quem quiser aprender e compreender.

A nova mediunidade está aí para ser usada. Uma nova pretensão toma conta dos incrédulos, causando mudanças. Os esclarecimentos são ditados a todo o momento, em detrimento as imperfeições do passado. Os campos estão novamente sendo cultivados, a hora da transformação chegou.

Nosso Deus colocou em muitas mãos o poder de demostrar o que se pode pensar e fazer, como poder mudar diante de tudo, deixar o impensável e contraditório para o simples e imensurável.

Os rumos estão libertos, e a nova jornada começou junto ao nosso Deus Criador.

O Alquimista

O CONTRASTE DE IDEIAS

O contraste de opiniões juntamente às variáveis sempre levaram a novas descobertas, culminando na evolução tecnológica.

A natureza dos fatos causaram controvérsias, tornando as probabilidades incontáveis. Tanto em fatores físicos como psicológicos, essas influências tomam caminhos impressionáveis entre o real e imaginário.

Causas desse porte tornam viável todo equacionamento perante o ciclo astral. As mudanças comportamentais estão atuantes nos parâmetros de evolução, em que um paradoxo é criado entre o saber e conter a informação, sem deixá-la fluir, segurar ou transportar as novas técnicas, concluir ou deixar circular as novas descobertas livremente, como conter o que pode ser destrutível e saber distingui-los corretamente.

As novas tendências estão aí, seriam difíceis de serem controladas para que o poder não estacione em apenas um grupo. É necessário difundir essa questão, deixando tudo fluir com um rumo certo. As partes morais, intelectuais e científicas estão sempre em discussão.

A que memorável situação isso pode levar, esperar ser transformado gradualmente, pois tudo ocorre de forma progressiva, e os saltos culturais em determinadas eras.

Às vezes, a analogia mostra que essas determinantes são separadas sem nenhuma distinção, mas existe uma razão dominada pelo lado espiritual.

As controvérsias continuam, mas a espiritualidade determina e define as informações.

Todavia, tudo pode ser mudado conforme uma determinante, e o espiritismo atuante tem sua participação.

Na busca de uma comparação, existe uma lógica comportamental dotada de influências do Criador.

O universo reage conforme certas leis que são determinantes desde a criação e que marcam um meio de absorver toda cultura, alavancar a intelectualidade para que a evolução tome forma e crie novos parâmetros dentro da espiritualidade.

O Criador não determina caminhos, mas dá oportunidades de elevação e evolução a cada segundo, sem retroceder, apenas aguardar o momento certo para atingir determinados estágios dentro da evolução.

O Alquimista

A PERFEITA CONEXÃO

Que conexão singular que acontece de repente e coloca uma estrutura que pode influenciar várias vidas, por meio de uma literatura, muitas vezes, complexa, mas que é destinada a esclarecer o que acontece e o que pode acontecer no universo.

Todo plano com estágios diferentes tem certa dificuldade de comunicação, mas a conexão existe para ampliar o conhecimento.

Durante todas as eras, essa metodologia de comunicação foi usada, mas, agora, é mais abrangente e diferente, em um estágio que atinge diretamente todos que querer adquirir um novo meio de sabedoria.

Difícil de ser entendido, mas que levará a grande compreensão para ser usada. É um meio direto que parecia adormecido. Com maior amplitude e capacidade, toma conta de diversos meios de transmissão, cultura e tecnologia, podendo chegar às diversas partes do universo em expansão.

O novo milênio adentrou, e, com ele, o sentido do saber atende a todos que procuram um entendimento pleno.

Os fatores multiplicam-se, e, em alguns indivíduos, destacam-se habilidades coligadas por indagações diferenciadas, mas com um mesmo propósito, a expansão da literatura e a compreensão entre o Criador e os diversos planos existentes a que pertencem no momento. Consequentemente, após uma reintegração de comunicação entre espíritos encarnados ou não, dispostos a assimilação de conhecimentos e predispostos à evolução continua, podendo atingir com maior facilidade a verdade evolutiva que buscam.

A transformação é atuante e quase imediata após a interação em diversos campos em analogia, a filosofia se une a ciência e eleva a alma a um padrão de superioridade.

As mentes mais complexas diante desses eventos espelham-se na comunicação dentro das leis sutis do comportamento universal. Assim, os padrões ocultos revelam-se a todos que desejam a compreensão.

Por isso, existe a conexão imediatista e perfeita entre espíritos afins.

O Alquimista

CIÊNCIA E ESPIRITISMO

Uma advertência dentro da compreensão divina surge, uma nova filosofia de vida pode ser atingida, a atividade cerebral atinge outros níveis, e a energia liberada, agora, faz parte da conexão.

Uma nova sequência aparece, as ligações orgânicas são influenciadas por reações diferenciadas, os neurônios liberam caminhos distintos a essa transição, o olhar atinge profundidade de dimensões diferentes, a visão se torna penetrante, os cálculos matemáticos são precisamente perfeitos, causa e efeito são distintos, e a execução filosófica, agora, aparece com exatidão.

Outros sentidos também são apurados de uma maneira teoricamente notada e, aparentemente, podem ser estudados.

A ciência aparece e toma seu lugar, comprovando o que não poderia ser provado.

Pura ingenuidade científica, apenas o momento ainda não havia chegado, e a tecnologia não podia ser usada em tal situação.

A energia magnética e os fluidos estão por toda parte. A ciência e espiritismo, juntamente a uma nova percepção são revelados. Tudo já existia, o que não havia era coragem para serem provados.

A literatura toma forma científica e atuante nos dizeres da mediunidade. O misticismo sumiu de nossa visão, e, agora, estão contidos em livros de ciências neurológicas para serem entendidos.

Pluralmente, os meios são demonstrados para serem usados sem uma compreensão fantasiosa. Os tempos áureos dos dogmas terminaram, mesmo que alguns ainda lutem por eles.

As demonstrações cientificas surgem a todo instante, para comprovar a veracidade dos fatos atuantes.

Com uma nova percepção mediúnica, a compreensão torna-se visível à filosofia de vida, comprovada e demostrada no palco célebre da evolução kardequiana.

O novo apetece de estudo profundo da parapsicologia está aí, real e aparente. Tentar compreender, agora, é necessário para existirmos dentro do contexto evolucionário contemporâneo. A ciência e o espiritismo são realidades plausíveis a serem estudadas juntas, com fatores previsíveis e relevantes.

O Alquimista

MÔNADAS EM PROPORÇÃO

Tudo no universo é composto por proporções exatas, desde uma simples pedra encontrada na natureza até o desprender no ar de um beijo que dispara um coração.

A semente tem uma determinada proporção para germinar uma planta. O pensamento tem uma proporção para tentar trazer para a realidade um objeto ou outro pensamento e criar.

As proporções estão por toda parte do universo, e a somatória delas criam o que pode ser determinado por Deus.

O revés dessas proporções é o caos. Inverso à realidade desejada não cria nada, apenas destrói os sonhos e causa as desilusões.

A proporção de uma atitude correta é, sem dúvida, o amor que transforma e cria novas atitudes.

Quando relembrar um fato determinante que passou na sua vida, a proporção está ligada diretamente a esse pensamento.

Inversamente, a desilusão causa a destruição e o caos se apresenta.

Tudo segue uma fórmula e um padrão. As células de tudo que é vivo têm um seguimento proporcional exato, desde o momento de sua criação. Os minerais têm uma lógica proporcional distinta para tal elemento. O pensamento, as forças magnéticas também seguem uma regra assim que entram em uma sequência da criação.

Lógica, tudo é assim baseado, um encontro entre qualquer coisa segue um padrão.

Essa existência tem um padrão estabelecido dentro de toda criação. Toda planejamento, até mesmo as ilusões seguem uma proporcionalidade, mesmo que em um único indivíduo.

A lógica da razão é inversamente proporcional ao desequilíbrio da mente.

O absoluto está contido dentro dessa proporção, criação lógica dentro da elaboração dos pensamentos.

A transformação tem um fator numérico que atua na modificação de qualquer coisa. Nada é perdido, só transformado no universo. O padrão existe até na compreensão, à disposição de um texto, de um livro segue uma ordem cronológica que é um padrão preestabelecido pelo escritor.

As sílabas juntam-se para formar as palavras, essas palavras formam um texto a fim de transportar uma ideia dentro de uma secular proporção.

Fatos ocorrem assim, tudo está familiarizado dentro de uma ordem, sistematicamente elaborado dentro do contexto da criação exata.

Distinção absoluta da proporcionalidade divina, alegações matemáticas da construção. Quando começa a pensar, uma ordem começa a ser estabelecida dentro do padrão universal, por mais fútil que possa parecer. A ambiguidade de padrões leva a construção de uma teia de informações tecida pela instrução dos pensamentos, a partir da eminência construtiva proporcional.

Toda forma de energia também está sendo dirigida, criada, formada e transportada dentro da conexidade da ordem universal, que é a padronização da ordem divina da criação.

Criador e criatura estão sendo mantidos pela proporcionalidade, exatamente dentro do que Ele mesmo criou. A perfeição existe devido à proporcionalidade do Criador na sua execução. Deus é perfeito dentro de suas próprias conjecturas de criação.

O Alquimista

CONEXÃO

Tudo e todos estão conectados por uma tênue e singela linha do destino. Todos os momentos estão ligados, em todos os lugares. A todo instante, dentro de um padrão matemático, uma probabilidade com um algoritmo determinado acontece, como um fio que, por vezes, emaranhado e enrolado, mas que nunca se parte.

Unidos, cada acontecimento do passado, presente e futuro interligam-se dentro de um padrão como uma espiral, uma cifra matemática dentro de um cronograma exato previsto, como se fosse um relógio dos acontecimentos interligando o que pode e deve acontecer.

Poupar a vida de muitos por uma fração de segundos, ou o fim de outros por um atraso repentino no que deveria acontecer, pois nem todos podem perceber a espiral da vida, do que pode ser, viver e estar.

Dentro de um contexto, há uma história escrita, precisa e determinante para aquele momento, o acaso não existe, a razão predomina, e um fator matemático está dentro deste contexto.

Ser ou existir em cada segundo, a equação determina o momento certo dentro do universo. A linha de interligação completa uma sistemática, é a teoria quântica da existência, que em uma fração de milionésimo de segundo tudo pode mudar.

O compêndio da imersão lógica está aí para ser notado, mas enquanto isso não acontece, deixamos passar.

As linhas se entrelaçam, tornam-se parte de outra vida, retrocede o tempo em uma espiral de incógnitas.

Que pretensão tentar entender, mas é preciso. Alguns saberão que a solução existe e é determinante dentro da existência.

Impedir algo de mudar para que permaneça no presente dentro da razão, conter um pensamento, uma palavra dentro de qualquer contexto, mas poder explicar mesmo assim. A palavra já não é tão importante, o pensamento é a regra e a própria história, pois transmite a emoção que está dentro do coração.

Elucidar as coisas sem usar o verbo, seguir um cronograma, decifrar uma enorme quantidade de equações matemáticas, não é para todos, mas elas existem nas linhas das ligações dos universos.

Conectar-se a tudo e todos para transformar um modo de viver e o que possa acontecer, mudar um padrão vibratório de uma ligação, para tornar tudo possível, usar a hierarquia dos números para dizer algo num ritmo diferente do que muitas palavras.

O que vai acontecer, alguém será capaz de entender com um cálculo neste universo de conexões de meu Deus.

O Alquimista

A ESPIRAL DA CRIAÇÃO

A percepção é tão grande, que parece que vejo e até ouço outra dimensão.

Será possível continuar assim? Até que ponto suportar essa escalada evolutiva?

Conduzida através do tempo, qual sabedoria devemos usar para superar esses limites físicos e psicológicos?

O tempo para, não ouço mais o tic-tac do relógio, os ponteiros parecem que não se movem. Os segundos são demorados e tudo transcorre muito rápido na mente. Uma infinidade de pensamentos flui ao mesmo tempo.

Devo ajustar e guardar todas as emoções de uma só vez. As correntes de energias passam ao meu redor, como vários anéis em espirais coloridas e que brilham.

O tempo flui, ouço os sons, e o torpor afasta-se da minha mente.

Qual psicológica pode compreender essa ligação?

Em segundos, imagens se formam, me transportam momentaneamente e mudam toda a visão. As cores desaparecem, e um tom acinzentado torna tudo triste e sem muita demonstração, os contornos são meros rabiscos e parecem um esboço de uma pintura que pode surgir.

Primeiro uma cor metálica bilha no interior do que, no instante passado, já foi uma paisagem colorida. A todo o momento sinto as minhas mãos de uma maneira diferente e um novo pensamento surge.

Algo pode surgir, mas o que pode mudar?

Sintomas de uma real percepção da vida, ou apenas um retrato de alguém que tenta ser lembrado.

Diferente da percepção de outra dimensão, o conteúdo do inconsciente escondido dentro da mente pode surgir de repente e atrapalhar o sono.

A poesia volta a reinar como uma maneira de explicar o que acontece dentro do teu ser. Como um lápis grafite que parece correr em uma tela branca, para uma imagem poder aparecer e algo voltar a fazer parte dos teus pensamentos.

No auge dessa situação, parece que a razão volta e as formas desaparecem bem diante a sua frente. Um mistério que liga a mente, sumindo de repente sem deixar nada, apenas uma vaga lembrança.

A espiral da criação tem uma razão plena para surgir e sumir tão rapidamente como veio. Uma nova sequência de números forma-se, uma fórmula para reunir filosofia na era da razão, e poder estabelecer uma comunicação com uma sequência numérica escrita em um papel em branco que confunde ainda mais o entendimento, o que faz parte do universo.

A disciplina está contida nessa sequência, uma lógica é notada e transformada no meio da comunicação. Tudo segue um padrão, a complexidade faz parte do universo em formação.

Padrões numéricos têm uma maneira de conduzir e demonstrar como tudo está em tudo, pessoas são dirigidas sem pensar a um lugar, sem ao menos planejar.

Simplesmente acontece.

Uma nova imagem forma-se, agora, parece ter uma razão simples, demostrar a beleza de uma flor que segue diversos padrões.

Cores e formas distintas aparecem mais uma vez.

Que questão é essa e quais variáveis atuam nas fórmulas para mudar?

Matemática e filosofia tomam conta do universo para criar com perfeição.

A ligação une todas as mentes, em um ciclo vicioso da vida. Algo único, mas dentro de um contexto surge. Pudera, tudo está ligado ou conectado pela linha da vida e da razão.

O Poeta

COMUNICAÇÃO SEM EXPRESSÃO

A comunicação verbal quase sempre não atinge o conteúdo que se tem a transmitir. Esse conteúdo só pode ser recebido de forma completa e intensa por uma percepção maior, com uma amplitude de ondas extremamente harmônicas.

Cada ser tem seu próprio meio de comunicação, um olhar, um pensamento, um gesto com as mãos ou corpo etc.

A complexidade é tão intensa que tal comunicação adquire vida própria, afetando diretamente os indivíduos comunicantes no seu mais profundo eu.

Essa transformação ocorre em duas vias, e atinge os dois lados da ligação, que se tornam, na verdade, um único ser momentâneo em ação.

Essa comunicação é disposta em subconjuntos dentro do subconsciente, colocando-se à mostra nas mais diferentes situações, por isso, o incompreendido torna-se real.

Muitas vezes, a interpretação pode ser aparente, principalmente quando toma uma forma com alto grau de complexidade. Essas informações afetam a intelectualidade e a percepção de um modo completamente divergente da realidade, completando, assim, um êxtase interno que se torna aparente.

Consequentemente, essas comunicações influenciam a forma humana ao seu redor, pois atinge um alto grau de irradiação. Todos os indivíduos que fazem parte desse contexto ou círculo de convivência são atingidos, sendo com maior índice, aqueles com a percepção mais elevada. A compreensão tem fator decisivo, a incompreensão está fora da razão.

O Alquimista

O CONTROLE DO TEMPO PELO PENSAMENTO

A transformação aparece de repente, inerente a qualquer tempo que possa ser, o espaço dilata-se com uma cumplicidade absoluta, em que a descrença não faz parte do realismo astral.

Navegar no espaço foge à razão, mas não seria possível pensar em viajar no tempo, constatar as vidas passadas e não retornar.

Ficar no tempo passado para sempre, seria plausível de contratação.

Puro ocultismo, magia ou sedução?

Controlar o poder e decidir onde querer ficar e existir.

Que controvérsia, uma discussão sem fim se firma com toda razão.

Enviamos nossa mente para uma jornada decisiva em toda nossa vida, a fim de uma compreensão dividida em fases.

Controvérsia na exibição de diversos modos de distinguir a vida, sem intenção de transformar em uma inédita ideia de reflexão.

O tempo volta, o relógio começa a funcionar, novamente, em movimentos sincronizados e perfeitos.

A percepção de inúmeros relatos pode se tornar parte da imersão no tempo e espaço.

Que ligação é essa que faz parte dessa situação que regenera um novo ser?

Como podemos entender uma reação reflexiva de um pensamento, se não fosse a dedução que Deus existe dentro de você?

O Poeta

MUDANÇA COMPORTAMENTAL

Durante uma crise existencial, pode ocorrer uma depressão profunda por um tempo indeterminado.

Essa disfunção de pensamentos causa alterações comportamentais com característica depressiva que se estabelece no modo de existir.

Devido à complexidade e incontrolável exuberância emocional, o indivíduo fica mais suscetível a um processo depressivo compulsivo, levando à deterioração do corpo e espirito.

Diversas técnicas de recuperação mental têm sido experimentadas nos quadros psíquico-analíticos. Entretanto, nesse campo da psiquiatria, as técnicas aplicadas têm surtido efeito, principalmente, com apoio emocional de pessoas do âmbito familiar e de real amizade.

Consequentemente, após as crises atingirem altos graus de profundidade, os pacientes atingem incompreensível relação de desordem emocional.

Essas relações depressivas levam o indivíduo a uma perplexidade de emoções sem entendimento mental, causando desordem depressiva intensa.

Transtornos de bipolaridade afetam drasticamente os casos, tornando-os ainda mais complexos no seu âmbito geral.

Todas as ligações de ordem de comprimento religioso ou doutrinário apresentaram efeitos positivos de recuperação e desprendimento dessas síndromes psíquicas.

Atualmente, a estressante vida cotidiana dos indivíduos em estudos ocasiona grande influência nessas crises psíquicas, com um número crescente de casos de automutilação, tornando a dor física um meio atenuante da dor psicológica comportamental do paciente.

Diversos psicotrópicos de última geração vêm sendo usados para determinados casos, porém, sem a autoajuda, a atuação é pequena.

Toda complexidade de atuação psíquico-neurológica está em elevado contraste na atualidade. Por isso, devemos estar sempre atentos às mudanças comportamentais, para que seja feito, de imediato, o início do tratamento químico e psicológico adequados ao quadro emocional apresentado, tornando, assim, a volta do indivíduo para uma vida dentro da normalidade vivencial.

O Alquimista

O PODER DA ORAÇÃO

A psicosfera criada diante de uma oração é determinante no bem viver e na compreensão divina, quando a mente, períspirito e espírito entram em uma conjunção completa de união e entendimento com Deus e o cosmos, perpetuando-se e expandindo em alto grau, atingindo o universo em expansão.

Todo o sistema astronômico é influenciado com essa emanação de pensamentos elevados que afeta todos os seres.

Não é preciso uma perfeita fonética para tal expansão energética, mas sim a intenção dirigida com bons pensamentos. Todas as irradiações, desde as mais simples até as mais elaboradas, são influenciáveis. A entonação das palavras pouco importa no momento da sua elaboração, mas sim a dedicação e intuito real, pois atinge os mais longínquos pontos, e o retorno positivo é subsequente.

Por esse motivo, uma egrégora torna-se visível no campo emotivo de amor e compaixão determinante. Com uma interação evocativa direcional e emotiva, torna-se de grande valor em seu clamor de amor à divindade do nosso Deus Criador.

O poder da oração é, sem dúvida, funcional e divino em todos os pontos, por mais simples que seja.

O Alquimista

TRANSFORMAÇÃO DAS ENFERMIDADES

Com uma concomitância relação entre os hemisférios cerebrais, as relações de conduta de controle entre os membros superiores portam-se de maneiras distintas. As transferências energéticas atuam de diferentes modos, causando movimentos e dores que se alternam, atuando mudanças nas partes distintas com moléstias ou predisposição a essas, causando transmutações nas células e períspirito, eliminando-as.

Esses fatores estão relacionados à cura ou a um *start* inicial a essa.

Com as boas intenções do médium, a vontade e o merecimento do paciente, a cura pode ser alcançada, pois atua de ordem generalizada em diversas moléculas, cuja transformação ocorre por completo.

Com fé, harmonia e direcionamento ao Criador, a total eliminação dessas enfermidades é conseguida com total êxito.

O Alquimista

A ENERGIA DO PENSAMENTO

Existe uma completa relação entre o corpo físico e o astral.

Todos os dias, milhões de mudanças físicas ocorrem entre os tecidos celulares do corpo humano. Displasias celulares ocorrem de forma ordenada e contínua. Quando não ocorre dessa maneira, ocasionam más formações celulares, causando melanomas, carcinomas e outros tipos de cânceres no organismo em questão.

As proliferações de maneira desordenada e errônea levam a uma completa absorção celular, causando a total destruição dos tecidos, tornando-os irrecuperáveis.

O pensamento continuo de forma desordenada tem uma causa implacável nas deformidades celulares.

Todavia, com pensamentos construtivos e energias salutares, as células voltam à normalidade, atuando, constantemente, na vida dos indivíduos com enfermidades dessa ordem, pois existe uma constante atuação nessas formações, sendo que essas influências sempre estão correlacionadas sistematicamente.

Proporcionalmente nessa ordem, essas degenerações podem ser extintas ou proliferadas devido aos fatores psíquico-emocionais nas mitoses, afetando os diversos órgãos orgânicos.

Fé, determinação e ajuda são de fundamental importância para a completa recuperação, além das influências medicamentosas tradicionais e as que possam vir a existir no caminho da evolução.

O Alquimista

OS PASSEIOS TRIDIMENSIONAIS NOS CAMINHOS DA MENTE.

Devido a vários fatores, a mente pode sofrer transtornos dissociativos emocionais. Esses transtornos podem afetar constantemente uma mente em correlação entre o que é verdadeiro ou não.

Transtornos dessa maneira podem levar a esquizofrenia compulsiva sem distinção da realidade, agressividade ou simplesmente uma alteração comportamental momentânea, podendo ser controlados com ações medicamentosas convencionais. Nesses casos, é de grande importância a ingestão de drogas psicotrópicas por tempos constantes, o que torna mais difícil a recuperação e desintoxicação desses indivíduos relacionados.

O cérebro reage de diferentes formas, em relação à ingestão dessas drogas, não estabelecendo padrões gerais de tratamento e recuperação.

O Alquimista

VISÃO GERAL DE UM MUNDO EM CONSTANTE TRANSFORMAÇÃO.

Como é lindo pensar que outro lugar existe dentro do nosso inconsciente, e que é puramente verdadeiro e real.

Essa confirmação da existência traz novos destinos aos pensamentos em criação.

A mais pura imaginação pode trazer tudo mais perto dos sentimentos. Estado de consciência plena transforma o consciente e programa a liberação do inconsciente em diversas situações. Tais lembranças podem ser benéficas na verdadeira condição do entendimento causal.

Vamos pensar em determinadas situações com consequências benéficas para a vida. Por esse motivo, essas liberações devem seguir uma ordem seletiva, não atuando de uma maneira liberativa, e sim em momentos deliberantes e correlacionados com o momento vivido.

A espiritualidade está constantemente ligada a essas liberações, atuando como um filtro de emoções, pois, sendo de maneira contrário, seria impossível viver normalmente com as lembranças liberadas na sua totalidade.

Imortalidade do espírito está completamente ligada à vida, mas com informações dosadas.

Podemos usar as conclusões de uma maneira seletiva para maior e melhor entendimento da vida. Deus existe dentro de cada um de nós, e estamos em evolução constante, com o uso de informações predispostas a liberação.

O Alquimista

INCÓGNITAS DE UM PENSAMENTO

Durante o passar dos tempos, diversas culturas deixaram seus legados com observações pendentes de esclarecimentos. Os relacionamentos entre as dimensões paralelas em sincronismo podem ser elucidativos. Uma constante variação de vibração energética está sempre em movimentação entre esses universos, trazendo e levando informações das diversas culturas existentes em ambos os lugares, resultando o surgimento de descobertas científicas de modo repentino.

Devido a essas transferências, muitas revelações trazem à tona esclarecimentos em outras áreas de observação, pois ultrapassam as barreiras e chegam a patamares da diversidade existencial, ocasionando o desenvolvimento cultural de forma constante.

Essas comunicações alcançam, também, o campo filosófico da vida e tornam-se ambíguas entre as civilizações.

Determinados fatores acrescentam que os universos atuam sem divergências, em que tudo faz parte de tudo, de modo constante. Elaborações informativas chegam também em forma de comunicações mediúnicas, entre planos e existências, e salientamos que essa exposição está ligada ao Criador Divino.

O Alquimista

PERCEPÇÃO MEDIÚNICA

A cognição entre duas vidas está muito além da compreensão humana.

Devido à existência de uma longa ligação durante a evolução, certos indivíduos podem ter semelhantes percepções. Nessa caminhada, diversos encontros, em situações diferentes, porém estáveis em alguns pontos, levam a essas cognições.

Por meio de atividades diferentes, muitas diversidades são observadas. Diante dos diversos modos de observação evolutiva, essa questão toma rumos diversos nessa escala.

A linha tempo espaço observada como uma linha reta não interfere de maneira significativa nessa interligação objetiva. Concluímos que podemos ter os mesmos fatores interferindo de maneira diferente entre indivíduos com padrões diversos.

Contudo as cognições perpetuam-se mediante sucintas encarnações subsequentes. O padrão de singularidade é atingido no espaço da individualidade e capacidade de observação e aderência intuitiva mediúnica.

Assim sendo, cada indivíduo está sujeito a modos diferentes de percepção mediúnica na contemporaneidade temporal.

O Alquimista

A JUSTAPOSIÇÃO DE DOIS MUNDOS

O rumo a uma nova jornada, com o passar do tempo, transforma o modo de pensar e de existir, podendo atingir o impensável, suportar uma grande viagem além das fronteiras da mente.

Obter novos conhecimentos é sempre um desafio colossal, além de todo conhecimento já conquistado. Fim de uma vida ou começo de outra, sempre transformar com a razão todo caminho a ser conquistado.

Em busca do inimaginável, está um mundo novo, além de a satisfação de poder crer em tudo que existe, saber conter o planejado constituído de uma harmonia plena e consciente.

Poder sentir a passagem do tempo e o caminho percorrido, uma nova sensação está em tuas mãos, de saber como fazer e prosseguir diante do inusitado.

Tempo e espaço, essa dualidade não mais existe, não podemos mais sentir, somente existir em outra dimensão. Em ambas as questões, está uma nova sinfonia munida da eterna evolução do eu. Sentir e conquistar, como se pudéssemos atingir o universo com as mãos. Uma ampla magnitude à sua frente, pensar e sentir toda emoção de viver.

Diante de tanta confusão, a razão toma conta. Uma questão de tirar o fôlego, sem ao menos pensar, não podemos deixar de existir, mas sim ter sempre a intenção do dever de evoluir perante o grande Criador e Senhor.

Devemos meditar na atitude que devemos ter para contemplar a magnitude do universo. Transpor, com o piscar dos olhos, uma distância tão grande que só poderia ser medida em anos luz.

É difícil entender como viver sem compreender. Diante de toda expectativa da grande jornada, está sempre a dúvida intercalada em meio à escuridão. Porém, meios existem, é só criar e usar, ou melhor, saber pegar e transformar toda vibração desprovida de uma forma definida, mas cheia de ternura e emoção.

Assim, segue a existência no caminho a prosseguir. Distante está, mas grandioso em conhecimento para ser usado na ocasião certa da eterna jornada da vida.

Poder tornar possível a concentração da energia de um raio para poder usar em benefício de alguém, pois existe muita energia desprendida após uma vibração que vem da natureza.

Plena satisfação vamos sentir, após iniciada a caminhada rumo à luz que habita um lugar distante. Talvez, esteja bem perto do teu coração, ou mesmo em um irmão que pode estar junto a ti na caminhada ao Senhor Criador.

O Alquimista

PROCESSO DE ASCENSÃO

De acordo com a evolução humana e espiritual, um novo processo de ascensão está em elaboração. Como tudo evolui sem distinção, mesmo o lado espiritual de todos os seres está sempre em completo desenvolvimento. Com capacidade crescente, tudo muda para melhor, criando uma ascensão num ritmo complexo de elevação.

Devido à intensa complexidade em ação, todos os seres em transformação chegam a atingir graus de conexidade com o Criador.

Mesmo a contragosto, os seres desconexos de elevação, de certo modo, também estão contidos nessa ascensão celestial.

Paradoxo da evolução, mas em contínuo progresso em todos os meios de vida e criação existentes, devidamente ambíguos a todos os parâmetros de comportamento, todos os seres fazem parte do universo em ascensão.

Em meio a tal evolução, esses seres com diminuta capacidade de assimilação são sugados em torno dos seres mais elaborados nessa transição.

Criado para a expansão crescente, pois tudo evolui continuamente nesse universo, nada fica estacionado, nem mesmo por opção, pois todos estão interligados e em potencialidade de ascensão constante.

Diante de todas essas observações, cria-se uma nova ascensão com intensa potencialidade evolutiva e com uma exponencialidade de alto grau determinante na evolução infinita celestial.

O Alquimista

PROCESSO DE CURA ESPIRITUAL

Muitas doenças que ainda não apareceram no corpo físico estão no períspirito, vindo a se manifestar fisicamente depois da sua fixação definitiva, pois estão no subconsciente.

Assim sendo, depois da concretização no períspirito, as reações e percepções reais tornam-se visíveis. O tratamento espiritual acontece, mesmo antes das manifestações no corpo carnal.

Mediante permissão do alto, os espíritos com determinação de cura, agem e retiram essas possíveis agressões não fixas no corpo físico.

Em determinados procedimentos parafísicos, numerosas energias negativas e maléficas são extraídas. Nesses casos, quanto menos afirmações psicossomáticas o paciente assimilar, maior será o procedimento de extirpação.

Existem diversas variantes dessas manifestações com infinitas possibilidades físicas e metafísicas. Transformações no fator extracorpóreo estão ocorrendo constantemente, no tempo espaço, sendo que diversas emulsões são desintegradas ainda no plano espiritual.

Todavia, todo paciente tem fator primordial nessas eliminações, ocorrendo, assim, uma interação entre os dois lados. Por isso, todo trabalho de cura tem a sua individualidade.

O Alquimista

MANIFESTAÇÕES COMPLEXAS

A complexidade das manifestações é plausível de controvérsias, entretanto diversos fatores trazem à tona as influências na comunicação entre seres.

Essas influências são imensuráveis dentro de um universo em transição. Todos os indivíduos do mesmo grupo e com conhecimentos compatíveis têm essa conjunção definida.

Essas ondas energéticas superam as mais incontestáveis barreiras, tornando tais influências acessíveis a elementos distintos do grupo harmônico em questão.

Determinadas inteligências elaboram pensamentos que habitam em conjunto, mente e espírito, para uma perfeita compatibilidade de transmissões, tornando um padrão distinto de seletividade.

Dispersos no universo, alguns grupos estão ligados para uma melhor formação ideológica, física e mental de alguns elementos.

Com habilidades e a simples manifestação do desejo, é possível que as comunicações sejam realizadas de maneira plena e constante.

Grupos são formados com tais atribuições para que possam influenciar um indivíduo ou diversos participantes do mesmo.

Diante dessas habilidades, muitas comunicações ficam à disposição de planos diferentes para serem difundidas com maior amplitude.

Todos os parâmetros de atribuições vêm com o aperfeiçoamento telepático, sendo de vital importância na evolução do grupo definido.

Com ondas harmônicas em constante movimento vibracional, vários ajustes são elaborados para maior flexibilidade emocional comunicativa.

Sendo assim, essas mudanças ocorrem com espontaneidade exponencial evolutiva.

O Alquimista

VIDA CÍCLICA

No inusitado compasso da vida, os traços marcados rumo a uma trajetória sem fim e dotados de observações sublimes vêm de encontro à influência divina.

A morte não existe, somente um amanhecer diferente, em que tudo começa novamente, em um ciclo contínuo da existência.

Todo conteúdo pode ser assistido por vários ângulos de observação, diante de uma variedade de caminhos cíclicos.

Uma simples observação, pode trazer à vida como realmente ela é, com toda a sua magnitude.

As adversidades vivenciais estão contidas nesse ciclo de existência, tornando essa retomada em um fator absolutamente passível.

Notadamente, diversos fatores de transição e de comunicação são indiscutíveis modeladores da personalidade espiritual através dos tempos, com capacidade de assimilação que causa uma pluralidade existencial. Ela é a causadora observada dentro da parapsicologia, que traz as variadas cognições cerebrais distintas.

Um espírito, ao longo de sua trajetória, pode assumir diversas personalidades, independente do meio de vivência, por uma simples influência não verbalizada de reflexões e estímulos.

Com todos esses fatores de observação, acredita-se na diversidade existencial conquistada na plenitude da vida extracorpórea.

Nas diversas dimensões, são atingidos os requisitos estruturais da existência, como se fossem predestinados, sempre em meio da observância do Criador, nosso Deus.

Como a vida nunca termina, sendo apenas uma existência cíclica espiritual, tudo pode ser concertado, aprendido e restruturado, devido aos meios colinérgicos a que este espírito viajante submete-se nesta jornada.

O Alquimista

LIGAÇÃO MEDIÚNICA

Toda premonição pode ter uma ligação com um mundo superior.

Uma ligação mediúnica, totalmente única em sua dimensão, causa apreensão.

Toda relação que um dia permaneceu calada, deve estar relacionada, contida nesse mundo em contínua evolução, devemos ter sua mente ocupada e as palavras relacionadas com um novo mundo em percepção, como se tudo viesse a sua mente e causasse uma total reflexão nos dois mundos distintos, mas comunicáveis.

Uma forte relação vem desde muito tempo, planejada numa jornada distante, sem ser alterada.

A comunicação vinda do outro plano serve para manter estabelecida a questão de elucidação e para que possa ser usada em determinado momento.

Talvez, esse mundo em questão, possa aceitar toda essa transformação.

Pudera, como outrora, poder fazer e esclarecer de maneira declarada, toda cultura que ali está alojada. Poder usar, sentir com emoção e demostrar a satisfação de fazer o bem.

Toda comunicação declarada, se mantem como um pensamento desejado do outro plano alcançado. Elucidar as mentes é entrar em total emersão dos pensamentos e atingir cada indivíduo, naquele momento.

A sublime comunicação sempre existiu, desde o momento da concepção, mas estava adormecida enquanto ainda aturdida, para atingir a ocasião certa de se manifestar e tornar possível essa relação que muitos levam a reflexão.

Essa comunicação está se tornando cada vez mais simples, sem ser diferenciada, apenas uma relação de irmãos, que estão em planos diferentes, mas que podem ajudar quem precisa e acredita no Senhor Criador.

O Alquimista

A COMUNICAÇÃO MEDIÚNICA DO TERCEIRO MILÊNIO

A comunicação entre planos vem tomando vulto na nova era.

Toda transferência de ideias e pensamentos vem sendo processada diferentemente como acontecia no passado, porém tudo evolui dentro de todos os parâmetros.

Essas comunicações se tornarão cada vez mais simples, como uma transferência de informações entre as formas existentes, uma conversa entre amigos.

Dentro da evolução, desaparecem todos os dogmas e preceitos estabelecidos anteriormente, aparentando contraste para certos indivíduos que ainda permanecem estagnados na evolução comunicativa, mas essa é uma tendência imutável dentro da evolução.

Uma simples troca de informações, usando um corpo físico disponível, mas previamente preparado e com condições culturais que garantem tais transferências diretas, pelo simples fato de conter arquivados conteúdos de expressões em disposição momentânea.

Essa comunicação propriamente dita, olho no olho, pode até parecer surpreendente, mas é muito simples entre os distintos planos.

Essa dualidade comunicativa faltava acontecer de forma simples, mas que vem se tornando comum entre os meios da espiritualidade da atualidade.

Com ordens recebidas de espíritos com certo grau de evolução, tais comunicações tendem a serem corriqueiras e absolutas, dispensando atos físicos anteriormente desejados.

Na plenitude dessas comunicações, o auge não demora a ser atingido, sendo que as transferências de informações ocorreram de maneira constante, ininterrupta e simples, diretamente entre os espíritos comunicantes e os espíritos encarnados, que permitirá a ambos uma ambiguidade de relacionamentos.

Uma comunicação singela, sem qualquer grau de superioridade, que se apresenta de forma espontânea nos meios da espiritualidade contemporânea, transformando esses atos uma transferência de aculturamento.

A transformação total causa controvérsias, mas que naturalmente são irreversíveis na evolução, como ocorre em todos os estágios da humanidade.

Contudo, os benefícios são indiscutíveis e visivelmente aparentes, sem meios de retardo nesta evolução, apenas alguns tropeços que desaparecem logo quando tais ligações vêm à tona, com toda a sua clareza.

O Alquimista

ESPELHO DE VIDRO

Assim como um espelho de vidro, uma ilusão pode ser quebrada em muitos pedaços, sem que possa ser juntada nas percepções da mente.

Todas as lembranças dispostas e fragmentadas serão impossíveis de serem expostas do mesmo modo, deixando de ser um conteúdo cognitivo completo, levando a diversas interpretações no decorrer da existência. Por esse motivo, as mudanças comportamentais são notadamente perceptíveis em indivíduos, até mesmo naqueles em confinamento.

Quando esses quadros comportamentais são estudados, notam-se muitas mudanças como sendo interações de diferentes modos de interligações de fragmentos aleatórios a sua primeira concepção.

Todos os indivíduos estão sujeitos a essas transformações comportamentais ao longo da existência, pois suas lembranças podem estar sendo construídas com fragmentos de vidas passadas, interferindo diretamente na personalidade momentânea contemporânea.

Tais mudanças comportamentais podem sofrer alterações em qualquer época da vida do indivíduo, tanto para o lado bom, como personalidades reativadas do lado inconsciente negativo.

Muitos estudos realizados sobre o processo cognitivo, ou seja, processo de aquisição de conhecimento que envolve fatores diversos como o pensamento, a linguagem, a percepção, a memória, o raciocínio etc., que fazem parte do desenvolvimento intelectual, levaram a conclusões correlatas a essa tese em questão, não por falta de estudos e tão pouco por seleções de caráter definitivo de observação, mas sim por tratar-se de uma imensa relatividade de fatos e ocorrências vivenciadas de existências passadas.

Tais correlações estão sempre sendo transformadas devido às lembranças que o subconsciente põe à disposição ao consciente. São lembranças ou ilusões, como peças de um quebra cabeça comportamental.

O Alquimista

O RESSURGIMENTO DOS SÁBIOS

Os altos graus de capacidade intelectual levam a incompreensão. Subjugados e incompreendidos, são levados ao enclausuramento de opiniões construtivas dentro da civilização.

Todos os grandes pensadores sofreram as controvérsias da sociedade de forma solitária, tornando-se notória a capacidade intelectual de cada um, através dos séculos.

Os indivíduos oclusos dentro de seus pensamentos construtivos, sempre se tornaram sábios. Pintores, escultores, cientistas e grandes pesquisadores então reaparecendo na sociedade de um novo mundo. Grandes descobertas em diversos campos estão em completa ascensão. Entre esses sábios, estão ressurgindo espíritos dotados de intelecto privilegiado à disposição de uma sociedade que tem a necessidade de uma nova revolução cultural, moral e comportamental dentro de um contexto utópico.

O Alquimista

AS MOVIMENTAÇÕES NAS CAMADAS DA CROSTA TERRESTRE

As mudanças nas placas tectônicas terrestres, devido ao assentamento em meios com menor densidade, leva a inúmeros desastres naturais que, muitas vezes, são atribuídos ao nosso Criador como uma forma de punição, mas elas são de ordem natural, ou seja, fazem parte da restruturação geológica do planeta em questão. Essas restruturações, muitas vezes, causam desastres imensuráveis na população habitante do lugar, levando ao término de existências, quando um objetivo de aprendizagem é atingido por completo.

Essas mudanças vêm ocorrendo há milhares de anos, desde a formação deste planeta na flutuação destas placas sobre as correntes magmáticas existentes.

Alguns de nossos continentes, que foram sujeitos a essas variações, tornaram-se objetos da história da devastação e extinção de diversas civilizações. Todavia, essas movimentações continuam a atuar nas placas tectônicas até que a devida estabilização do magma atinja o estado de resfriamento.

Tornam-se discutíveis esses acontecimentos, como obras do Criador ou, simplesmente, um efeito natural de ajuste geológico.

O Alquimista

UNIÃO DOS REINOS

Como podes caminhar sobre pedras se fazes parte delas?

Não seria apenas uma junção de partes diferentes do universo, onde a simples composição contém os mesmos átomos constantes no mineral inerte?

Então como podes fugir dessa união?

Faz parte de nosso ser estar presente, passar e pisar por caminhos pedregosos. Existe um universo abaixo dos nossos pés em plena transição.

Corpos diferentes, mas igualmente constituídos das mesmas partículas alinhadas de uma maneira diferente, inerente à razão de perceber, fazer parte, estar presente nessa ligação dos reinos, mineral e orgânico, conter em nosso corpo todo o saber da natureza e poder dizer que somos felizes por existirmos.

Jamais devemos pensar em desistir do plano que habitamos hoje. Consagramos e fazemos parte de um todo, absorvendo conhecimentos do universo.

Nada há motivos para duvidar, apenas aceitar a condição, crescer e evoluir.

Tamanha é a junção que podemos sentir, sem precisar de definição, apenas do envolvimento pela energia do saber.

Diante de tal conjectura, completemos nosso ser, nos ligando cada vez mais ao Senhor Criador.

Tudo poderia ser diferente do que é?

Talvez, quem pode dizer!

Não se pode duvidar, apenas criar e sempre pensar na união dessa magnífica criação, em ser filho do Criador, da tamanha imensidão do universo em questão.

Mineral, vegetal ou animal, o que pode ser tão igual!

O Alquimista

INTERLIGAÇÃO VETORIAL

Abruptamente, mas com serenidade, chegam de todas as partes do universo uma imensa quantidade de energias das mais variadas, atingindo as mentes que, automaticamente, emitem ao universo inúmeros fluxos energéticos que partem em todas as direções, tornando-nos parte de um complexo emaranhado, como uma teia que nos interliga a tudo e a todos. Essa interligação vetorial torna-nos parte constante de um universo em expansão.

Sendo assim, tudo e todos sofrem interferências de qualquer ato que fazemos, ocasionando inúmeras influências, negativas ou positivas, na composição universal.

Portanto, em todas as vias de fluxos, existem energias benéficas ou maléficas para influenciar o indivíduo, decorrente de um conjunto de ideias, atos e movimentos dentro do contexto universal. Por esse motivo, temos que ter em mente que cada pensamento ou ato atua diretamente em outro ser vivente.

Muitas vezes, um sentimento que surge repentinamente não passa de uma interligação de outro ser no mesmo padrão vibratório que o nosso.

Esse eixo central de emoções varia sempre no contexto tempo e espaço, atingindo elementos distintos e deixando outros completamente invulneráveis a essas influências.

A sensibilidade tem formas variáveis, o que nos traz a razão de individualismo.

O Alquimista

TRATAMENTO DA DEPRESSÃO

Por que viver sem ter uma razão?

E ainda pior, cair na maior depressão, viver em meio a essa confusão causada na mente sem nenhuma explicação descrita.

Quando se estabelece uma adequação a essa tal patologia intitulada depressão, tem se obtido uma correlação entre o físico e mental, que causa destruição nos neurônios. Sem nenhum estímulo na obtenção de informações, o cérebro vai se tornando sem visão e pretensão da volta à vida normal. Fugindo da realidade por falta da produção de várias substâncias, como serotonina e dopamina, ele não consegue realizar as reações psicoquímicas e se tornam verdadeiras psicoses neurais.

Sem a síntese dessas substâncias, a mente não consegue reagir com estímulos, o cérebro se retrai cada vez mais, influenciando o corpo físico, trazendo patologias principalmente no campo da neurologia degenerativa.

Com a farmacologia atual disponível, o profissional atuante tem como alternativa a administração de substâncias sintéticas na substituição das orgânicas. Essas configurações de tratamento devem ser reajustadas, assim que resultados forem atingidos, eliminando os transtornos de dependências neuropsíquicos químicos.

As contribuições dessas substâncias sintéticas devem ser associadas à tratamentos terapêuticos, obtendo assim resultados correlacionados ainda mais eficazes. Sobretudo, em pacientes mais jovens essas terapêuticas devem ser aplicadas logo no início da descoberta da patologia.

Neuroses, psicoses de ordem parapsicológicas instalam-se em constante evolução no paciente sem tratamento.

Também associados à monoterapia, tem-se aplicados tratamentos espiritualizados com resultados estimulantes e satisfatórios nos pacientes em questão.

Os estímulos na glândula epífise ou também conhecida como pineal, também atuam na obtenção de ótimos resultados no tratamento.

Assim sendo, essas metodologias são fundamentais para o tratamento sintomático de cada caso da depressão.

O Alquimista

MOLÉSTIAS EPIDEMIOLÓGICAS

Em determinadas épocas da viva terrena, para ceifar a população, certas doenças recaem sobre a raça humana. Isso ocorre como fator constante para conter o crescimento populacional de forma desordeira, fazendo uma seleção natural, onde eliminam os mais fracos da espécie dos indivíduos, para que os mais fortes sobrevivam. Existem moléstias que duram mais tempo do que outras, seguindo a ordem natural do planeta.

Diversas dessas moléstias foram detalhadas durante a antiguidade em pergaminhos e até mesmo na bíblia.

Essas doenças, vistas como incuráveis, surgem e desaparecem com frequência, para efetuar a limpeza do planeta. Atualmente, elas aparecem em ciclos constantes, aniquilando parte da população, até que a ciência descubra drogas e vacinas para a cura total ou parcial da mesma.

Outro modo de limpeza são as catástrofes naturais, que atingem regiões distintas da biosfera, sem anunciar um fator determinante de nenhuma espécie.

Tais mudanças, observadas como drásticas, na verdade são meios de preservação da raça humanoide em processo de evolução de vários mundos, que ocasionam verdadeiras descobertas nos meios científicos e tecnológicos, referente à construção habitacional.

O Alquimista

A BUSCA PELA EVOLUÇÃO

Na busca pela evolução, suportamos diversas intempéries em nosso caminho.

Nossa jornada apenas começou, como um raiar de um novo dia, uma nova era com novas emoções de provas e expiações a serem separadas nos caminhos pedregosos de uma vida terrena de evolução continua em busca do Criador!

Nos sublimes parâmetros da existência, compartilhamos nossas emoções juntos com membros de vidas passadas, traçando um futuro projeto e vivendo um presente espiritual com criatividade e iluminação divina, sobre o olhar do nosso Criador.

Desde os primórdios da evolução, o Espírito humano nunca esteve sozinho, com a presença de um bom companheiro encarnado ou em Espírito vivendo em outro plano, mas sempre amparado com novas oportunidades evolutivas e elucidativas, criando no âmbito celestial uma conjunção superior de obras destinadas a um bem maior, baseados na partícula divina, tornando tempo e espaço apenas uma condição relativa em fatos vivenciados, através de movimentos atemporais e desatomizados em relação à matéria pesada notória e absoluta, a uma tênue e efêmera emulsão de pensamentos criados com a finalidade do crescimento e da evolução espiritual.

É necessário pensar, analisar, conquistar o planejado, principalmente voltado ao bem em movimento atuante em nossa vivência terrena, para, depois, transportá-la a um patamar superior, em um plano de pura contemplação.

Transformação é evolução como idealizado pela Alquimia de tempos de outrora, resgatando do tempo à transformação do mais simples elemento em o mais precioso metal.

Criar, recriar, transformar a maneira de viver e crescer nesse mundo difícil e inóspito. Viver é conquistar o impossível, porque fazemos parte da partícula divina do universo que conspira a nosso favor, quando almejamos um determinado fim para o bem comum de todos.

Devemos transformar a angústia, a depressão, pois não fazem parte de nosso ser, de nosso Espírito criador, inovador, que partiu rumo à evolução, guiado pela tênue e singela névoa que o envolve. Atribuir aos pensamentos às transformações específicas na conjunção corpo e espírito para que se tornem partes deste universo brilhante que o Criador nos concedeu para compartilhar com todos a nossa volta, criando um patamar crescente em progressão aritmética continua e pontualmente evolutiva.

Busquemos em nosso ser mais íntimo a força, a criação, a arte e a sabedoria arquivada em nosso inconsciente, transformando chumbo em ouro ou no mais raro metal, o paládio, ou seja, transformemos todas as mazelas de nosso coração.

O Alquimista

CIÊNCIA E ESPIRITUALIDADE

Ligeira e absolutamente complexo, os parâmetros de comportamento humano têm levado os céticos estudiosos a repensar sobre os dois mundos, material e espiritual, levando-os a acreditarem em um mundo paralelo influenciando o campo físico.

Existe uma intensidade de energias de amplo espectro, no pensar e agir nos seres humanos, sobre estás influências.

Atuando no campo astral de mesma sintonia, tais manifestações influenciam-se, tomando vulto no contexto destas relações, fazendo com que os mais céticos cientistas, assistidos pelo plano espiritual, enxerguem as mudanças físicas nos pacientes em tratamento.

Várias moléstias manifestadas no corpo físico se tornam extintas após tratamentos espirituais.

Determinadas técnicas de cura espiritual são alcançadas por intermédio de médiuns e Espíritos com formação médica, que adquiriram em suas vivências ou que adquiriram conhecimentos enquanto aguardam elaborações aprimoradas no plano espiritual.

Técnicas complementares e tecnológicas ainda desconhecidas no planeta Terra auxiliam na mais completa recuperação de moléculas não sãs, na composição física do paciente, eliminando vestígios no seu corpo extrafísico.

A partir dessas observações e estudos realizados por nomes de destaque dos mais variados especialistas, o tratamento extracorpóreo se torna aceitável como alternativa definitiva de cura comprovada, assumindo um lugar de destaque na neurociência e pesquisas psicológicas e psiquiátricas, mas também se destacando em outras especialidades da medicina.

No campo da filosofia emocional e cognitiva, a mente evoluída e aberta a novos pensamentos, torna-se cada vez mais significativa nos planos espiritual e físico.

A relação humana, desde os primórdios da evolução, com o curandeirismo através de rituais com ervas e minerais, foram aceitos e demonstrados, mas sempre obedecendo a desígnios aprovados de acordo com o grau permitido pelo Criador.

Tendo em vista a transformação neste mundo, as mudanças são cada vez maiores, fugindo do misticismo e de dogmas para uma comunicação atuante entre dois mundos, obtendo uma melhor compreensão, com resultados significativos.

Em conta a este respectivo contexto, infinitas mudanças acentuadas nas células tornam-se possíveis, com novas criações moleculares desde seus núcleos, citoplasma e membranas, completando também um ciclo com e regeneração no períspirito, cápsula do corpo físico.

Em tese, todo pensamento oriundo de um ser com um cérebro ativo, também tem capacidade de mudanças no nível celular e espiritual.

Com um pensamento filosófico, psíquico, físico e extrafísico, tomaremos um curso definitivo na medicina, acima de planos previamente determinados. Corpos cada vez mais etéreos, sutis e sem formas delimitadas, devem ser alcançados no limiar dos próximos séculos.

O Alquimista.

APERFEIÇOAMENTO DA ESPÉCIE HUMANA NO CAMINHO DA EVOLUÇÃO

Desde uma simples ameba ou protozoário a evolução está presente, com determinadas regras biológicas, muitas ainda sem total compreensão, nessa trajetória de transição a seguir.

Desde o início da trajetória humana, o homem tem deixado suas marcas pela história.

Diante da preservação da existência, sempre houve uma conspiração universal na evolução da vida animal para que, em conjunto, dar sustento à existência de uma civilização, mesmo arcaica e submissa, aos meios de subsistência.

A qualidade das ideias de vida em uma sociedade conseguiu elaborar um meio de cooperação no que diz respeito à subsistência humana em desenvolvimento.

Após os estudos mais profundos de Charles Darwin, mesmo enfrentando contratempos de compreensão da sociedade da época, não havia como negar uma profusa evolução humana, a partir de seres inferiormente dotados de pequenos pensamentos evolutivos em sua jornada através de milênios.

Incontestáveis descobertas arqueológicas sobre a evolução humana, a partir de seres inferiores, traz sempre discussões no campo científico.

Pesquisas foram aprimoradas e mostram que a evolução humana não cessou, mesmo no campo fisiológico contemporâneo. Inúmeros pesquisadores discutem sobre essa evolução, pois, com os recursos tecnológicos à disposição, as descobertas continuam em ritmo progressivo, trazendo novos parâmetros para discussões.

Incontestáveis achados fossilizados datados pelo carbono "14" têm demonstrado a transição humana com diversas maneiras de compreensão elucidativa e comparativa.

A relevância dessas comparações são fatores incontestáveis de civilizações adversas em diferentes geo posicionamento humano no planeta em evolução.

Com a comunicação entre diversas culturas, fica a dúvida se foi uma aculturação plena ou uma simples transferência de conhecimentos por conquistas, mas o importante é que foi realizada e ainda continua em ascensão progressiva até os dias atuais.

O Alquimista

O EFEITO PLACEBO NO CORPO HUMANO

O efeito placebo no corpo humano é viável à cura, com a aceitação, e o notável pensamento de transformação, que ocorre nas células, nos órgãos e nos tecidos.

Com uma simples aplicação de uma substância neutra e estéril no corpo humano, o indivíduo a aceita como uma terapia e diversas reações fisiológicas são notadamente observadas.

Substâncias que estavam inertes nesse sistema fisiológico, sofrem mutações psíquico químicas, ocasionando transformações em todo o sistema por influência psíquico neural. Estas transmutações são notoriamente percebidas no campo energético também. O perispírito sofre as influências, causando mudanças curativas energéticas.

De forma inversa, o indivíduo que não tem pensamentos de recuperação, não alcança a cura, mesmo com as mais recentes descobertas no setor da farmacologia, pois não a quer.

Por analogia, podemos dizer que diferentes substâncias agem de maneiras diferenciadas de indivíduo para indivíduo. A cura total e absoluta está relacionada entre o pensamento energético positivo, remédio alopata, homeopata ou simplesmente placebo, desde que o indivíduo esteja disposto à aceitação.

Por esse motivo, diversos novos fármacos têm seu espectro de ação ampliado, desde que a aceitação e credibilidade do paciente também entre em ação psíquica, física, química e que aja credibilidade funcional.

Assim sendo, temos um conjunto de ações que surtem resultados positivos de acordo com a consciência do paciente. De maneira regeneradora, as atuações energéticas aplicadas, em conjunto com a autoconfiança, trazem magníficos resultados.

Diante dos fatos, estão sendo admitidas, principalmente, no campo da neurologia, variadas técnicas espiritualistas em conjunto curativos para pacientes em avaliação analógica.

O Alquimista

RUPTURA CEREBRAL

Podemos fazer uma simples analogia sobre a ruptura cerebral como sendo um distanciamento entre corpo físico e o astral. Com essa ocorrência, o cérebro com todo seu complexo de funcionamento psíquico, físico e químico se distancia do campo energético espiritual, ocasionando um funcionamento indesejado, podendo levar ao colapso neurofuncional.

Tais funções podem ser diagnosticadas como neuropatias de ordem fisiológicas e não energéticas atuantes, pois muitos profissionais ligados à neurologia ainda não admitem tal ruptura energética e tratam esse órgão, extremamente delicado, como puramente fisiológico. Devido a essa incompreensão, diversas patologias não podem ser tratadas com efeitos energéticos curativos e sim com fármacos puramente inibidores do sistema nervoso central.

Com o uso do tratamento energético, tem se notado novos estados de recuperação, sendo dispensados os psicotrópicos de maneira geral, ficando somente com os ajustes energéticos devidamente aplicados.

Essas transferências energéticas são puramente físicas e fazem uma reconexão entre os hemisférios cerebrais, mas que são suscetíveis as variações comportamentais de cada indivíduo, podendo desaparecer em virtude da estabilização energética dos hemisférios cerebrais, trazendo novamente uma vida normal ao paciente.

O Alquimista

ALQUIMIA NA ATUALIDADE

Vale a pena entender que nada foi deixado para trás. Tudo continua sendo estudado da mesma forma, porém atualizado, modernizado e em constante evolução.

O poder desse estudo, interessante em todos os pontos de vista, é simplesmente fascinante, sempre com novos conhecimentos.

Contemporaneamente, esse conjunto de informações adquiridos durante séculos de estudos, ainda está atuante na diversidade de ações que promove.

Enquanto novos estudos são elaborados, outros arquivos são trazidos de nosso inconsciente para a atual realidade. Nessa fase de atuação, esses estudos não devem ficar na obscuridade de outras épocas, mas dispostos para a apreciação através dos diversos meios de propagação compreensiva. Eles esclarecem novos parâmetros dos conhecimentos científicos e culturais. Estudos recentes se manifestam como mistura científica e espiritual em conformidade absoluta, elaborada abertamente, mas com a preservação de certo padrão de misticismo.

Nos relacionamentos parapsicológicos e científicos, sempre existirá um ponto crucial de espiritualidade e misticismo. Levando-se em conta essas variantes, temos a noção da predominância da alquimia preservada na atualidade.

Pressupomos que tais arquivos continuarão a serem expostos à condição dissociativa durante todas as manifestações culturais e científicas da atualidade, entendendo-se que essas manifestações se perpetuarão na espécie humana e nas futuras ligações diferenciadas, ou seja, tomando-se como fator incisivo, a alquimia da atualidade está atuante e assim o permanecerá.

O Alquimista

INTERCÂMBIO E A EVOLUÇÃO

Criado de diversas formas, os pensamentos transporta as barreiras da comunicação imposta pela distância da transposição do ser comunicante.

Suposição ou simplesmente imposição, as palavras vão sendo ditadas de maneira elevada, para serem separadas e elaboradas pelo ser pensante, que, muitas vezes distante, põem seu pensamento subgerente ao alcance do povo que almeja uma cultura edificante.

Conhecimento concedido por Deus, as comunicações estabelecem laços de ligação para que haja a mais pura transmissão entre cérebros, almas destinadas a tal enlace de forma oriunda e profunda. Culturas antigas, civilizações diversas são dirigidas por meios de palavras, símbolos, pensamentos, escritos em hieróglifo, etc.

Desde a mais simples decisão até uma alta e sublime comunicação pelos meios citados, são transformados por filhos amados para futuros ensinamentos a serem estudados.

Tecnologias elevadas vão sendo tratadas e aproveitadas de maneira oriunda, para iluminar as civilizações em constante evolução.

Deixam seus rastros da construção em elaboração, mas que, em algumas vezes, vem a destruição, sem a intercessão para futura manifestação.

Pensares bem antes de falar, para não salutar em matéria destruída e ser interrompida.

Os meios evoluem, assim como os de comunicação extracorpórea elaboram novos métodos de transmissão para obtenção de tamanha contemplação.

Evoluir de uma simples pena, para a transmissão de um tema, através de tecnologia plena, rápida e amena, mas sob a pena da incompreensão, estejam certos que tudo evolui em primeiro lugar, em outra dimensão fluídica.

Novos meios existem e existirão sempre para a comunicação e expressão.

Nos âmbitos elevados da criação, os meios de sintonização tornam-se mais atrativos, rápidos, ativos e definidos. Desde a pedra lascada até a palavra teclada existem muitos anos de evolução que, sem dúvida, trouxeram, com elaboração divina, toda vida adquirida e contida superior por um meio surpreendedor.

O Alquimista

A INFLUÊNCIA ESPIRITUAL NAS PATOLOGIAS HUMANAS

Em conformidade com o grau da evolução e o meio em que vivem, diversos seres sofrem variadas influências em seus corpos orgânicos. Tais influências são de origem astral ou psicossomática, ocasionado diversas patologias, chegando a atingir órgãos com moléstias irreversíveis sobre o aspecto da medicina atual, ocasionando uma aniquilação desde as partículas subatômicas até a deterioração completa do órgão, com mutações cromossômicas na ordem genéticas, como também no sistema neurológico central e periférico.

Essas patologias causam a paralização do corpo orgânico, deixando-o aprisionado a uma mente consciente, impossibilitada de comunicação com o meio externo, ou seja, devido a essa perplexidade degenerativa, o campo neural do sistema nervoso periférico não consegue receber os impulsos para movimentação física dos membros superiores e inferiores causando imobilidade total. Já o sistema neurológico central afeta certos tecidos linfáticos, prejudicando-os pela falta de comunicação cognitiva eletro neural.

Diante da atual neurociência, alguns médicos têm atuado no campo espiritual, conseguindo, gradativamente, atenuar certas patologias dadas como irreversíveis, tornando incontestável a evolução biomédica. O conhecimento do sistema orgânico, com tais atitudes do corpo médico, facilitam na solução das neuropatias, trazendo um consenso em comum acordo, para as patologias de variada ordem.

Várias interferências são notadas na genética da evolução de células tronco. Elas são usadas para a solução de diversas imperfeições orgânicas causadas no organismo em questão.

Com a criação de órgãos substituíveis, a sobrevivência dos seres orgânicos se tornará mais sucinta. Também na biogênese, o tratamento atuante no feto intrauterino terá um maior avanço, com a atuação destas relações psico-orgânicas. Na divisão celular, as meioses e mitoses não terão direções adversas, eliminando os carcinomas, melanomas, osteocarcinomas, linfomas, etc., e suas metástases, antes de sua proliferação, levando o homem a ter uma evolução maior no campo emocional e, consequentemente, se conectando a níveis astrais superiores.

O Alquimista

O PODER DA REAÇÃO

Duas substâncias sozinhas não significam grande coisa, apenas alguns átomos solitários em um universo em expansão.

Tudo no universo gira em torno da união de dois seres ou mais, para ter um resultado amplificado.

Assim sendo, determinadas substâncias se juntam e uma grande explosão ocorre, uma imensa liberação de energia surge e modifica o que estava inerte. Isso é apenas a demonstração da existência de uma grande quantidade de energia que necessita ser usada da melhor forma.

É necessário querer, saber, fazer, ter a compreensão para administrar essa energia. Destruir, recomeçar uma nova etapa, renovar, deixar a palavra solta no ar, começar de novo sem questionar, saber o que fazer e assim prosseguir.

O Alquimista

FLUXO EMOCIONAL NEGATIVO

Absolutamente, é indiscutível toda energia que é dispersa em certos momentos da vida encarnada, levando o corpo humano a se fragilizar, pois um grande fluxo energético se desprende de nós, nos deixando vulneráveis a inúmeras enfermidades com consequências desarmônicas no bem-estar de viver.

Com essas emanações, não é possível a estabilidade do fluxo de energia, ocasionando desgastes dos órgãos, destruição celular com danos irreversíveis.

Através de pensamentos de liberdade e mudanças na nossa filosofia de enfrentar a vida terrena, podemos atuar com grande significância, não permitindo que essas emanações perturbadoras atinjam nosso corpo, atuando no sistema nervoso de forma positiva.

Com o controle emocional equilibrado, dificilmente os fluxos negativos conseguirão atingir o corpo físico.

Temos experiências passadas referente a situações que nos atingiram, e que foram eliminadas com o nosso próprio psiquismo atuante daquela fase de vivência.

Quando o ser humano atingir uma concentração acerbada e muita dedicação, o controle emocional passará a fazer parte de uma constante evolução comportamental, podendo elaborar um futuro com crescimento comunicativo, uma ascensão psicológica de alto grau e o aprimoramento de seus órgãos, passando a não ter mais doenças de nenhuma espécie.

Sendo assim, salientamos que podemos atingir um perfeito grau de estabilidade fisiológica de saúde.

O Alquimista

INFLUÊNCIA EMOCIONAL NA EVOLUÇÃO

Em toda trajetória evolutiva humana, sempre existiram complexidade de relações. Incompreensão, irritabilidade e outros fatores emocionais levaram a humanidade a diversos erros de decisões em sua trajetória. Essas influências causaram uma diversidade de decisões errôneas na escalada evolutiva.

Porém, quando elaboradas em níveis elevados, influenciam o sistema de convivência humana em sua trajetória.

Nessa ambiguidade emocional, diversas civilizações foram afetadas por seus governantes de maneira significativa.

Não existe evolução sem decisão com lucidez, sabedoria e desprendimento da singularidade. No pensamento coletivo e evolutivo de uma civilização, sempre existiu e sempre existirá uma mente com alto grau de lucidez e com uma compreensão da existência da criação evolutiva e pluralista.

Diante dessas decisões, mentes altamente inteligentes, quando levadas para o bem, criam ao seu redor uma abóboda com reflexos coletivos evolucionistas.

O Alquimista

QUEM SOU EU?

Diante das incertezas do mundo, apenas posso ser comparado a um grão de areia em uma praia deserta.

Diante de tantos problemas dos outros, não posso pensar em reclamar, afinal, ainda tenho amigos que me acompanham nessa aventura de viver, neste universo de meu Deus Criador.

Incertezas sempre existiram, mas quando temos alguém para falar tudo fica mais fácil.

Descobrir um conteúdo interno que desconhecia, poder pedir não por mim, mas sim pelos outros, é, sem dúvida, maravilhoso, apesar de me entristecer muito.

As raízes da insatisfação ainda são fortes, mas nada comparada com a força de pedir com minhas mãos, sem dizer uma simples palavra.

Que Deus me conceda apenas por um instante, aliviar a dor alheia, pois tudo pode ser feito ainda, o tempo não acabou. O ritmo foi mudado, mas ainda há como voltar a pensar em curar e aliviar a dor.

Sentir nas mãos a energia passar, atingindo o local certo, com ternura e dedicação, junto a todos vocês, poder realizar o que se deseja. Não é preciso conhecer ninguém, apenas saber que existe alguém que chora, e, com um pensamento, fazer chegar um pedido ao Criador para atenuar aquela dor. Não tenho em minhas mãos nenhum poder, apenas a energia que pode transformar ou, pelo menos, tentar amenizar a angústia de quem pede e sonha.

Uma razão existe para continuar, peço muita força junto a todos que comigo estão, desde aquele momento em que sentimos que havia, sem dúvida, uma ligação divina em poder estar ali.

Vou dizer a Deus para transformar a dor, acho que não é preciso nem uma palavra pronunciar, pois o pensamento devo usar para tentar aliviar o que de mal está afetando um lar.

Nesta jornada difícil de caminhar até o Criador, encontrar o caminho e suavizar o espírito.

É preciso tentar, e nunca desistir de pedir, erguer as mangas e prosseguir nesta jornada sem fim, em busca de um motivo para, assim, viver e querer.

Marcos Melone Cesario

POESIA

Não é somente mudar, é preciso também entender a razão do porquê de toda essa questão que flutua tênue e suave entre o espírito e a seriedade de se viver.

O Alquimista

REENCONTRO DE ALMAS

Até que ponto o homem consegue abrandar essa dor que aperta o peito, que deixa marcas para sempre e atinge a alma inquieta?

Não é possível suportar mais nenhum momento sem a tua presença.

Comparação, até agora, não apareceu em nenhuma situação.

Mostrar um meio de curar, nem pensar.

A separação atingiu direto o coração e apenas destruiu mais ainda a vida.

Antes de tudo, só resta uma coisa a fazer, suportar esse meio de viver para não morrer.

Que situação suportaria a visão da tua partida conseguiria de olhos abertos ver e sentir a despedida?

Com apenas o olhar é possível dizer o que acontece dentro da alma inquieta.

Em um momento de emoção única é possível viver um pouco e guardar para sempre todo aquele carinho.

A ternura persiste através do olhar, sem ser necessário pronunciar uma única palavra.

A visão é única, a razão existe para tudo, mas mesmo assim, o olhar continua a fitar o coração.

Como conter uma emoção tão grande e valiosa, sem chorar de dor?

Tudo acontece em uma fração de segundos, e a cabeça começa a girar em um mundo completamente diferente.

Aquele inesquecível momento passa, mas é inevitável não lembrar.

Marcas profundas tendem a ficar.

Agora, não há como voltar atrás, sem que uma terrível dor atinja o coração.

O olhar não consegue parar de dizer que tudo é verdadeiro e que aquele sonho fica para sempre.

Tuas mãos indicam um modo de sentir e transmitir a ternura que parece persistir até encontrar teu olhar novamente.

Quando isso acontece, a lembrança volta com toda força e pode um coração doer e chorar.

Mistério sem razão toma conta do ar, de um momento a outro parece mudar o clima do lugar.

Que emoção ao te ver novamente!

A intimidade parece não mudar com todo esse tempo passado.

A alma reconhece tudo de uma única vez, sem, ao menos, precisar pensar, apenas voltar a viver de um modo carinhoso e recuperar todo o tempo perdido.

O Poeta

A DANÇA DA HARMONIA

Estamos intimamente ligados a uma dança.

A dança da vida que gira e faz girar outra vida.

Tudo em torno acompanha um ritmo, uma harmonia.

Mas tudo não é sempre assim, em um determinado momento alguém desafina.

Um som estridente faz-se ouvir, mas nem por isso a sinfonia termina.

Só aconteceu um deslize, que passou, e a sinfonia retorna em uma melodiosa harmonia de ser, estar, viver, sonhar e principalmente dançar.

O Alquimista

LEMBRANÇAS PELO TOQUE

A madrugada chega, e meus olhos continuam enxergando o passado. Repentinamente, as imagens se transformam, e uma nova realidade aparece.

Serão sonhos inacabados ou o imaginário tornou-se real?

Pudera, todo o pensamento só tem uma direção distinta.

Que realidade é essa que modifica uma vida?

Amor, sonhos e mistérios acontecem todas as noites.

O sono desaparece, um sonho real toma seu lugar com uma vivacidade incrível, sem que se possa controlar.

Uma nova visão da vida aparece diante dos olhos, as madrugadas parecem não terem mais fim, que foram feitas para dialogar sozinho, dizendo conscientemente que tudo mudou, o sono desapareceu e em seu lugar o novo chegou para ficar.

Não é possível dizer como e nem por que, mas, sem nenhuma dúvida, é uma realidade que chegou e tomou seu lugar nesta vida.

Atribulada e corrida, para de repente, o tempo não passa, o pensamento retorna de algum lugar.

Nada pode ameaçar o que o sonho real contém. Vidas entrelaçam-se de um modo intrigante que marcam a alma.

Retornando para ficar, chegou de mansinho até se tornar grande e forte o bastante para o pensamento não mais terminar.

Uma realidade absoluta tende a ultrapassar os tempos.

Em certos momentos, o relógio parou, começando a girar ao contrário da vida que segue.

O que acontece nesse momento de euforia, um amor contido na alma que toma seu lugar através dos tempos, retornando para ficar.

Que modo diferente de viver, entre a realidade e um sonho que permanece em minha alma e veio para ter seu lugar.

Parece importante ser tocado pelas mãos e acariciar como fazia há muito tempo.

Cada instante traz para a realidade um momento vivido que faz lembrar.

Que modo estranho, mas significativo de viver, cujas lembranças começam a aparecer como em um flash repentino do passado.

Minha alma parece se alterar entre o passado, e o presente que ocorre espontaneamente, como uma decisão complexa que é incontrolável.

Diante de tanta luta passada, agora, é impossível conter a emoção de vivê-la novamente, mas é importante vivê-la de um modo diferente.

O inconsciente liberta trechos de uma vida de outrora que, agora, volta para ser vivida.

Um mundo diferente parece tomar seu lugar, não sendo possível parar de pensar por um instante.

Durante dia e noite, o passado reaparece em forma de uma lembrança importante.

Iminente a razão, a percepção toma seu lugar na vida, transcende um modo atual de pensar, retornando para valer.

Instantaneamente, tudo acontece novamente, na lembrança de um sorriso, de um olhar que traz o passado de volta.

As lembranças vêm de mansinho, um novo modo de viver reaparecer para incentivar uma nova vida, cheia de alegrias e sem motivos de tristezas.

O impensável recomeça, é terno e carinhoso para que marque mais uma vez um reencontro.

Que modo de pensar, viver e sonhar dentro de uma realidade que veio, agora, para ficar!

Difícil encontrar uma explicação, mas, sem dúvida, ela existe e veio para ficar.

Que a vida nos ensine sempre, os caminhos de como sonhar verdadeiramente.

O Poeta

AMAR SEM SOFRER

Por que meus pensamentos vão e vêm através do tempo?

Como fazer para me conformar com o que aconteceu, acontece ou pode acontecer?

O tempo passa, não estaciona, somente o pensamento permanece em algum lugar.

Na busca pela liberdade, existe apenas uma verdade, a de ser feliz, nem que seja em algum dia, pois o inesperado pode acontecer, e o amor voltar.

Como sempre, o ciclo recomeça do mesmo ponto que parou e transforma um coração.

Eis a questão de não querer mais sofrer e entender como viver feliz.

Um pensamento gira sem parar e transforma uma atitude, pois em algum momento existiu um desejo que ficou exposto em teu pensamento para que neste momento retornasse.

Pode-se pensar no amor que transforma um lugar distante, sem ao menos retroceder no tempo. Os aristocratas nada sabem, apenas falam coisas à toa, sem nada pensar.

Pudera, ousar em falar o que em tua alma carrega. Somente há uma razão, a de querer um motivo para viver.

Não e simplesmente uma emoção, é um modo de vida que a filosofia fez com que refletisse.

Nada podes fazer para o ato mudar, apenas ser feliz e não retroceder.

Um dia após o outro, viver para compreender o que sente e seguir em frente, pois nada pode impedir alguém de tornar a viver.

Seu símbolo secreto é o do amor contido e retido na tua alma.

Sem pensar, deixe fluir e ore para que nada possa interromper o ciclo de uma vida. Em retorno com uma regra notória, saiba entender e tome parte para valer, sem sofrer por amor.

O Poeta

AMBIÇÃO DE AMAR

Existem coisas em nossa vida que simplesmente acontecem, sem ter uma explicação aparente e que tomam conta da gente.

O pensamento muda e, por alguns minutos, o tempo parece não existir mais.

Que coisa estranha de se dizer, quanto mais explicar!

Não importa, é um momento completamente fora da realidade existente.

Nada se ouve, a vida muda, tornando-se aparentemente inexistente.

A imaginação toma conta de tudo, o ponteiro do relógio anda em outra direção, fora da nossa percepção.

Que realidade dispersa, tudo foge do controle e começamos a olhar com outros olhos.

O tempo parou, um novo momento resplandece.

Surge uma indagação: será que a realidade é fruto do imaginário ou é o amor que toma conta da gente e nos faz agir e pensar de tal forma?

A qual mundo pertencemos não é possível saber, apenas sentir a emoção e a sensação de estar vivo. O corpo treme, o olhar muda, tudo gira de outra forma no emaranhado da vida.

Naquele momento tudo brilha, enquanto a vida parece mudar, até a órbita do planeta parece parar, a emoção cresce, e o amor surge para ficar.

O ser humano é completamente diferente quanto a realidade existente, uma ilusão faz parte da vida e a torna mais rica em todos os instantes.

Outra forma surge diante do olhar e o faz pensar que nada pode programar. O que acontece foge do controle, e o imaginário toma seu lugar.

Não queira parar, mas sim deixe tudo correr para que a felicidade volte a tomar a direção certa na vida.

Você, agora, tem outra ambição, a de simplesmente amar.

O Poeta

VIDA VIVIDA DE FORMA FELIZ

O que podemos fazer nesta vida, além de desejar viver feliz?

Na busca do tesouro imaginário de pretender ser feliz a qualquer custo, experimentar várias sensações, tentando proteger o seu bem maior, os sonhos.

Entender o que se passa em seu interior, sem questionar como vai ser o próximo passo desta passagem. Aproveitar ao máximo o que Deus colocou a sua frente, como um desafio a tua sabedoria para poder enfrentá-lo e viver de forma diferente. Sentir na pele as nuances do prazer que surgirão e transformá-los em momentos eternos.

Que esta vida intranquila sirva de exemplo, para que um dia possa ajudá-lo na caminhada ao lado de alguém que te faz muito bem, e que as pequenas partes desta vida possam alegrá-lo pela eternidade.

Às vezes, é preciso sofrer para entender o quanto é precioso um ser que te acompanha.

É necessário sentir novas emoções para evoluir, e esse processo continuará existindo para contribuir como um estímulo.

Não é possível viver sem pensar na conquista de alguém que se ama para valer.

O sonho permanece intacto em relação à realidade. Ele transforma o pensamento para tentar compreender o que realmente acontece.

A vida segue seu curso demostrando uma razão de prosseguir e sempre existir.

Que inexorável prazer de continuar vivendo para sempre, sentindo o que é o verdadeiro amor. Um desejo que elucida a alma e transforma o espírito. Uma força tão grande que modifica a vida, um olhar. Dizer mil palavras em um único momento de ternura.

Isso não é uma ilusão, e sim um momento de reflexão em experimentar a mesma sensação de querer viver.

Nenhum ser consegue controlar o impulso de amar alguém, sem nada querer, apenas contemplar o olhar.

O Poeta

ACRÉSCIMO DE TERNURA

Em cada dia que passa, uma força diferente toma conta do meu ser. Minha alma flutua, sentindo o que é bom e belo.

Será uma emoção ou o que foi vivenciado no passado, os momentos de ternura, esquecendo toda aquela bravura que um dia presenciei de verdade.

O chão falta aos meus pés, essa é a razão de parecer um sonho que desperta.

Passo a acreditar que algo mudou para valer, onde preciso deixar acontecer para sentir e viver.

Que a ternura predomine e assuma seu papel nesta passagem da vida, que vem lá do céu para acalmar a minha alma.

O Poeta

CORAÇÃO NO COMPASSO DA VIDA

Meu peito vibra de emoção, mas, agora, com uma paixão controlada, com você ao meu lado.

Os batimentos compassados no ritmo de certa vida que cumpre o prometido para poder ao seu lado ficar.

Uma paixão devida que adquire forma, onde a alma sofre com a emoção, mas fica firme em seu lugar.

Vou conter a emoção com certa dificuldade, mas com prazer imenso de estar ao seu lado dentro do contexto desta vida.

A situação é marcante, vivida de forma incompreendida, mas nada que não possa pisar dentro de duas vidas com cuidado e cautela, que eleva o amor a cada instante, um amor abundante e diluente dentro da emoção.

O que pode acontecer, só o tempo poderá dizer, mas sempre com a mão de nosso Senhor Criador, Mestre e Senhor do amor e da vida.

O Poeta

O RESULTADO DE DUAS VIDAS EM UMA

Viver, nem que seja apenas por alguns instantes, faz parte da existência.

Com a aparência de uma viagem sem fim, começa, de repente, a acontecer.

O amor não tem nada predefinido, apenas acontece.

Uma sensação diferente toma conta da razão, começa com um impulso sem definição e vai tomando forma sem ter lógica, apenas uma sensação que torna o olhar diferente.

Uma nova vida surge agora, uma tênue ligação vai se formando até que o fio da vida fique forte, entrelaçando duas vidas, mudando o modo de sentir, olhar e existir.

É algo que foge do controle e impossível de controlar.

A retomada começa singela e toma conta de tudo a nossa volta, como um novo impulso que estimula a vida.

Uma nova filosofia define o modo de existir que vem do subconsciente, tomando conta e elevando o espírito.

Não existe ambição, tudo acontece de forma diferente dentro da máquina da vida. O sol brilha mais quente, uma mudança súbita transforma o ser, completa uma vida com uma nova visão.

Embora a definição seja inconsistente, ela existe e não há como negar.

Que toda tristeza chegue ao final e que o pensamento elevado permaneça eterno.

O cérebro atinge o ápice, a razão não interfere, apenas cede um pequeno lugar para uma conexão que muda toda uma existência.

Talvez, a definição seja aleatória, simples, mas faz refletir em um novo caminho, um novo olhar em um mar de pensamentos.

A química do corpo muda, não existindo mais volta a partir de agora.

Embora haja algo que persista e resista ao tempo, tudo já havia se transformado, e não foi notado durante a escalada da vida.

O Poeta

UM SENTIMENTO PERDIDO

Como não sentir um amor que está contido em minha alma há muito tempo?

Carregado pelo espírito desde longínquas eras, passava despercebido, mas foi tomando volume, expressando uma imensa ternura guardada, que, agora, volta com toda força.

Imensa é a expressão que retoma seu lugar, que, ao se aproximar, fica para sempre.

Apareceu devagarinho, insistindo em retornar, mesmo com o passar do tempo, veio para ficar.

Não adianta resistir, apenas sentir que algumas coisas não desaparecem de uma cena da vida.

Fim e recomeço, o coração palpita com a emoção que parecia estar perdida.

De uma simples amizade, se transforma, com ansiedade, naquele amor da antiga vida.

Viver agora não é fácil, mas tudo recomeça para transformar.

Pudera, neste amor que reaparece poder pensar, olhar para o agora e esquecer a angústia de outrora.

A busca termina e recomeça uma vida que parecia perdida, para tomar posse da alma neste outro lugar.

Marcado, o coração não esquece jamais. É impossível sentir de outra forma e tentar contornar, pois tudo se forma novamente sem pensar. Ele age na retomada de duas vidas, sem nenhuma ambição, apenas querendo se expressar.

Um mistério que nunca cessa, que faz a verdade reaparecer, despejando tudo que estava preso em um coração.

O tempo parece não ter passado, apenas parado em um único instante. Retoma aos poucos seu lugar nesta vida, tentando novamente um meio de transformar o que ficou para trás.

O Poeta

LIGAÇÃO POR AMOR

Existe uma ligação que transforma as pessoas, que transporta para longe o sofrimento, colocando a ternura entre a esperança e a razão, que leva à loucura qualquer ser que do amor duvide, elevando o pensamento e modificando a alma.

Feliz é o ser que tem a oportunidade de experimentar o amor e não a solidão.

Como viver separados, nesta atual condição de viver?

Somente empobrecendo o espírito, para se torna menos sensível a paixão.

Paixão que ilumina o coração e faz os olhos chorarem de emoção.

Tudo isso existe dentro de um alguém, que só pensa em outro alguém, que se faz querer e deseja que exista em tempo real e não apenas no sonho.

O Poeta

QUANDO O SUBCONSCIENTE FALA

Amor!

Para que possas sentir meu amor neste momento de fraqueza que enfrento em tentar te deixar, não existe dor tão grande que eu possa suportar, quando respiro sem você neste momento de amargura. Que tudo nunca passe novamente pela minha mente, e que tamanha façanha me faças pensar sempre em ti, para sempre te amar.

Não posso pensar em ti sem chorar, antes de partir.

Que isso nunca mais aconteça, dentro desta vida ou em outra.

O verdadeiro momento é evitar que aconteça novamente.

Puderas, durante a noite, quando olho para o lado e não te vejo ao meu lado.

Isso não pode voltar a acontecer, para não me fazer sofrer.

Diante de tal frustração, sei que é pura ilusão pensar assim, que um dia te terei só para mim.

Desejo, paixão, amor, não sei dizer exatamente o que se passa em minha alma, mas a dor existe e posso senti-la sem a sua presença aqui.

Existe dentro de mim guardado os momentos que passaram.

Tudo aquilo não mais tornará a acontecer, pois não sei viver sem você.

Não sei dizer que mudança ocorre agora, mas sem dúvida, aquilo não existe mais.

Momento de reflexão, que, agora, é apenas uma ilusão que passa pela minha alma que pensa no passado.

Que eu nunca mais me lembre do momento da partida, e que a realidade, agora, aconteça com você ao meu lado, para todo o sempre.

Que o infortúnio desapareça, e que eu possa merecer esse presente que, agora, acontece diante dos meus olhos. Sentir o prazer de estar sempre contigo, sem que nada possa separar o que começou e me faz pensar que a felicidade voltou a reinar dentro de mim.

Jamais me deixe!

O Poeta

UMA VIDA DENTRO DE OUTRA VIDA

Inquieto, dentro de uma realidade que nunca esperava acontecer, estou eu a admirar um céu azul, o que não consigo mais parar.

É real, meu pensamento se torna submisso àquele olhar, uma vontade de voltar a viver uma vida cheia de energia.

Volto a indagar em como um sentimento guardado reaparece tão divinamente. É obra do céu realmente, não há como duvidar de uma ação tão bela do Criador.

Tudo muda, o tempo para e faz surgir memórias vinda do passado, que alguém fez relembrar, para, nesta nova vida, voltar, e o tempo fazer parar.

Realidade ou ficção, não importa qual seja a razão, um impulso retoma minha vida, mesmo diante de todos os infortúnios que possa estar vivendo, trazendo a felicidade por conquistar algo que me faz sonhar acordado.

Destino ou mero acaso, me faz reviver tudo novamente, dentro da minha alma inquieta.

Um novo céu começa a brilhar, novas estrelas apontam um lugar sem que seja possível contar, mas a verdade é que esta obra está aí para ser lida, que ativa minha alma, mesmo aturdida, e encontra um novo espaço para cultuar e apreciar a vida como ela surge diante de minha visão.

Uma situação que faz mudar, trazendo outra maneira de pensar, em que os anos parecem que não passaram, mas estacionaram em algum ponto perdido no tempo, espaço até encontrar o momento de reaparecer nesta vida.

Viver duas vidas ao mesmo tempo, existir e unir dois espíritos que persistem em acreditar no poder de retornar é algo intrigante.

Diante de tudo o que surge, somente o amor, princípio da criação e da emoção, ligados eternamente em uma paixão, pode resistir a tudo o que acontece.

Não há como duvidar que a mão do Criador atuou diante dessa situação, para dar mais uma chance de retomar o jeito de viver que persiste em sobreviver a tudo.

O Poeta

E SURGE UM AMOR

Diferente de poder escolher é viver de acordo com o que a vida nos impõe.

Nuances de bem-estar, muitas vezes, retornam para que possamos prosseguir diante dos embaraços do cotidiano.

Lembranças do passado surgem atuando como um bálsamo curador divino, pequenos momentos retornam, lembranças reaparecem como um alívio para a alma cansada de sofrer, atuando na caminhada de ambos os lados, oferecendo uma nova esperança de viver, com compreensão e carinho, modificando tudo a sua volta.

Um amor inesperado reaparece, se torna presente, ocasionando carinho e a satisfação de viver, pois somente Deus é capaz de atenuar uma vida, trazendo de volta aquele amor.

Como suportar essa situação, sem saber admirar, difícil conter a emoção diante do reencontro inesperado.

Dentro da emoção que nos traz vida, está um amor adormecido que nunca deixou de existir.

Que ternura em poder sentir o calor dessa emoção, mesmo após várias vidas, agora, com ânimo em viver, o carinho surge e supera todos os obstáculos, o amor perdido retorna de uma jornada inesperada que passou.

Todo o encanto surge e assume seu lugar, transmite uma segurança que, agora, parece não ter fim.

Separados por várias vidas, não foi o bastante para durar, unindo novamente almas que tendem a se amar.

Sem pensar, só é preciso saber que alguém te espera num momento de ternura.

A vida passou diferente, mas não conseguiu separar o amor contido com toda paixão, pois retornou e tocou com carinho o ser amado.

Que emoção forte que faz a felicidade eclodir outra vez!

Um novo caminho surge diante de teus olhos, só é preciso saber usar e não deixar perder o amor que do passado reaparece.

Sem raciocinar, traz a alegria de poder sonhar em tocar alguém que ama e realiza um desejo escondido de segurar as mãos com amor.

Quem procurou e encontrou, não deixe escapar a felicidade de voltar a amar.

Maravilha de uma vida é poder sentir, mas sem o medo de perder o que relembrou, sente e ama para valer.

O Poeta

MUDANÇA DA ESTRUTURA EMOCIONAL

Perder totalmente o controle, tudo acontece de repente, um diminuto inesperado atinge o âmago da alma, os pensamentos não têm uma direção definida a não ser para um destino certo.

Olhar em uma só direção, com o infinito todo, à frente, que toma conta da alma, é um grande caminho a percorrer, mas parece atingir um só lugar, uma só pessoa, um só modo de pensar.

Tudo acontece, não há como evitar, uma nova vida desabrocha como um botão de rosa.

Uma viagem insólita surge diante dos olhos como um ponto demarcado, como se nada existisse em volta, apenas uma única direção.

Viver em função de outro ser faz parte da criação, pois é uma opção que existe diante da alma que tinha outro tipo de vida.

Que transformação! Tudo pode conter e voltar diante dos olhos neste momento.

O tempo para por alguns instantes, tudo acontece, surgindo outra maneira de olhar a vida.

O perfume no ar enlouquece qualquer ser, o toque nem é possível descrever, faz perder a razão e até o espírito é tomado por essa sensação.

Não há como explicar, somente sentir e apreciar o que acontece e retorna de algum lugar para tomar conta de duas vidas.

Atingindo a alma para valer, nada mais importa nesta jornada, apenas ver e sentir essa pessoa tão amada.

O Poeta

UM NOVO BRILHO PARA UM CORAÇÃO SOLITÁRIO

Condições adversas criam momentos únicos na vida.

Quando tudo parece já ter passado, uma luz começa a brilhar com intensidade e tudo se renova.

Um novo rumo na vida chega e toma toda sua alma.

O tempo passou, mas os olhos tendem a brilhar e a iluminar uma existência novamente.

Com ternura, a amizade se intensifica e uma necessidade maior de compreensão atua em um conteúdo já existente.

Acordar de madrugada já se tornou uma rotina, não existe outro motivo para agir e pensar. É preciso se conter e estabelecer tal conexão. Os olhos falam, e a felicidade habita teu peito de maneira que chega a doer.

Quem agora toma as decisões? Não há como saber, apenas deixar a água de um novo rio correr para florescer as margens.

A esperança é a única realidade que persiste e induz a um lúdico pensamento, onde o sentimento fala mais alto.

Que situação que conquista, atua e persiste!

Talvez um dia, tudo volte à normalidade, mas no momento essa opção está fora de cogitação.

O Poeta

UMA NOVA FASE DO AMOR

Sem nada nas mãos, de repente não existe mais a solidão.

Acho que se foi perdida no infinito do universo.

Isso acontece subitamente, em um piscar de olhos, tudo muda abruptamente como um fato da imaginação que se desfaz, e a realidade toma seu lugar.

Bate na porta do coração, o qual se abre, e inicia-se uma nova etapa de uma vida.

Complemento de uma realidade que se instala, e aquele buraco profundo deixa de existir, a conexão está marcada por alguém que vibra como você.

Tem que durar uma eternidade, e aquela lacuna não mais voltar.

A mudança é tão intensa, que faz sentir no coração, nas mãos e no olhar, e nunca mais deixar de pensar.

Foi embora para valer, bem longe daqui, assumir outra posição, num outro coração que pode chorar.

Acordar no meio da noite, saber que alguém existe naquele lugar e em plena conexão.

Isso existe com certeza, então vamos aproveitar o momento, deixar tudo de lado e falar com o olhar.

Abordar de maneira sutil a quem se ama, encontrar uma nova vida para sentir e pensar, sem ter medo de perder o que está na mente e no coração.

Vai para longe solidão!

O Poeta

PURO SENTIMENTO

Só não consegue enxergar aquele que fecha os olhos para tudo que é belo.

Que não admira a beleza simples que os seus olhos alcançam.

Que não tira proveito de tudo que pode aumentar o sentimento.

A sua alma transforma-se a todo o momento que você respira o amor, ela pensa em realizar, apesar da idade ter chegado.

O corpo de fato está envelhecendo, mas o espirito permanece crescendo, evoluindo.

Não é possível parar de crescer, pois a todo o momento, um novo fato toma conta do ser.

Quando tudo parece ter terminado, lá vem um novo sentimento que transforma e cria uma nova visão da vida, tomando conta do eu, mudando a forma de viver, fazendo o coração encontrar uma nova jornada.

Pensar, contar e fazer uma nova história a cada dia, a cada hora, a cada instante que passa, é uma eterna transformação para o espírito que está em eterno crescimento neste universo em expansão contínua.

Esses momentos estão aí para serem vividos, sentidos no fundo de cada alma perdida, na dimensão do tempo. É uma complexidade que surge de repente e faz o olhar procurar por algo que existe e reside no coração.

Tudo muda, o querer toma conta da tua alma e começa uma relação diferente com a vida novamente. Os anseios retornam, a ansiedade vem lá do íntimo, tomando parte de tudo.

Existe uma energia que transforma o ser, cuja direção é impossível de planejar, nem ao menos tentar, pois estamos perdidos em um oceano de sentimentos que brotam e transformam o amanhecer.

O sol retorna da noite escura e brilha como nunca. Uma beleza interna que torna a expressar uma nova razão.

Razão!

Será possível estar presente, ou apenas pensamos que ainda a controlamos?

Com o passar do tempo, temos a noção que nada em nossa vida é possível de ser controlado.

Intervalo da razão entre a paixão existe sim um momento assim.

Tudo quanto pensa já aconteceu! Aquilo que pensava já ter passado e não voltaria a tomar parte da vida, surge outra vez.

Não existe uma fórmula perfeita da vida de um novo sonho, mas ele brota de dentro do coração, e este órgão tem outra função, o amor.

Que comparação podemos fazer? Será isso possível?

Acho que não, as influências do meio são muitas.

Vamos, então, pensar em viver livremente e se alegrar diante de uma nova situação.

Que Deus nos ampare e nos faça compreender esse modo de viver, enquanto o tempo passa, mas sem dúvida, esses momentos existem para serem vividos com emoção e paixão pela vida.

O Poeta

SOBRE A LUZ DE UM OLHAR

Que condição que pode mudar as coisas, talvez tudo.

Indiferente ao que se passa lá fora, tudo parece adormecer sem a noite chegar.

Por qual razão seria assim?

Nada é possível entender ao certo, pois é muito diferente pensar dessa maneira.

Os pensamentos são outros agora, algo especial parece se tornar real bem à frente do olhar.

Que estranha sensação atinge a alma de forma alucinante, uma frase termina para algo dizer, uma interferência na alma que dá um imenso prazer de viver.

Quem dera observar!

Algo vem à tona, parece remexer com alguma coisa profunda, de dentro do meu ser. Coincidência ou não, ela existe, persiste em ficar. A mente começa a revelar uma nova fase, os olhares traduzem palavras ocultas, que trazem do íntimo e que nunca foram ditas, que são insuficientes para conter uma sensação que existe e toma um lugar no presente, onde um perfume surge de repente, relembrando um momento passado.

Afetando a alma e o espírito, não sabemos como pode acabar não existe uma maneira de dizer, só de sentir.

O Poeta

APRENDENDO COM A PRÓPRIA HISTÓRIA

Talvez um dia, possamos entender o mistério da vida, entendendo o passado e aguardando o futuro.

Nada há nada para planejar, somente aguardar um novo dia chegar.

Enquanto esse dia não chega, talvez possamos entender o que estamos vivendo agora, neste momento.

Que loucura é poder mudar alguma coisa, transformar, saber como iremos enfrentar o que aparecer diante de nós.

Podemos tentar contornar o que pode surgir em um momento inesperado, sonhar com os olhos abertos, imaginar uma poesia vinda da alma.

Uma situação que atinge o eu profundo, que deixa o subconsciente vir à tona para poder usar o tempo passado e meditar.

Toda questão está imersa em uma solução distinta. Ela surge diante da escuridão com uma luz muito potente e tudo encontra até mesmo um novo sonho.

O universo trama uma nova aventura para você participar, como se fosse um novo personagem para suprir todas as necessidades do amor ou transpor uma paixão súbita.

Que situação encontramos diante de outra vida, uma nova fase da existência.

Quem dera poder ousar mais ao invés de apenas sonhar, refletir ou fugir do tempo que já se foi.

Que imaginação poética de um mestre da solidão, senão entender a vida de outro modo, usando a imaginação para elucidar uma nova questão.

Atuar de fato nesta vida, planejar uma nova vida e esperar.

Que tédio esperar, é melhor sonhar em ter alguém que se importa, filosofando diante do céu estrelado.

Cada ponto em exposição pode ser um novo habitat do mundo que pensa, ama e vive.

Tantos lugares para percorrer e conhecer novos meios de ser.

A situação perdura mesmo aqui, diante de uma paixão, nesta existência, em ligar a mente, conquistar um novo ser diante da situação de amar e sonhar.

É o que temos neste exato momento, alguém para entender o que iremos dissertar.

Escrever faz parte do prazer oculto que trago na alma e que vem à tona, deixando de lado toda ciência, enfatizando a paixão.

Eclético é o ser que pode mostrar ao mundo, sem muito pensar, apenas deixar fluir, continuar, sem pestanejar um só segundo, sem planejar e encontrar um sonho certo para contar a esse alguém.

Que situação fora da realidade é essa, que o pensamento revela e põe à prova todo ser que pode compreender.

Não é fácil dizer uma palavra rimada, quando se conta uma história de conexão, dentro deste universo em questão, mas vamos continuar sonhando com os olhos abertos.

Talvez, encontraremos um meio de assim viver, ignorar o passado e se fixar no presente em que a alma vive.

Estúpida intenção essa de sempre ter razão.

Vamos errar, continuar sorrindo e caminhando até encontrar alguém que possa realmente entender e completar essa história de transformação.

Melancolia não combina com uma existência, mas com a decadência de uma alma que chora.

Deixemos de lado esse modo de pensar e contemplemos o céu azul, o sol quente que toca a pele, sentindo-se vivo novamente para poder usar o corpo e a mente de um ser vivente que pode amar.

O Poeta

EXPRESSÃO FACIAL

O silêncio ensurdecedor vem da simples expressão da face.

Um sorriso, um olhar, o contorno facial pode dizer mais do que palavras distintas. Uma simples expressão pode transportar uma grande emulsão de energias que giram e modificam a ênfase da vida.

Um olhar é como uma página escrita, transmite a alegria da vida ou uma tristeza eterna.

Uma modesta percepção pode notar questões simbólicas na expressão facial. Transmite com o mover dos lábios e sem ao menos dizer uma única palavra, variados sentimentos.

A expressão da vida que flui do corpo, uma dor incessante, a alegria contagiante, simplesmente tudo pode ser demostrado sem nada dizer, sem pronunciar um único som.

Transmite e demostra todo conteúdo da alma em uma única forma.

A expressão faz parte da vida, transmitindo um pensamento singelo e absoluto, podendo até contar uma história de dor, sofrimento e até amor, em um simples piscar de olhos.

Quem disse que para falar é preciso pronunciar alguma sílaba, basta notar a expressão facial que se faz.

Nem mesmo com o envelhecimento é possível deixar de notar ou sentir o que se passa, a energia permanece no ar e muda o ambiente, tornando-o quente e sensível a luz.

O ar não parece mais pesar, permanece apenas a sensação do olhar e o sorriso aberto.

As expressões se tornam atos, os atos em momentos tênues da alma expressados pelo espírito, um gesto pode tudo transformar.

Tenaz é a capacidade de exprimir um sentimento sorrateiro o dia inteiro, e à noite a emoção que chega sem nada dizer.

É possível sentir o frio ou calor da alma que busca compreender a vida, sentir sem nenhuma palavra exprimir.

Chegará um dia que temos que deixar tudo que amamos, relembrando com emoção a expressão daquele rosto que expos a tua alma e segue a trajetória da vida.

Vale muito a pena contemplar e deixar-se denotar todo sentimento contido.

Uma nova criatura surge, ainda sem saber falar, mas sabe sentir a emoção de poder absorver os sentimentos e continuar a pensar.

A emoção toma conta do pensamento, e aquela face cheia de expressão é relembrada ainda como uma tênue emoção.

Um símbolo é produzido com um sorriso aberto, com um olhar brilhante de ampla visão.

Assim perdura a emoção da expressão de um rosto em transformação.

Providos de toda emoção, a expressão facial está aí para transmitir um estado puro de espírito.

O Poeta

HISTÓRIAS SOBRE UMA TELA

Em uma pintura pode conter algo do passado ou de um momento que há por vir.

Generosa emulsão de cores se dispõe sobre a tela, e uma nova compreensão se predispõe apenas no olhar.

As cores tomam forma, traços diferenciados que demostram a realidade do artista em questão.

Uma assinatura demostra o autor encoberto e revela uma personalidade.

Que pretensão de demostrar uma vida em uma tela!

Com inúmeras pinceladas, novas paisagens irreais formam-se, e o transportam para outro mundo.

Arte é arte, subjetiva e predisposta a cada visualização de quem a observa.

Intolerância a realidade, sonho transportado, filosofia de vida completamente diferente da simples observação.

Os olhos percorrem a tela que podem criar um ambiente surreal.

Cada observador é transportado a um corredor único da percepção.

O fator psicológico do momento é fundamental para essa observação, que transmuta a realidade.

Contudo, tudo muda em um instante. Uma observação de um ângulo diferente muda a nuance, o teor embutido nas pinceladas, revela e traduz o estado de espírito de cada um, uma realidade diferente, uma comoção toma conta do teu ser.

Um novo gerenciamento pode mudar teu inconsciente, transmitindo uma sensação sem forma definida à tua alma.

Que estranha sensação de amplitude, cujo fator de infinita compreensão pode atingir tudo a sua volta. Um artista, realmente é um mestre da vida.

O Poeta

LAPIDANDO AS EMOÇÕES

Diante de tantas incertezas, estamos imersos em um aquário belíssimo, mas almejando atingir o mar.

Como sempre, tentamos conter nossas emoções, mas tudo parece impossível.

O título sempre aparece nos dizendo como será o fim. A vida se apresenta diante das incertezas, mas sempre continuará. O céu aberto, a percepção nos leva a pensar no infinito do espaço.

Por qual razão tantas variações tomam conta de nossa alma? Talvez seja parte de todos nós conjecturarmos em como proceder diante da insatisfação de tomar uma decisão. Diante de um jardim cheio de flores, qual escolher para embelezar um local, dentro de um vaso que pode se quebrar.

Que situação!

Qual caminho tomar e como viver sem pensar?

Não existe alternativa senão deixar tudo continuar.

Por mais certeza que se tenha, sentimos um temor, por menor que seja.

Vamos correr, fugir da desilusão e apenas pensar na paixão.

Deixar o sorriso tomar conta do coração, para que possa surgir um mundo novo.

Os acontecimentos fazem parte da vida e nos mostram um modo de vê-la. Vamos deixar tudo acontecer e sonhar em ser feliz.

É preciso crer que algo novo sempre surge ao amanhecer, as cores mudam, a temperatura aumenta e a ternura aparece no ar, intermediando uma nova sinfonia a tocar.

Uma bela vibração toma conta de tudo que surge diante do olhar, o espírito absorve tudo a sua volta, sem ao menos deixar algo terminar, sem saber realmente no que pode se tornar.

Quem absolutamente sabe viver?

Uma pessoa distante que almeja ver adiante ou aquela que não sai do lugar?

Talvez, aquela que não dá um passo, admire tudo em volta, guardando tudo para um dia relembrar.

Que diferença podemos encontrar, basta tentar olhar!

O presente impera, mas o passado faz parte do espírito que habita um corpo sempre com alguma razão.

Perturbação constante esse aprendizado da evolução, conter muitas vezes a emoção ou deixar uma lágrima rolar.

Que tênue brisa pode acompanhar esse jeito de pensar, levando para longe a emoção de encontrar alguém distante.

Podemos simplesmente esticar o braço, tocar com as mãos e deixar a percepção tomar conta do coração.

Pura ilusão verdadeiramente contida na alma, que parte em direção de encontrar um olhar singelo.

A emoção gera um calor interno que transforma tudo que há dentro do ser.

O que poderá tontear a alma contida em vestes deslumbrantes, a satisfação ou a desilusão?

Tudo faz parte do viver, e a interação entre a emoção sempre torna algo diferente dentro de nós.

Pudera poder conter todas as gotas de chuva que caem.

Não podemos segurar a ternura, pois sempre a comoção toma conta do coração em certo momento da existência.

Pura especulação de quem não sabe o que dizer diante da variedade de emoções que estão contidas em uma simples vida. Embora o tempo passe, o coração padece em lembrar tudo aquilo que um dia marcou uma vida, e a consequência poderá sempre ser sentida nesta ou em outra vida.

A ternura perfura, o ódio desaparece, e ao anoitecer tudo pode mudar sem avisar.

Insinuar uma nova era que vai chegar, querer viver para sempre sem sofrer pode fazer muita diferença entre viver ou simplesmente sobreviver.

O Poeta

OLHAR NOTURNO

Muitas vezes prefiro a noite para pensar e relembrar.

Desejo que o dia não amanheça, que a noite não termine e sua escuridão permaneça.

Seu frescor incontrolável podia não terminar para que sempre possa pensar.

Na noite tudo é possível, inclusive olhar e ver as estrelas do céu que estão escondidas na luz do dia, ver o mistério da lua e imaginar o que seria estar lá.

Sentar e observar o planeta azul lá do alto.

Ser apenas um vagalume, sem precisar de mais nada além de brilhar.

A escuridão pode atrapalhar a visão, mas amplia a condição de escrever e compreender o que é o mundo, trazendo um poder de mudar a mente e criar um ambiente só seu.

Viver como se nada existisse, apenas um olhar.

Filosofar, poder dizer como escrever entre as linhas para alguém ler e entender como é olhar milhares de pontos brilhantes iluminando aquele azul profundo, tentando dirigir alguém para outra dimensão, sem precisar de um mapa no papel, simplesmente olhando o céu.

O Poeta

POESIA EM PAPEL

Tente pensar em coisas lindas e em como descrevê-las. Digitá-las em uma máquina ou pegar nas mãos uma pena e correr entre linhas de papel.

Deixar tudo fluir diretamente na folha branca, se transportar com a tinta azul para um mundo criado pela tua mente.

Os teus pensamentos voam para criar. Uma fragrância que a simples folha exala no ar é indiscutível, deixando tudo passar e uma bela jornada começar.

Descrevendo um paraíso, a terra dos sonhos, que é o lugar onde tudo começa, poder colocar a mão e descrever tamanha beleza.

A aventura começa e as linhas na folha vão tomando seu lugar, naquele papel sua mão parece descrever sozinha o que tens a pensar.

Novamente, o pensamento que vem da tua mente parece criar uma semente que germina e cresce, cujo perfume é transportado no ar, mas não sozinho, ainda mais original, pois foi escrito em uma folha de papel.

Aquela fragrância se mistura novamente ao cheiro da casa que, agora, alguém vai habitar, e um novo personagem que acaba de criar, e mais aventuras que vai enfrentar embaixo do céu azul, escrevendo outra vez naquele papel.

As linhas vão reinando, a folha vai se fechando e outra página vai sendo criada. A tinta azul começa a deslizar, a pena na sua mão começa a tremer, é um momento de tensão da sua história que começa a escrever. Porém, tudo isso passa e outra vez o branco e o azul reaparecem entre as linhas, deixando sempre uma leve fragrância no ar.

Que maravilha criada há séculos pelo homem!

Uma simples folha que transporta e cria tudo que se imagina e a muitos transmite uma história, um pensamento ou até um poema criado na mente.

O Poeta

PEQUENAS LEMBRANÇAS TRANSFORMADAS

O tempo passa devagar, de acordo com nossa proposta de vida.

Como concordar com tudo se a experiência conta, mas nem sempre aparece, pois se perde ao vento.

Consagrar um momento com algo que foi falado, mesmo que por alguém sem muita intenção de ficar.

Assim se foi mais uma vida, entoada por sua vez em muitas emoções.

Toda conotação pode transformar um modo de pensar, sem se deixar passar e ficar para trás.

Em qualquer momento, ainda há tempo de contornar uma passagem, olhar a paisagem e abrigá-las em tuas lembranças.

Tudo ocorre para criar novamente o que se diz ao vento.

As palavras parecem voar até atingir o teu eu em um momento de reflexão.

Pensar seriamente como induzir alguém a nunca desistir de viver.

Tudo é para ser tocado e sentido.

Olhar para dentro de si e nunca deixar de atingir um momento único.

Todo passado está contido em teus pensamentos, guardado a sete chaves para ser usado em um instante desejado, procurado por teu eu profundo para atingir um momento que deixou passar.

Sem relembrar, não é possível sentir definitivamente o que passa pela vida.

Relembrar faz parte do teu ser, e faz chegar cada vez mais perto do coração.

Deve prosseguir sempre em uma direção, para encontrar o sonho de viver.

Talvez um dia, consiga reproduzir o que perdeu em alguma jornada.

Com os pés descalços, sentir o chão que pisas, sem duvidar o que és perante a Deus. Ser um filho querido, corrigir os erros e equilibrar a razão, que tenta entrar no espírito para sustentar uma opinião que ainda persiste em dizer não.

Que mundo cheio de controvérsia encontrastes, para trazer vida aos sonhos. Fazendo parte dele, está toda situação que pode ser transformada com união, em um momento de plena decisão.

O Poeta

A MAGIA DE SER E VER

Filosofia ou simplesmente um antagonismo de pensamentos de gênios.

Alguns dos gênios das diversas civilizações são contraditórios, pois trazem informações errôneas ou um modo diferente de visualização e percepção do mundo.

Um mundo de diversidades e com várias maneiras de compreensão, fazem parte da caminhada.

O que é certo ou errado dentro da percepção?

A magia existe e está correlacionada com um olhar na diversidade profunda.

Se tudo fosse igual ou apenas pudesse ser visto da mesma maneira, a evolução seria utópica e sem nenhuma emoção.

Temos que imaginar com persuasão, pois tudo é possível.

Na totalidade dos olhares existe um modo de ver a magia em uma nova dimensão.

Ser influenciado diferentemente, um questionamento, a pluralidade da ilusão.

Às vezes, a irracionalidade toma conta da mente viva, mas não deixa de existir um pouco de sabedoria neste momento.

Que modo de presenciar a vida!

Ser como uma seta, com uma só direção ou como a luz, partindo para todos os lados.

Uma conclusão absurda ou com lógica em sua concepção.

É magia ou realidade escondida, que não pode ser dita.

Louca, por mais que pareça, uma presença está aí a sua frente.

Magia não é mistério e está sempre a nossa volta, apenas há uma transformação da sua apresentação à vida.

As raízes estão no chão, mas o perfume das flores está no ar!

Que modo diferente de estar, no chão e no ar.

Podemos ver como há modos diferentes de querer ver.

Bem-vindo ao novo mundo de ver e crer.

O Poeta

SER OU ESTAR UM POETA

Estar, agora, declamando em palavras suaves, ver o que nunca esperou acontecer, nem mesmo em um sonho, transpor o mundo real e ultrapassar os limites da verdade, faz parte da humanidade.

Pesadelos não combinam com o amor da criação. Vamos exercer a virtude de ser ou estar um poeta neste instante.

Quem dera poder ultrapassar esses limites todos os dias da vida.

Começar de novo e poder sonhar todas as noites.

Até mesmo acordado, pode ser encantado.

Tudo, agora, parece mais real, a ilusão está fazendo parte.

A magia te conquista mais e mais a todo o momento.

Criar agora, a partir de um pensamento, é uma coisa única.

No ceticismo, não existe a fantasia, as poções, a criação divina. A tecnologia chega às mãos, mas sem nenhuma ternura, apenas como um meio de prosseguir sem imaginar.

Tudo faz parte do pensamento, mesmo que não seja real, o imaginário faz parte do amor, do calor contido no coração.

Viver não seria tão belo assim, sem a existência de querer prosseguir e criar.

Um veleiro que passa no ar pode sim ser possível dentro da imaginação.

Não pode haver nenhuma tensão dentro de um espírito que cria assim, com tanta devoção.

Poder colocar em prática, com a determinação de um poeta que coloca entre as linhas um modo diferente de viver.

Tudo isso parece incrível, mas é real desde que supere o mal.

A fronteira da incerteza já não existirá dentro do coração.

 E, assim, pensar em continuar a escrever de modo que a obra sobreviva a qualquer destruição que possa ainda existir.

O começo está aí, só falta terminar com versos e deixar tudo passar.

A vida continua a singrar nos mares e no vento da imaginação.

O poder cresce em tuas mãos para poder receber tudo que possa ser escrito com apenas uma razão, ser feliz e deixar viver toda a tua imaginação.

O Poeta

AS DIVERSAS FORMAS DA BELEZA

Já vai escurecer, as pálpebras do mundo vão se fechar, e a escuridão vai reinar, mas com outro modo de beleza para admirar.

A noite reina na escuridão, mas as estrelas, agora, demostram um brilho singelo no céu azul profundo.

Indicam um caminho perdido, como se fosse um mapa escondido que, agora, aparece e aponta para um lugar que precisa ser achado.

No mar ou na terra, toda jornada parece demarcada até o sol novamente renascer.

Nessa transformação, quase que instantaneamente, tudo parece modificado.

Não podemos ver com os mesmos olhos, toda mudança concedida pela simples alteração da luz.

Embora um fato como esse tenha uma beleza escondida, ele brilha dentro de toda profundidade que abriga um novo mundo que surge.

O Poeta

O FAZ DE CONTA

O conto de fadas começa quando a realidade acaba.

Tudo é possível de se realizar, as fantasias impossíveis podem tornar-se reais.

O faz de conta abre as portas para uma jornada inacreditável.

Como não ser verdade, se é visível aos olhos e ao pensamento?

A mágica faz parte da vida de todos nós, a alquimia transforma tudo a nossa volta.

As poções mágicas tornam tudo possível, desde que o mal possa ser esquecido.

Após abrir a porta, encontramos novos caminhos, uma nova vida que inicia e toma forma, os pensamentos felizes abrangem tudo ao redor.

Tudo pode ser conquistado, quando atingido por um simples sopro de amor.

Faz parte da imaginação a percepção do irreal.

Todos os sonhos vêm à tona para serem tocados pelas suas mãos.

Por que não imaginar-se feliz, vivendo aqui ou ultrapassando os limites do universo.

Com uma imaginação fértil é possível tudo criar.

Transpor um reino florido a caminho dos castelos maravilhosos da sabedoria.

Ultrapassar o labirinto que leva a um novo mundo.

Vamos conquistar todo o universo, livre para voar.

Com uma simples visão, poder sentir os perfumes mais exóticos.

Deixar os cabelos voar ao vento e sentir o sol bronzear a pele.

Com tudo isso talvez seja possível ser feliz, mas o mais importante ainda não existe ali, que é sentir a presença divina de amigo de verdade.

Nunca pense que esse dia não vai chegar, não há como voltar, pois um amigo é para sempre, até mesmo nos dias nebulosos.

Quando o dia clarear e o sonho terminar, com as mãos estendidas alguém a espera, talvez seja este amigo que está ao seu lado e que nunca a deixou.

Na verdade ou na ilusão, com magia também nosso Deus Criador está sempre junto ao coração.

O Poeta

SILHUETA PERFEITA

Entidades perfeitas de formas variadas, em cores deslumbrantes, enfeita e deslumbra os olhos diante de tanta beleza.

Criada para cortejar ou simplesmente perfumar o ar.

Em imenso volume ou apenas uma demostra sua beleza incomum.

Em formas diversas, pode se colocar em qualquer campo, jardim ou em pequeno vaso, pois seu destino é embelezar.

Suas formas são criadas pela mão divina que elabora a vida.

Em sua completa harmonia, combina com tudo, mesmo que o ambiente não seja perfeito.

Com um coração aberto, abra bem os olhos e veja tudo que é belo.

Basta olhar a delicadeza que caracteriza uma espécie, que tem o objetivo singelo de embelezar a vida.

Com cores fortes ou suaves e em diversas tonalidades, contrasta e destaca o amor e a paixão que brota do chão para mostrar o que o Criador pode criar.

O Poeta

O CICLO DA VIDA

Apesar das noites frias, pela manhã o sol resplandece e em segundos, todas as cores podem ser vistas.

O ciclo da vida continua, pois é assim há milênios, desde a formação da terra.

Dias ruins também passaram, mas nem por isso o sol deixou de brilhar, resplandecer e conter aquela alegria de viver, que toma nas mãos, como se fosse um embrião, aquele raio de luz que ali apareceu para bilhar.

A luz tomou tudo que podia naquele instante, parecendo uma brincadeira, mas nada que alguém não merecia.

Com a visão daquele brilho, os olhos mudaram, pareciam entender o que acontecia. Tudo estava de volta, podíamos contar as pedras no fundo do rio. A água refletia as cores do raio de luz, como um prisma exposto para quem quisesse ver aquela beleza.

Com diversos contornos em torno das árvores que mais verdes apareciam, surgiam os frutos e as folhagens do lugar.

Que ciclo de vida!

O vento soprava em todos os seres que ali permaneciam para viver.

Como em uma pintura inerte, tudo parou.

O que houve?

Nada, apenas um novo ciclo inicia, mas dessa vez em outro lugar.

Uma mente inteligente pensa que logo o sol vai voltar a brilhar e as cores vão retornar como sempre.

E assim, mais uma vez, vamos prosseguir, sentir e ver aquele turbilhão de emoções, quando mais um dia iniciar.

O Poeta

TEATRO DE UMA VIDA

Deslumbrado por atuar no teatro da vida, assim nos sentimos, ao percorrer essa obscuridade aqui nesta terra.

Palco iluminado da insatisfação!

Sem a compreensão necessária para atingir plena realização, poder interpretar uma peça de teatro, sem saber ser um divino artista da vida.

Detalhar com presteza toda alegria e demostrar a tristeza com lágrimas verdadeiras.

Artista de aparência incompleta, sem um papel certo neste palco incerto da realidade, cujo roteiro deve ser compreendido pelo seu autor.

Divina comédia de uma vida sofrida, um protagonista sem saber a razão deste destino.

Atuar, sem chorar, diante da plateia que saúda de pé tal atuação.

Difícil, mas não impossível de se mostrar, usando diversos trajes para poder viver a diversidade.

Quando o show estiver preste a terminar, deixar uma lágrima correr, ser aplaudido por ter vivido um personagem com tanta emoção e demostrar a todos que têm coração.

Quem será você diante de tanta emoção?

Um simples artista atuando no palco da vida.

O Poeta

A DIMENSÃO DENTRO DE SI MESMO

Interpretar uma nova dimensão, sem saber a razão. Poder ligar um novo lugar, distante o bastante para ser visto, somente sentido.

No perplexo universo, podemos visualizar um novo mundo com cordões de luz que vem em tua direção para poder segurar a emoção.

Distante é, mas não impossível de chegar, é só transformar, vivenciar o original, sem o mal para atrapalhar.

Poder perceber o que tentamos ser, sem discussão e sob os olhos do amor.

Que dimensão diferente de ser, que ainda não se pode ver!

Longe demais ou ainda é incapaz de perceber.

Conter, não adianta mais!

Se deixar levar com sabedoria plena que habita o interior, mesmo sem saber realizar tudo que tem que fazer, mas viver.

Ainda hoje, transparecer o que realmente possa ser, dividir para poder saber usar em benefício da contemplação e do sentimento.

A ilusão faz parte do saber e de viver, para oferecer essa situação como uma nova opção de sonhar e deixar tudo passar, para encontrar um modo de dizer que teu eu faz parte do teu ser.

O Alquimista

VELEJAR

Velejar é encontrar o que se procura no mar!

Singrar os mares, pensar em como é bom ir para longe sem nada para atrapalhar.

Determinar um rumo com tanto azul à frente, sonhar e prosseguir.

Que destino podemos encontrar quando lá chegar?

Parece ocultar algum lugar!

Depois do horizonte, deve surgir algo para se ver.

Ademais, existe o poder da ilusão ou a satisfação de prosseguir sem um rumo definido.

Se deixar levar, contemplar e esperar chegar!

Ao amanhecer, sentir o sol brilhar diante de ti, o ar que toca o rosto, sem aparecer, poder ser alguém que deseja saber onde está.

Com um suave murmurar, dizer como fazer um soneto aparecer, diante do som do mar que toca a embarcação, sem nenhuma direção.

Talvez um dia, consiga entender, para tentar a outros explicar.

Como é divino prosseguir sem definir nada, simplesmente se deixar conduzir pelo Criador, poder construir, subir e encontrar com aquele alguém que no passado ficou a esperar.

Sem muito explicar, se deixar tocar para poder sentir novamente aquele olhar.

O Alquimista

UM NOVO MUNDO INTERIOR

Em virtude de tanta emoção, como é possível não se ligar a tudo?

Se não fosse pelo pensamento e imaginação, como seria viver?

Com tons diferentes de azul, olhar o céu, se situar em algum lugar e se deixar desfrutar de um novo mundo.

Dentro de si mesmo, escutar uma revoada de novos pássaros que ainda não existem na realidade, somente na tua emoção de viver.

Dizer a todos a razão de poder completar um mundo em formação, com muita energia fazer girar o inconsciente e se deslumbrar com o novo.

Em um mundo que aparece diante de teus olhos, deixar-se levar, até atingir outro lugar.

Distante de ti, sentir como se lá estive para viver e contemplar.

Existe mesmo esse lugar, em outra dimensão, sem ser exato o local.

Vós então viva, cresça, veja a relva, deixe o verde tomar conta, nasça outra vez, sinta o novo mundo, que entenderá o que é viver sem sofrer.

Poder sonhar, sem precisar fechar os olhos, realçar a beleza e desfrutar.

Outro dia chegou, sem que fosse preciso adormecer para sonhar.

Prestigiar a criação de nosso Deus, diante de ti, conter na tua mente esse sabor.

Teu nome não precisa dizer a ninguém nesta jornada da vida.

Apreciar sempre, sem desfazer o sonho e continuar, pois tudo é belo sem precisar tocar, apenas admirar.

Sentir o som, tocá-lo como se fosse algo material que se possa sentir só de olhar.

Neste mundo, a fantasia é real, tudo existe. Algo aleatório sempre aparece, mas apenas para ver. O senhor Criador sempre deixa transparecer em tua alma, um ar tranquilo e inerte em qualquer situação diferente.

Vamos então continuar prosseguindo em viver assim, dentro desse lugar, sem correr para atrapalhar, se deixar conduzir e observar o que vai surgir.

Sobreviver apenas não basta, temos que criar para um dia dizer que vivemos a ensinar alguém a amar.

O Alquimista

A ARTE DA PERSUASÃO

Usar as palavras para submeter alguém aos seus desejos. Tocar com uma simples frase, o coração e fazer uma pessoa chorar. Dizer como fazer e proceder diante de uma paixão.

Isso tudo é possível quando se tem o dom da palavra literária falada ou escrita em forma de verso ou prosa.

Pode, sem dúvida, mudar o rumo de todas as coisas.

Com um planejamento inadequado, pode tornar algo que era lindo em irreconhecível.

Pode alcançar todos os meios e usá-los com razão, chegando até o fim de uma questão.

Não vamos ser precipitado, sem entender como é bom falar e se fazer entender.

Em uma súplica, encontrar o perdão e voltar a ser feliz.

Glórias de um passado, sem nenhuma razão, ter existido em palavras e dirigido a toda uma civilização.

Palavra que fere como uma espada, sem tocar em nada, mas que mata mesmo assim.

Com toda razão, abster-se de dizer e não se fazer entender.

Pobre homem desiludido por não poder falar sua opinião. Chegamos a uma conclusão, sem ao menos escutar a palavra dita pelo outro irmão. Escutar faz parte do viver, de se fazer entender nesta terra de ninguém.

Vamos pensar em coisas muito sábias e dizê-las ao mundo.

Desde Marco Aurélio, o imperador de Roma, que não se fazia de rogado, para dizer sem intenção, mera questão em ser inflamado por uma simples palavra solta no ar para fazer sufocar.

Não seja assim. É bom, antes de tudo, compreender para poder conduzir o novo mundo que surge em suas mãos.

Como voamos para todos os lados, com asas nos sons alados, que pleiteiam uma indagação, pudera nesta trajetória estar aberta uma discussão, basta dizer.

Todos os dias são assim, palavras soltas em todas as direções e sempre causando novas discussões. Todos esses costumes trazidos de geração em geração só ditos e não escritos.

Condizente com a razão está a evolução, ao caminharmos com velocidade na busca de uma perfeição falada, vamos marcar sempre com uma bela palavra o fim de uma oração.

Fim da questão!

O Alquimista

O ESPÍRITO

Venho do futuro, mas estou no presente.

Busco em todas as direções um momento único a seguir.

Como posso esperar, sem ao menos imaginar?

O caminho está aberto, é preciso escolher.

Esperar jamais, é preciso progredir e admitir que existir vale a pena.

Na busca pela sabedoria, compreender com exatidão as dimensões do universo em expansão.

Saber dosar o saber e constatar que é possível estar diante da razão, demostrando como compreender um momento de viver.

Está tudo definido, quando se sabe de que angulo olhar, guardar dentro do inconsciente toda essa percepção.

Sentir, ouvir, olhar e falar para si e usar para os outros ajudar.

Possuir conhecimento, usufruindo sem limitação, é um bem que se põe à disposição para agradar um mundo em evolução, com muito esforço conquistado e suor derramado.

Tudo parece um faz de conta, encontrar dentro de si toda a experiência contida.

Comum seria ser omisso à razão de existir e se transformar num objeto inerte.

O correto é ter tudo na mente, à disposição para nunca desistir de evoluir.

Como parar de pensar?

Só se deixarmos de existir, mas isso não é possível neste Universo do Criador.

O Poeta

ATOS PASSADOS

Pensar nos atos passados, em como pôde ocorrer tal fato meramente desejado, é como se estivesse nas entrelinhas, escrito e planejado.

Todavia, houve um tempo em que a palavra valia como um papel assinado. Porém, o tempo mudou e viva se tornou passar por um monte de ilusões perdidas.

O tempo passou e você envelheceu, trouxe alguma mudança?

Talvez!

Alcançado tal pensamento, conseguir imaginar em como é possível viver de outra maneira e ser.

Que muito se passou, não há como negar, mas não é possível transformar?

Todos os fatos ocorreram dentro de uma existência, mas como deveria ter mudado se houvesse essa permissão?

Talvez, com muita ousadia e dedicação, transformar o ocorrido em questão.

Pudera, como podemos viver sem lembranças?

Nunca pensar e nem reclamar de modo algum, pois isto envelhece sem conter tudo que passou.

Vamos parar, ousar e viver novamente sem relembrar.

Será possível viver assim?

Talvez, quem sabe um dia!

Muito menos saber de tudo que passou e que nunca mais voltou.

O Poeta

LÁGRIMAS

Falar com o olhar, mas muitas vezes é preciso chorar.

Fazer descer uma lágrima para poder dizer.

O brilho que diz nos olhos o que fazer.

Pronunciar o bem da vida que vem de dentro do pensamento.

Transparecer naquela lágrima um brilho discreto que possa dizer tudo que sonhamos.

Em meio à decisão de fazer ou não, baixar a cabeça e deixar aquela lágrima rolar.

Não é preciso falar, existe muitas formas de dizer, uma delas é molhar o rosto com a lágrima que cai sem se deixar notar.

Difícil pensar!

Às vezes não é possível conter, e nem dizer, apenas olhar.

Acabar com tudo isso de uma vez, sonhar em como seria deixar de existir aquele olhar, não dá nem para pensar.

Deixar a lágrima rolar, tocar o chão para demonstrar toda compaixão que possa existir, sentir, deixando o sentimento vir à frente.

Brilho que dura pouco, mas que nunca se esquece, apenas transparece naquele olhar.

O Poeta

POESIA

Vamos pensar sem declamar, elucidar com palavras escritas a vida, definir como pensar, ser e escrever.

De maneira rimada a palavra escrita e falada.

Colocar o amor diante do pensamento e saber como expor e contemplar a vida.

Resumida em linhas, está muita coisa vivida, pensada e, depois, excluída da mente.

Dizer o que deseja ao escrever com uma pena, para deixar aos outros o que pensa.

Tudo isso passa diante do olhar, para poder em um minuto falar, sentir e prosseguir diante do papel, apenas em uma linha, atingir com a tinta a ternura ali dirigida.

Mostrar o que pode acontecer ou ao menos sonhar, rimar e saber contar um fato ocorrido diante do teu olhar.

Poder colocar a frente todo sentimento deixando correr a pena no papel, dizer como amar se assim desejar.

Toda compaixão também pode ser admirada entre as linhas traçadas.

Com todo amor, saber compor, deixar marcados os sons para serem olhados e sonhados.

Assim será dito e escrito diante e durante uma vida vivida.

O Poeta

É PRECISO PENSAR

É preciso refletir, esperar, retornar em passadas largas o tempo perdido.

Tornar possível enriquecer a cultura e atingir um estágio maior de sabedoria.

Conquistar sem esquecer nenhum dos itens a seguir, e sempre refletir.

Como que pudéssemos avançar no tempo sem muito pensar, temos que ordenar na presença do senhor, nosso eu maior, e conseguir sempre evoluir.

Escrever para elucidar toda vida que este manuscrito alcançar.

Colocar diante dos olhos, ler e entender tudo que aqui tem a dizer.

Padecer, se for preciso, para saber compreender.

Tudo nesta vida está ligado, neste momento sagrado, para elucidar.

Não é possível saber nada passar pelas experiências.

Transpor a barreira à sua frente e dizer:

- Venci, para sempre crer!

Com isso em mente, saber a importância da cultura, dos pensamentos, da poesia e do conhecimento, sentir a emoção com compaixão.

Deixar o coração tomar a decisão, mas não desprezar a razão.

Terá sempre à mão, para nunca esquecer o que é realmente saber e compreender.

Tudo isso se alcança, fazendo uma aliança entre o coração e a razão.

Desprender-se de tudo que possa atrapalhar e saber cultuar com predileção, o que tem razão, como desvendar uma parábola sem pensar.

Talvez, só se venha elucidar diante da emoção.

Ser um vidente do imaginário ou aquele que sabe pensar e compreender.

Tudo isso passa, o que fica é a lembrança de poder contemplar.

Poesia ou prosa, como dizer com exatidão o que se passou naquela ocasião.

Tudo foi real ou apenas uma transição sem intenção de criar, sentir sem se iludir com o que passou.

Apenas uma transição de como filosofar e compreender como viver.

Todavia, tudo passa e continua em outra vida, ao lado do Criador pensador.

O Poeta

FILME INTERIOR

Pudera como consegui, agora, o que sou por fora!

Contornar o meu ser, saber como fazer.

Tornar tudo possível neste instante de decisão.

Poder ser incisivo para passar tudo isso.

Sentir na pele o poder de reviver o que já aconteceu outrora, naquela hora.

Tudo é tão real, até o mal não passa despercebido.

Tudo parece ainda estar passando como um filme na minha mente.

Em como proceder, para poder saber o que fazer.

Contar como tudo foi acontecer, guardar e pensar somente agora.

Uma mente complexa a relembrar e nunca mais voltar a errar.

Princípio de tudo, de um mundo bruto ao mais puro pensamento, a soletrar inúmeras frases, a declamar.

Tudo isso me faz sentir em como conduzir uma vida e prosseguir.

Poder guardar todo aprendizado, podendo usar sem pensar.

Admirar com clareza, toda beleza de um lugar que passei e fui estar.

Não posso comover alguém, somente participar de toda aventura que passei naquela existência.

Tudo pode acontecer diante dos olhos para poder conquistar uma nova maneira de olhar.

Como sempre, poder sentir e existir mesmo fora daquele tempo, mas lembrar e aproveitar tudo que passou e voltou, tentar mudar e viver o presente neste momento.

O Poeta

SUA PRESENÇA

Sensações de te procurar e encontrar.

Como é perfeito estar com você, poder saber onde está, mesmo que por um instante já é o bastante.

Te olhar é como ouvir uma canção distante e saber apreciar.

Como posso dizer que não!

Segurar a tua mão e estar sempre a teu lado.

Tudo é possível quando estou com você, saber me conter e dizer:

- Te amo!

Conhecer você me fez modificar a maneira de pensar e sonhar.

Prolongar a vida afora, imaginar agora, como é bom te ver.

Tudo se acomoda quando estou com você, e posso dizer como é bom viver.

Tudo é belo ao teu lado, como se fosse só para nós, neste instante.

Não é possível viver sem te ver, sem poder sentir tua presença e admirar sua beleza com toda delicadeza.

Seu perfume que me comove, só de pensar em sentir no ar.

Gostaria de estar sempre assim, se possível existir com você ao meu lado.

Tudo acontece tão de repente, de maneira ardente dentro de mim.

Adorar o céu e passar a enxergar sobre o véu, o que se pode ter e querer.

Absolutamente nada é mais belo, porque quero para sempre estar com você ao meu lado.

O Poeta

O CAMINHO DA POESIA

Vamos declamar uma poesia sem nenhum engano, afinal sou humano.

Quem nunca errou uma vez, impossível de dizer.

Contar uma história com um pouco de glória.

Passado o tempo, naquele momento, vem a tua mente apenas uma semente de ternura, quanta loucura.

Só de pensar me faz duvidar, como é possível mudar?

Sem resposta, em outra ocasião tive que pedir perdão, diante de tanta insatisfação.

Começar de novo, mas sem pensar, retomar e voltar a declamar.

Tudo isso foi ouvido, mas com toda razão, perdi a percepção.

Retomada a palavra, como se não fosse nada, sem pensar, a não ser falar e declamar como se fosse uma oração direta ao Pai.

Esse, sem dúvida, vai entender e me ensinará como proceder, quando isso acontecer, sem retroceder.

Declamar, com tanta bravura, em um momento de tanta loucura, com a emoção à flor da pele, começar novamente, com amor nas palavras, que antes grafadas, se tornam um som tomado.

Com a ajuda conseguida, vou guiando minha vida, diante de um palco de emoções nunca mais esquecido.

O Poeta

NOSSAS SEMENTES

Quem dera, já passou a primavera!

As flores começam a murchar, mas não vamos desistir, pois logo chegará uma nova hora de plantar novamente.

Tenha isso em mente, começar a plantar e encontrar pelo caminho novas plantas a germinar.

Como fossem pequenos pedaços de um ser, que caiu sob a terra para florescer, para mais tarde, diante dos olhos, embelezar a vida e resplandecer.

O perfume flui no ar, apenas para podermos lembrar o que conseguimos plantar.

O germinar na terra, que na verdade todos podem ver e sentir, um dia foram plantados sem distinção, sem saber a razão, mas que germinam do chão, dando um toque de beleza e, ao mesmo tempo, nos faz lembrar, com certa tristeza, o que ficou para trás.

O perfume, com toda sua leveza, flui no ar sem parar, para tirar a mente dos maus pensamentos e relatar com tranquilidade, toda aquela realidade.

A terra úmida e fértil, que parece estar infértil, mas contém muita vida. Insetos que ajudam a germinar, dando nova aparência ao lugar.

Temos mesmo que pensar, como é possível ter tanta beleza num só lugar.

Em um instante olhar e pensar, porque essa parte está em mim para sentir e usufruir, transportar as sementes mais adiante, deixar cair na terra para germinar, dando vida também a outro lugar.

Deixar junto com as flores e os perfumes certo ciúme, de coisas tão belas como aquelas, mas sempre lembrar que todos os pedaços são meus, que germinaram ali para continuar a existir.

O Poeta

EXEMPLO

Abertura da mente, como pode ser surpreendente!

O poder contido pode ser libertado, se for praticado.

Um arquivo vivido ou amigo contido nos teus pensamentos.

Como não notar a evolução contida em ti!

Evoluir significa criar.

Moldar o modo de pensar a sua volta, sem causar nenhuma revolta.

Ser nada ou poder conter tanta informação, sem pronunciar um não a razão.

Contida nas tuas palavras, estão gravadas as mentes passadas.

Tornar a relembrar para passar adiante o que passou e melhorou.

Servir como um indício, para um novo ser que crê em Deus.

Amigo do Senhor, somente ajudar a tornar mais viável um fato passado.

O tal pensamento relembrado pode servir para ajudar alguém que o contém.

Por isso, é preciso ter um sinal de como começar para poder criar.

O Poeta

O AMIGO

Este sou eu ou apenas um amigo a me passar algum conto para alegrar a vida.

Alterar a existência sem relevância ou com um pouco de intolerância.

Suprimir os desejos de pluralidade na mais pura simplicidade, sem deixar passar nenhum mal nas palavras ditas.

Ouvidas serão, e entoarão diversos modos de agir e pensar.

Com simplicidade, toda palavra pode ser ouvida de maneira diferente, às vezes, surpreendente.

Suprir todas as necessidades e poder dizer que o dever foi cumprido.

No real condizer da história, sem nenhuma notória, enfatizar o elementar contido em ti.

Poder alimentar a mente profunda com um poder meramente normal, nada tão intelectual para transformar o mal.

Tomara que possa usar com determinado fim, deixar vir para fora todo sentimento que aflora de dentro de ti, que talvez seja de outrora.

Feliz ficaria sem dizer nada, mas temo não conseguir conquistar e guiar apenas com minhas palavras.

Um dia saberei dizer, como procede a um homem com razão de ser um abnegado, sem distinção que ajuda o teu irmão, como se fosse teu Deus então.

O Poeta

O DEUS INTERIOR

Detalhar melhor como crescer, mostrar o que está em nós e o que somos nós.

Saber enfatizar a pureza e encontrá-la dentro de si mesmo.

Mostrar de dentro para fora o que realmente somos, saber demostrar o que sabemos fazer e condizer tudo com o mundo afora.

Não ir embora sem antes mostrar para todos o que possuímos em nosso todo.

Poder tocar o mais belo e encantar.

Sintonizar com o bem e enfatizar a felicidade realmente.

Comumente, ser confundido não quer dizer enfatizar, apenas mostrar outro modo de pensar, colocar para fora o que realmente temos para dar.

Conforme podemos saber, é mais fácil aceitar do que demostrar o verdadeiro reino de ser e estar.

Unir com o eu interior para podermos suportar o que temos a passar.

Construir dentro do pensamento um modo de contemplar o nosso deus interior, unificando os dois mundos, tornando nosso eu profundo cada vez mais de alto plano.

Saber transformar com apenas um pensamento, seguir e vencer, mas sem matar ou morrer, e não desperdiçar um dia sequer para não se arrepender no futuro.

Na escuridão, saber encontrar o caminho iluminado sem pisar num campo minado.

Prosseguir, mesmo nos piores momentos, encontrar esse deus dentro de nós, pronto a nos ajudar.

Estar em harmonia com a situação, elevando tua escolha ao maior intuito.

Provar para que? O que interessa é cessar a ambição.

Desejar ser apenas um ser na companhia do teu Deus Criador, saber conduzir e não odiar, simplesmente amar.

O Poeta

TRANSFORMAR A VIDA

Podemos transformar a própria vida, mudar, colocar a frente um novo amanhecer, bem diante dos olhos e brilhar.

Mexer no inconsciente sem saber, existir ao máximo, com toda sabedoria, transpondo as barreiras do caminho, assumindo uma nova sensação.

Com um leve toque, sentir, amar e progredir em meio à agitação de viver e conviver.

Tornar a visitar aquele lugar, contemplando com sabedoria a existência plena, como uma flor que nasce apenas para embelezar e deixar as marcas para relembrar.

O perfume no ar fica para sempre em sua mente para cultivar o aprendizado organizado.

Transpor todas as barreiras, subjugando as maneiras de agir, podendo fazer diferente para muita gente.

Ser feliz é relutar contra o pesar, contra um pensamento insalubre dentro ti e ficar imune.

A ignorância desaparece e resplandece com a sabedoria e a tenacidade em saber superar.

Toda segurança tem uma lógica, que deve ser mudada em cada instante, mesmo sendo diferente, o estranho não é difícil é apenas incompreendido.

Transportar em cada morada, o que é melhor saber e estabelecer novos parâmetros a ultrapassar.

Poder contar a alguém como fazer nesse instante, que volta de repente a aparecer em sua visão.

Visão única do saber contido em sua vida.

Conhecer não só pela visão, mas pelos meios que contêm a informação.

Tudo continua ao vivo, como um simples pensamento que deslumbra um novo ser, que começa a aparecer para novamente a viver.

O Poeta

SER FIEL

Objeto do mais puro desejo é poder ser fiel.

Oriundo do mais profundo pensamento, está a ousadia em ser extremamente decidido em suas realizações. Nessa busca incansável, a sabedoria divina vem seguida de amor e compaixão, que nos leva a profunda razão de existir com toda dedicação e sem nenhuma submissão.

Teu olhar penetrante nos leva a crer em um modo distante de ver, sem ao menos pensar, simplesmente ousar. Contida na imaginação, possível seria atingir e direcionar esse pensamento profundo, atingindo todo céu azul.

Soberano de tuas próprias atitudes, quem serás tu, dentro dessa complexa esfera de emoções?

Após a escuridão, quando retorna à luz, o Senhor o conduz novamente, pois o pensamento inerte foi substituído por intensas vibrações de harmonia, repletas de sabedoria e gratidão ao teu irmão.

Irmão que habita dentro da tua imaginação fértil, como se fosse uma segunda razão para existir e administrar, com exatidão, todo modo de pensar.

Com essa esfera harmoniosa, é possível enxergar a facilidade de alterar o presente, tornando o futuro glamoroso.

Com todo ardor, conseguir subir e exaltar a sublime questão.

Quem és tu, dentro dessa ocasião, que perpetua desde então?

Quase não há nada para refletir, se não fosse a indignação de saber, entender o prazer de querer, em muito querer. Exalar um perfume doce no ar, como se fosse acariciar um espírito que prima pela perfeição.

Consequência grave em não fazer, se não vai transcrever no papel e criar uma aura tão real.

Irracional seria não tentar e se acomodar diante de toda cultura contida, em filosofar e agradar todos os teus irmãos, nessa sublime missão.

Toda sabedoria deve se tornar visível, mesmo que o torne sensível em toda ocasião, por saber como proceder, pois já viveste toda essa fração de imersão de desejos.

Sublime percepção pode ser atingida, até mesmo ouvida em circunstâncias vasta de querer tê-la em mãos.

Vivendo num mundo ocasionalista ou planejado, pode ser que um dia relembre o que passaste diante de toda essa percepção.

Como querer ser um homem sábio, sem usar a sabedoria, mesmo adquirida em outra vida, em outra ocasião?

Todo esse passado tem sua razão na busca do saber, em entender os eventos declarados diante da visão, naquela regressão.

Pudera todo dia relembrar o ocorrido, mesmo que seja o lado sofrido, na companhia de alguém, e saber que ninguém pode existir sem razão e alcançar um perdão.

O Alquimista

AMOR

Somos impulsionados por uma força descomunal, que nos faz crer e querer viver.

Adjunto do ser, viver junto a alguém que se ama sem esperar retribuição.

Apenas um olhar já demonstra toda a emoção e retribui a intenção.

Com tamanha devoção, conseguimos demostrar nossa satisfação de querer com o coração.

Todavia, nesta vida, talvez encontramos a pessoa merecida, que possa demostrar também essa intenção.

Como explicar essa condição?

Talvez, em outra situação ou em um lugar distante, possamos atribuir com sensatez essa união.

Reflexos de uma incontável lucidez ou de perder a razão e a compreensão.

Com efeito, qual pessoa já não sofreu por amar ou não ser querido?

Como podemos dialogar com lucidez, se algo antagônico está presente?

Essa questão traz tanta discussão, que podemos dialogar por horas sem parar, chegando a lugar algum.

Podemos, com toda calma, elucidar uma mente perdida a encontrar nesta vida, um pouco de carinho e amor neste coração.

Sonhar com outro ser é compartilhar a emoção de viver, é deslumbrar-se com a alma perdida nas ondas da emoção.

Toda paixão que inunda o ser há de se compreender sem exatidão, pois, na verdade, não existe uma explicação lógica, apenas antologia de situações em determinados momentos que podem levar um instante ou uma vida constante.

Amar sem razão, apenas com essa percepção.

O Alquimista

A SIMBOLOGIA ALTRUÍSTA

Saber conter todos os desejos, abolir a destruição do pensamento, pensando em viver, criar e construir.

Diante de ti, formar um mundo novo e deixar passar toda a angústia dos tempos passados. Escrever os momentos sacrificados em uma vivência de outrora perdida, mas que perde forças diante do novo amanhecer, que brota na alma e renasce de um modo diferente de criar e deixar viver.

Transpor um mundo sombrio, deixar-se levar pela luz de um novo sonho.

Não pense, caminhe e esqueça aquele passado que foi errado e cultive o real momento de agora, sem ser planejado.

Tudo vai surgir para continuar a viver e conhecer um belo amanhecer.

Como é bom mudar, permanecer neste lugar para poder elucidar os que precisam!

Ir em frente, caminhar e seguir o sol do amanhecer. Ver a luz nascer e ficar ali em pé, de olhos abertos para crer.

O Alquimista

RESPLANDECER EM CORES

Olhar como um todo, sentir e admitir a beleza no ar, confunde até a mente de quem é descrente em Deus.

Reunir em um só lugar, todas aquelas cores e formas diferentes de se olhar.

A adversidade toma conta de tudo a sua volta, o perfume exala toda a beleza contida, feita para admirar e sentir, como criar sem ao menos tocar, apenas deixar acontecer e transformar.

Pudera, há uma fonte imensurável de bondade na criação para todos olharem e admirarem, vindo em ciclos contínuos de existências, sem mudar.

Nascem, crescem e voltam ao chão para adubar a nova vida que vai nascer, pois crescer e florescer faz parte da obra divina.

Um leve perfume eleva a alma, faz pensar na criação e admirar o belo que ali floresce diante da vida.

Um resplandecer em cores e até mesmo sabores vem no pensamento ao florescerem os frutos daquele lugar.

Não se deixar levar por parâmetros definidos e razões pré-determinadas, apenas deixar germinar, para que aquele que observar, venha sonhar.

Tudo apetece diante dos olhos, não vamos deixar escapar nenhum detalhe para que possamos contar aos filhos o que vimos naquele lugar.

Sentir o aroma da criação de outro alguém, para ser tocado pelo olhar de quem admira a criação de nosso Senhor Deus.

Tudo o que imagina e vê diante de teus olhos tem uma razão, aquela que enriquece o coração de amor e satisfação por existir com a permissão do Criador diante mão.

Quando tudo deixar de existir na vida passageira, o sonho real vai permanecer guardado e inalterado, graças a um olhar marcado por tanta beleza admirada.

O Alquimista

REFLEXÃO

Talvez, acabem as incertezas do mundo.

O silêncio e a escuridão têm sua razão de existir.

Poder ter um tempo a sós para refletir em uma vida inteira que passou, ou no que está por vir.

Não é possível definir, mas viver para aprender, delinear um campo para ultrapassar durante esta jornada, observar o brilho das estrelas, enquanto aguardamos o amanhecer.

Pensar sem relutar, deixar fluir os mais tênues pensamentos, viver sem temer o outro dia que irá surgir.

Talvez, iludir-se com o sol que desperta ao alvorecer, deixando-se intuir em uma nova maneira de pensar e caminhar, sem tropeçar, naquele caminho que escolher para seguir e progredir nesta vida, alcançando a outra metade que ainda falta e prosperar intelectualmente.

Nitidamente, é possível notar, admirar e saber como proceder nessa visão noturna, feita para indagar em como agir ao alvorecer, ou apenas deixar o dia chegar, as flores desabrocharem e uma nova jornada acontecer.

Como é difícil ficar inerte a razão de existir!

Não se pode planejar incertezas, apenas querer fazer, tornar possível, almejar algo, poder falar a todos, ou produzir uma questão para poder correr e alcançar aquele lugar.

Como vou sonhar?

Não sou um poeta para dizer com palavras bonitas o que posso ainda fazer.

Todos os sonhos vão aparecer diante dos meus olhos, isso já é planejar.

Falar com o olhar e um dia poder lembrar que se pode fazer, um feito deixar ou passar adiante sem relutar.

Deixar acontecer, sublinhar a vida que passa com traços largos e jamais se esquecer de viver.

Vou tomar um rumo, sem esquecer o que nesta terra aprendi para seguir.

Perdoar faz parte da vida, encontrar alguém e ficar até os sonhos desaparecerem.

Tomar uma nova forma de pensar, tornando tudo possível e, com o olhar, dizer que nada vem para ficar, apenas permanece por um tempo para que possamos aprender e sorrir.

O Poeta

TERNURA NO AR

É possível imaginar em formar pelo ar toda a ternura com um simples olhar.

Fazer reluzir o pensamento e atribuir ao Criador tudo que podemos ser neste lugar.

Como é difícil não ter alguém para acompanhar!

Ondas soltas no mar que quebram em uma brancura pura, para que possamos admirar.

É muito simples achar, mesmo sem muito procurar, o que é belo.

Olhando o ponteiro do relógio, o tic-tac escutar, sentir o tempo passar, viver e amar.

Olhar o céu, ver a lua refletindo uma grande imensidão de luz que brilha.

Como se não fosse suficiente sentir o vento no rosto, sentir mais uma vez, percebendo como é bom viver.

Agora, agradecer com todo o poder do coração de quem faz uma oração.

Tudo é possível, desde que se possa crer.

Sempre poder relembrar o que se pode viver.

O Poeta

SER E ESTAR

Sou um ser letrado e, ao mesmo tempo, inconformado.

Sem saber com antecedência e transparência a que fui destinado, sob a ação do Criador, mas, ao mesmo tempo, livre e predestinado.

Ser ou estar, sendo criado em um momento iluminado, com a força de um dragão que outrora fora domado nas mãos do senhor, com poderes que lhe foram atribuídos e dotados.

Quem pode estar certo diante de um tamanho fato consumado, elaborado e criado diante de ti Senhor, mestre do saber, do mundo em formação por Ele designado.

Lamuria atribuída a uma civilização perdida diante da tragédia eminente e do fato consumado. Desastre atribuído sem querer ferir ninguém, mas trazendo todo temor a alguém.

Desista de ser e pense em estar!

Estar consciente de ser alguém que dispõe do momento de ser e querer estar ali sem ser amedrontado.

Feliz por fazer com mãos abençoadas, sem se importar com críticas em nenhum momento citado.

Com os pés no chão, deixando marcas da existência, sem nenhuma pretensão, abençoado o ser que por querer, pode fazer.

Falar, contar e elogiar, em um segundo pensar, elaborar sem se recompensar.

Debruçado diante de uma constante turbulência, comentar sem intenção ou ao menos com compaixão, abençoar a teus irmãos.

Cria e recria as emoções constantes na tua memória, sendo tua história, com reticências e sem referências, seguindo o caminho da fé, simplesmente a pé.

Demostrar ao Criador seu valor, sem pensar em nenhum clamor, apenas se pondo a dispor de crer e querer ser alguém num planeta de amor.

Futurista é o pensador que cria a história a seguir, sem transpor o limite de causar a dor. Este sim merece toda ternura e o bem querer de alguém que lhe quer bem.

Aquele ser deslumbrante de luz estonteante, durante o caminho distante, percorre e ultrapassa sem pensar ou tontear, apenas lembra e comtempla.

Olhar no horizonte a exatidão do pôr do sol, lembrando que a noite vai chegar, e outra maravilha vai nascer nesse eterno ciclo do amor de Nosso Senhor Criador.

O Alquimista

RELÓGIO DO TEMPO

Posso imaginar, vivendo esse momento, olhar a minha volta e ver o tempo passar, pois nada está sendo perdido, e sim transformado em uma máquina que se instala dentro do meu ser.

Tempo passa em uma linha reta, mas é preciso mudar essa trajetória, circulando o objeto para poder transformar o tempo e pensar.

Como é sentir o tempo correr?

Pensar em viver, saber usar o tempo que falta e fazer.

Mas, fazer o que?

Poder escrever o que sente, transmitir uma mensagem sem saber o que vai acontecer, vivendo com uma razão de ser.

As peças giram sem parar, como um cérebro a pensar.

Linha reta não!

Redesenhe essa trajetória em uma espiral sem demasia.

Transformar essa questão em uma nova máquina sem parar.

Possível é mudar, apenas pensar que certo vai dar.

Dourado são as peças a olhar para a máquina que trabalha, mas não deixe de lubrificar.

Como sempre, adquirir novos conhecimentos e usar.

Colocar a frente do pensamento a cultura de muitas vidas.

Hora é agora, prestar sempre atenção e aproveitar essa transição.

Trabalhar sempre, sem parar, para os outros ajudar, continuando a existir e construir.

O Poeta

EXPRESSÃO

Não sei o que falar, me expressar sem ter algo em mente, ou com uma pequena emulsão de pensamentos aleatórios.

Sem distinção, saber dizer não, quando for preciso.

Não é uma questão, é apenas uma nova situação momentânea.

A razão toma conta da mente ou projeta na visão uma vida em transição, como é ser um pouco diferente nesta jornada.

Escalar, a cada dia, uma montanha desconhecida para adquirir mais conhecimentos.

Tomar como alvo um ponto distante, para saber cada vez mais.

Esta vida é constante, como um livro aberto a ser escrito nas páginas em branco, montando uma nova história, podendo padecer sem ao menos querer, mas encontrando um novo meio de procurar.

Ao longe do alcance da visão, estão todos os pensamentos criados, que, agora, é influenciado pela sensação que chega perto do seu coração, com uma mensagem a passar, transmitindo para dentro de seu ser, todo aquele saber que ali pode ser adquirido, pois ali está contido.

Nada é dispensado, tudo pode e deve ser aproveitado, guardado, para um dia ser posto em prática na execução de alguma nova sensação, podendo agrupar todo saber, concluindo que isso é viver!

O Poeta

DEVER CUMPRIDO

Entorpecido pela razão, não sei o porquê das coisas.

Talvez um dia, consiga ser feliz, nem que seja por um triz.

Consegue pensar neste momento?

Nem tanto!

Devido a essa questão, volte à razão sem dispensar essa situação.

Ambígua esta vida de ser um objeto de tamanha dimensão, se submetendo sem ter nenhuma ambição.

Claro que não!

Ter uma questão a resolver, sem saber, opinar ou pensar, talvez consiga atingir um meio, sem postergar, com intuição e muita percepção.

Dia e noite para querer, fazer, surpreender-se com essa imensidão, que vem atingir os patamares da razão.

Deixar essa situação nesta dimensão, com exatidão.

Não deixar de ser tolhida, nenhuma palavra escolhida.

Toda noite, exaurir dentro do sono perdido, se comunicar de maneira devida ao longo do que resta da vida.

Sem pensar em excitar, fazer acontecer e deixar viver nas entrelinhas do saber.

Uma futura fortuna de conhecimento contida em uma mente sofrida, atribuída nesta vida.

Muito conhecimento transmitido, em um só momento, leva a exaustão.

Mas tudo tem uma razão!

Nada pode ser transformado, sem ser codificado por alguém determinado a sonhar acordado.

Com emoção, participar da evolução tendo um papel determinado, para poder contar aos outros como foi progredir nessa situação difícil.

Culturalmente, conter na mente as palavras a serem ditas a todos realmente.

Que situação mais bela, contida diante dela.

Terminar com um propósito adquirido, com o dever cumprido, orquestrado e determinado pelo nosso Senhor Criador.

O Alquimista

CORRER DA VIDA

Corre uma vida ou passa despercebida, durante a subida interminável da existência devida.

Anos após anos, transcorre a mesma vida com a paciência divina.

Tempo passa no decorrer da vida, interminável hora vivida tão pouco conhecida como existência nesta terra ativa, de ligações tão pouco contidas.

Sobressai a teus pensamentos partindo de um só ponto, é posto na vida ao lado da mãe querida que o trouxe a vida.

Pensa nela com amor, como quem um dia disse para não cair em tentação e ficar na solidão.

Caminhar só, desprovido e contido num ato de insubordinação, mesmo após aquele não de quem só queria com paixão.

Deixaste caído no chão, aquele segundo que passou com devoção, a atribuir com determinação de ser filho do Criador e Senhor da Alquimia de ser são.

O Alquimista

VIDA SOFRIDA

Vida sofrida, vítima de uma terra árida e sem vida.

Castigada e dolorida pelo calor nela contida.

Sofrem nela, quantas almas sugeridas em busca de comida para sua vida.

Quente, muito quente, novamente árida e esticada pelo calor nela contida.

Gente que sofre em meio ao gado que morre.

Sem ter o que comer, em uma terra de calor, sem ter nenhum valor, para o povo que nela padece e prevalece com valentia doida da vida sofrida.

Quem sabe um dia chova, e a terra molhada produza uma planta sagrada, que alimenta um povo que mereça.

Deus meu, prevaleça um dia melhor em meio ao sertão de tamanha imensidão.

Traga alimento e leve está indignação longe dessa gente que sofre, padece, mesmo em prece.

Continuar curtindo em meio ao sol o trabalho sofrido e endurecido.

Chuva, molha este povo que chora.

Viva e mostre que vive em glória, mesmo lutando com a natureza, permanece e padece.

Como é difícil passar fome para um homem que parece ser forte, e que foge da morte.

Fome e sede, com muito poucas lembranças, a não ser a amargura de viver naquele lugar.

Terra seca, viva, que padece e adoece em meio à imensidão da solidão do homem do sertão.

O Poeta

TUDO É POSSÍVEL ÀQUELE QUE CRÊ

Em que me tornei neste dia? Filosofo ou praticante da arte de curar?

Tudo é possível. Encontrar e fazer ou fugir desesperado sem solucionar.

Deixar os problemas de lado, auxiliando e acreditando que o problema tem solução.

O dia aqui nasce e do outro lado do mundo anoitece, diante do olhar que observa como isto acontece.

Assim, viver e estabelecer uma sequência lógica de observar, se fazer entender e compreender.

Observar o céu em sua grandeza, sem ter a noção de tudo que exista naquele imenso azul, e de quantas vidas existem evoluindo.

Sem pensar, nada se pode fazer a não ser conjecturar.

Será possível subir um degrau da existência sem aprender nada?

Claro que não.

Astros que brilham no infinito já não existem mais, mas sua luz chega e ainda resplandece como se pudéssemos tocar aquele distante lugar.

Seria muito difícil deixar para trás aquelas vidas e não mais lembrar ou apenas receber o brilho daqueles mundos perdidos.

Saber tomar conta, explorar a mente, poder usar o pensamento e elaborar um meio de sobreviver, tantos modos de poder explicar, mas não interessa a pressão sem entender toda ligação.

Cada vivência tem um modo de unir a imaginação de um grupo em questão.

Aquela ligação não pode passar em vão, sem ter tido sua razão de existir, onde tudo e todos fazem parte, retornam e praticam um modo de dialogar e filosofar.

O Poeta

CONTEMPLAR

Falar com a nuance de um olhar, sem pensar, somente transformar.

Esclarecer o outro sem querer influenciar, tornar novamente a amar.

Escrever um livro vindo da imensidão do Senhor.

Transparecer com gestos o teu pensamento, contemplar a aparência do ser e observar.

Transforme apenas com o olhar.

Na busca pela sabedoria, encontramos sussurrando, o inconsciente profundo que diz como fazer, ajudando a modificar o jeito de ser sem interromper o seu crescimento. Na profundeza do ser, aprender a falar, contemplar e amar, sobretudo atualizar o modo de criar.

Criação mais bela e pura que contempla e interpreta a vida.

Profundamente, atingir aquele ser que, pelo olhar, transmite o seu pensamento.

Com os olhos abertos, compor uma sinfonia, entornar as notas do som, transmitir sem omissão e diante daquele momento singelo, conquistar o teu sonho.

Não podemos admirar um ser, sem entender como viver.

Viver é ter na visão a tamanha imensidão da sabedoria, controlar o seu poder, transferir conhecimentos e saber dizer não.

Observar, saber atuar como em uma peça criada sem ser orientada por nenhum ser, mas condizer com a percepção de você em questão.

Então, com o pensamento aberto, conhecer e enaltecer o teu Deus que lhe deu este poder de saber entender.

O Alquimista

LEVEZA DE UM LUGAR

Propagar no espaço sem direção, está toda emoção.

Proteger no infinito a cultura aprendida nesta terra, pois isso está no coração dela.

Surpreender alguém sem chegar próximo, somente com o sentimento e pelo pensamento.

Sobretudo, saber que chegará o dia que, só em pensar, será possível lá estar, junto com aquele alguém que reage como a gente.

Que ternura no ar e no espaço, em poder tocar com a emoção de quem já esteve lá, e que, agora, volta, vê e sente sem precisar se conter, deixando tudo acontecer.

Que coisa mais bela, mais uma vez estar contemplando e sentindo.

Quando o dia chegar, poder tocar e sentir o perfume daquela flor que foi plantada com amor.

Profunda sensibilidade no ar, quando fala e com os pés descalços caminha sem fraquejar, deixando-se ser tocado com o olhar.

Que pura sensação aqueles olhos trazem aos meus!

Claro, tudo isso antes de partir.

Com o passar do tempo, nem imagino a hora de retornar a casa que foi meu lar.

No horizonte distante, naquele momento ausente, longe até mesmo no pensamento, mas com o intuito de saber que existe para valer.

O Poeta

NOVA VIDA

O medo não existe, somente é uma condição de agora, que passa pelo Espírito afora.

Não é possível mudar, viver no presente, sem conseguir estar e ficar aqui.

Na demora de ir embora, está demarcado o tempo para concluir uma maneira de conduzir, um modo de usufruir um eu distante, mas que explica bastante.

Todo ser pode escolher outra maneira de viver, colocar a frente uma esperança constante, controlar e dizer ao meio externo como pensa.

Aquele poder de outrora foi embora, pois chegou a hora de pensar e transformá-lo na brandura de um novo ser.

Saber conduzir, pensar e estar, pôr para fora todo sentimento retido neste tempo passado, pois nada foi perdido.

Relembrar faz parte da sabedoria contida em teu ser, que embora pareça ser nada, para sobreviver é preciso saber.

Um passado aturdido, mas ultrapassado diante do teu modo de viver. Tudo se torna claro e belo, contudo é preciso sempre pensar como ser e estar.

O Poeta

DESENHO DIVINO

Com o olhar para o céu, observamos a grandiosidade de pertencer a esse universo.

Quem sou eu, que habitas este lugar sem poder voltar?

Pudera, agora com um pensamento diferente, aprendendo e admirando o que está acima de mim para poder apontar um lugar.

Tão distante estou, apenas para aprender a viver!

Olhar para longe, pensado em viver sem nada temer, apenas deixando acontecer sem sofrer.

Diante dessa imensidão, poder filosofar novamente sobre a existência do ser, em como viver sobre um teto azul escuro, em um mundo tão distante, aparentemente insignificante, mas como algo tão espetacular, e poder participar com um olhar que busca sempre admirar e compreender o belo.

Poder saber onde estás, olhar novamente, sonhar com estrelas, planetas e sistemas inteiros, sentir e continuar a existir.

Beleza intensa que não se pode tocar, levantar a cabeça e se espantar com a imensidão. Deixar-se conduzir pelo mapa das estrelas e se fazer guiar por terra ou pelo mar.

Somente divagar não é suficiente, é preciso também saber como absorver um pouco dessa intensa energia para relembrar como é sentir o esplendor do Nosso Senhor Criador.

Que maravilha nos espera diante do olhar, milhares de lugares podemos apontar e tentar entender a grandeza do ser. O dia esvanece, a noite aparece reluzente com tantos pontos que brilham.

Pudera, atravessando a biosfera, o infinito azul está lá, com pontos de referência de como meu Senhor Criador adornou a noite escura.

Ao raiar de um novo dia, o sol aparece e ilumina, aquecendo e dando condições para plantar e colher.

A verdade está ali para ser olhada, jamais ser tocada, Criação de meu Deus para ser acariciada com o olhar.

O Alquimista

O CAMINHO AO CRIADOR

Belo como uma história, o alto está sobre você.

Todo azul infinito contêm uma imensidão de pensamentos e de lugares.

Mentes perdidas no azul profundo, são infinitas, como pode ver.

Diante de toda aquela imensidão, fora de nossa dimensão está o nosso Deus Criador.

Como não acreditar em olhar essa eterna imensidão, sem ao mesmo tocar?

Nada é tão fácil, mas não é impossível imaginar um modo de chegar.

Viajando a velocidade da luz, encontrar a felicidade que procuras, tão distante do teu ser, mas tão perto da criação.

Para viver, pensar, sonhar e dizer como podemos fazer, basta olhar e imaginar o sonho como verdadeiro.

Diante de uma máquina tecnológica, viajar há em um lugar distante, na busca de algo inimaginável, encontrar o Criador e sentir de perto todo amor.

Demora, mas o que importa é sonhar, esperar, podendo ser, agora ou em outra hora e lugar, acreditando na ciência, mas ao mesmo tempo, em filosofar.

Tentar esclarecer de algum modo o segredo da existência plena, viajar sem tempo e espaço, parece ser antológico, mas é filosófico. É como plantar, esperar a colheita para sobreviver, aprender e evoluir.

Diante de tamanha contemplação, seguir o quanto pode, sem parar de pensar para não cair e deixar uma dura realidade chegar.

Mal não faz quando se tem fé, em elucidar todos com conhecimentos passados pelo Criador.

O Alquimista

A PRISÃO DO EU

Vou contigo pensar para elucidar ou evitar uma traição.

É fácil condizer em dizer não para satisfazer o ego sem nenhuma razão.

Vamos concluir um fato falado para um momento cravado em um coração.
Ele pode ser apenas uma paixão e não um amor verdadeiro.

Refletir antes de conduzir o coração, não é nada fácil.

Pode o homem fazer essa façanha, sem fracassar ou se deixar tentar, e
novamente dizer um não.

Talvez, um dia consiga.

Mesmo sem nenhuma condição, deixar-se levar sem nada concluir, e viver
na solidão.

O dia vai chegar, a noite cair sem o julgo da razão, e irá controlar todo esse
amor que traz junto a ti.

Com todo ardor conduzir essa paixão contida, não acho possível.

Como é difícil sacrificar o que lhe é atribuído nessa hora perdida em
pensamentos.

Todo coração traz sempre uma conclusão, quando ama para valer.

Saber conter ou exalar uma maneira de viver sem que tenha que retroceder.

Uma vida inteira passa-se, para poder escolher novamente como viver, se
esconder ou deixar transparecer ao mundo o que se passa com você.

Sublime a razão de reagir, inspirar a outra pessoa em amar para sempre,
seu bem querer.

Que dor é essa que se instala dentro do peito?

Todo amor traz a vida à tona, parece estar trancado dentro de uma redoma
de vidro transparente, que faz a mente pensar sempre.

O Poeta

JARDIM INTERIOR

Não vamos tirar do jardim aquela beleza plantada, a qual pode ser admirada por mais tempo, sem ser arrancada da terra.

Sem serem colhidas ou podadas, elas encantam os olhos daqueles que aquele lugar passar.

Caminhar por lá, da vontade de ficar, sentir todo perfume no ar e fazer a mente flutuar.

Em meio àquela imensidão, poder viver junto às cores e às fragrâncias.

Se arrancar da terra, não mais verá aquela delicadeza e nem mesmo o perfume com toda sua sutileza.

Poder sonhar em cavalgar pelos montes, para ver o sol distante que toca a terra no horizonte.

É tão bom lembrar, saber guardar como era aquele lugar.

Parece que nunca deixará de existir, nem em uma mente aturdida de quem passou por ali.

O Poeta

PAISAGEM

Postado diante à janela, não é possível deixar de pensar nela.

Ao longe parece estar cada vez mais bela.

Caminha com seu perfume a transpirar, deixando-o no ar.

Que tolice pensar que poderia esquecer, nem que parasse de escrever.

Continuaria a relembrar, sempre que pensasse no lugar.

Cultivar a beira da estrada, uma delicada flor como se fosse possível trazer de volta à vida.

Conforme seu olhar, poder sentir e desejar estar sempre ali naquele lugar.

Como no começo, a emoção toma parte da sensação de poder existir.

O Poeta

LÁGRIMA PERDIDA

Não é preciso pensar, só imaginar na desilusão em relembrar aquele dia com exatidão.

Apenas deixar passar.

Com certa dedicação, sem precisar chorar, mas lá dentro deixar tocar aquele pesar.

Como é difícil ser assim, me envolver, saber dizer o que sinto, deixar a emoção aflorar.

Neste momento, deve saber onde encontrar as emoções que foram criadas para fluir como um buquê em flor que exala seu perfume no ar, fazendo sentir todo seu calor.

Pode um ser viver assim, sem se envolver, apenas observar o mundo sem chorar?

Difícil imaginar!

Diante dos teus olhos, deixar rolar aquela lágrima perdida, que passava despercebida dentro de ti, conservando o coração sem demostrar.

Como isso pode acontecer?

Tudo tem uma razão!

Às vezes, no passar do tempo, existe um lugar magnifico para sonhar.

Tudo isso nos faz pensar em voltar ou ir à frente sem parar.

Corre o risco de não existir um alguém para vê-la chorar.

Derramar a lágrima escondida naquele olhar.

O Poeta

CAMINHAR À FRENTE

Pensando em um novo amanhecer ou no que ainda resta para viver, todo ser deve analisar o que nesta vida pode realizar, completando seu destino, aprendendo, convivendo com um novo povo e entendendo o que tem a fazer.

Não podemos apenas pensar, temos que realizar tudo que planejamos, deixar o caos e progredir em toda situação.

Talvez, pudéssemos compreender, com dedicação e sabedoria, a arte de curar. Fazer o bem a todos, com uma simples imposição de mãos, transformar o que parecia impossível.

Contemplar o céu, olhar o infinito do mundo, os vários modos de cultuar algo, mensurando uma vida em questão.

Poder como sempre, viver sem ao menos entender a razão da imaginação.

Com um caminhar calmo, poder chegar longe.

Com uma imaginação fértil e nosso olhar longe, saber entender.

Vida pura, repleta de bravura que está no teu ser, possível saber o que vai acontecer, desde que se possa planejar.

Em tudo isso, deve conter um pouco de sabedoria e paixão, como sempre manda o coração.

O Poeta

TRANQUILIDADE

Vamos pensar com tranquilidade, o porquê de estamos aqui, nessa busca das incertezas do mundo.

Correr sem parar, o dia todo a reclamar.

Com toda razão, sem nenhuma percepção de onde está, como ficar e parar.

Desventura pura, de uma vida deslavada em meio a essas ruas travadas de gente.

Sempre a procura de algo ou alguém, sem nenhum motivo aparente, apenas correndo de repente.

Consequência absurda dessa corrida sem fim, com anseio de chegar a lugar nenhum.

Algo para pensar!

Estamos neste lugar para ficar ou para estagiar em um local cheio de transformação?

Como podemos reclamar de algo, se nem sequer sabemos o que somos neste lugar?

Aprender a conduzir e ser conduzido nessa confusão sem ditar nenhuma condição.

Questão absoluta para relatar quando lá chegar.

Mas em que lugar?

Sem nenhum mapa para nos guiar, obter uma simples direção, com a presença de alguém ao seu lado para conversar.

Dialogar, mesmo que não encontre ninguém nessa via de mão única, sem poder voltar.

Ter a certeza de que o caminho é apenas de ida, e já faz tempo desde a sua partida.

Temos que chegar a outro lugar, olhar com os olhos bem abertos, com muita comoção, quando colocar os pés naquela terra nova, embora já estivésseis lá, outrora.

Buscar conter a emoção de poder rever outro alguém que se foi para o além.

Mas enquanto estiver aqui, não tratar nada com desdém, e sempre pensar na caminhada passada.

Acabou a pressa da chegada?

Por qual razão temos que aceitar essa opinião, de acabar com essa ligação?

Caminhada difícil, mas vai valer a pena na chegada, pois quando colocar a mão e tocar o novo chão com teus pés descalços e sem reclamar, sentirá que a missão foi cumprida.

O Poeta

ASCENSÃO DE UM SER

Um dia pode parecer pouco para uma transformação, mas o inevitável acontece, tudo o que parece real molda-se como se fosse uma mensagem.

Nada mal se pensarmos sobre o assunto de como viver.

Apresentar-se a todos como uma pessoa vivida e cheia de cultura.

Solenemente, pensar em como ser diante do que acontece, e se conter para continuar a evoluindo.

Pensar somente no bem, sem deixar transparecer o mal.

Como decidir diante de tamanha ambição, sem pensar com exatidão?

Nossa! Que vida é essa? Como podemos acompanhar a evolução de um lugar?

Prestar toda a atenção, manter-se atento à razão, ser submisso à emoção de saber cultuar o belo e continuar a usufruir de um belo jardim em flor, transpor a passagem com amor, pensar e contemplar o existir sem nunca se redimir a ninguém sem razão.

Saber baixar a cabeça na hora da decisão errada e erguê-la com devoção, quando se tem razão.

Dialogar, pensar sem relutar com tudo que for injusto neste mundo.

Como pensar?

Antes vivi aqui, outrora em outro lugar com uma nova linguagem a dialogar.

Tudo unido, como se fosse um único mundo.

Ver ao longe o pôr do sol, sem relutar e aguardar um novo dia chegar.

A vida é assim, nascer, crescer e morrer, ou melhor, mudar de lugar.

Conhecer um novo mundo em sequência, outro modo de vida, mudando tudo.

Pensar em cultuar o céu enquanto se aguarda a partida no final de uma vida.

Embarcar solenemente de cabeça erguida, rumo ao novo, sem relutar, seguindo teu mestre.

Como podes não adorar, admirar o inesperado e sonhar?

Tudo parece diferente, mas é apenas inerente ao novo.

Somos um ser complexo, em busca de uma explicação de como proceder.

Olhar ao longe, pensando em quem sou neste novo mundo.

Conhecer o novo e se transformar. Pudera, com tanto conhecimento adquirido poder ainda saber mais, alocando tamanha dimensão de tanto saber.

Em uma parte do Espírito, onde está essa dimensão cultural, várias vidas se passaram e, agora, chegou a hora de não mais voltar.

Partir definitivamente na verdade do meu ser.

Prover meu saber com um momento único de filosofar em busca de poder entender.

Tudo aquilo é passado, agora, só restam lembranças.

Atingir o ponto imaginado sem lutar, apenas deixar passar.

Transpor a barreira e continuar vivendo em um novo horizonte, fincar os pés no chão, voar, flutuar e sonhar.

O Poeta

OLHAR DA VIDA

A visão da vida vivida e olhada em prosa e verso pelo anteverso do olhar submerso em profundidade, em todo universo deste meu Deus.

Criado, falado, cantado e totalmente elaborado por Ele, vem perplexo de ironias adversas.

Sobretudo, dentro do pensamento sublime e profundo do ser que o assume, estão as promessas de vida sofrida, corrida pelo sublime ser, que habita dentro do imenso mar, que contém de maneira que lhe convém pensar antes de causar danos mais intensos na mente doente.

O Poeta

O PORQUÊ DA VIDA!

Esmerada, parada ou atribulada, sendo sempre a mesma vida.

Criada por Deus como dádiva divina, carregada de emoções, mistérios terrenos e espirituais, animados por trechos amenos ou cheios de contradições.

Divina, com caminhos tortuosos a serem percorridos, transpostos e impostos nesta trajetória iluminada e amparada pelos mestres designados ou simplesmente coligados pela afeição que age diretamente do coração.

Atraídos, sem pensar, por esse iluminar para embalar a estrada pedregosa a ser ultrapassada pela alma, também oposta do ser mais próximo com afeição desta terra com devoção.

Criação de poder para ser, estar e pulsar dentro deste peito, o coração em turbilhão até acabar a transposição desta criação.

Embora inoportuna, a busca pela fortuna seja quase sempre primordial, sempre haverá um momento cordial no encontro de duas almas do pai celestial.

O carisma contido no espírito, desta missão a ser cumprida, existe uma busca sugerida pela compatibilidade, a ser atingida pela evolução nesta terra de evocação, onde se houve uma canção ao longe atingida.

Com a busca cumprida, o momento será marcado na alma contemplada pela façanha desejada.

Tal momento de riqueza evolutiva, sempre será atingido por raios de iluminação divina, nesta vida vivida, por esta alma sofrida.

Insólita criação atingida, novamente pela alma sofrida, tem seu fim enaltecido pelo Grande Criador.

Fim não terminado de uma vida num plano estabelecido, planejado e sonhado para ser um dia iluminado, no momento de ser criado, embalado e elaborado em tal façanha, vem em busca de vida, pelo Pai permitido, na escalada sentida.

Busca, sobe e desce apoiado como ser esmerado, por Deus criado.

O Poeta

A REALIDADE

O que é real?

O que deseja enxergar?

O que deseja ser?

Enxergar a realidade que querias ser. Tomar como real ao seu bel prazer, como se estivesse sem saber ler e sem ter o que compreender.

Como reagiria sem saber o que ver?

Como reagiria sem a luz do olhar?

Siga a luz para esclarecer o seu saber, aprender tudo de maneira correlata e imediata.

Ter uma vida para saber cultuar ou apenas simular,

Viva sem abandonar o que se soma e compreende os caminhos sem a derrota.

Num instante pensar, num outro olhar e comparar como prosseguir os caminhos sem saber como fazer.

Durante a emanação do teu olhar somente contemplar a lua e mar, como se estivesse fora do ar.

Livro cruel esse da nossa história, como se nada fosse senão uma pequena parte irrisória e sem glória nessa viagem insólita.

Ter Deus para contemplar e orar, sem querer agradar, apenas falar sem se surpreender com o que possa acontecer.

Um dia sobreviver, ir se transformando, como se estivesse andando e suando diante do sol ardente.

Seria prudente?

Surpreendente!

Que dia lindo para olhar, como fui correr sem orar e pedir proteção, sem ser submisso ao perdão, de como ser então!

Bom seria ser inteligente o suficiente para amar, sem ter nada para pedir em troca nesta hora.

Que maneira diferente, completamente inerente ao campo da visão, como se estivesse são, procurando uma maneira de ficar, carregar sem permissão, sempre uma canção de oração.

Consolidar uma maneira de orar, obter uma organização necessária e transformar esse modo de ver e observar.

Como é bom reviver o que não se pode esquecer, continuar vivendo com apenas um modelo de ver a realidade contida em tua mente munida de uma real leveza, como se fosse um doutor para saber expor tudo que queria compor.

Apenar ver e aproveitar a realidade do lugar.

O Poeta

CESTO DA VIDA

Coloque para dentro do seu coração, junto com a mais bela emoção e que possa se transformar em ação.

Ação é transformação, como as sementes plantadas e, depois de germinadas, transformam o visual de quem observa.

Lugar profundo, sempre oriundo do pensar, elogiar e ver o mais belo pôr do sol a contemplar.

Fazer parte daquele lugar, encontrar o que procura, na busca do Espírito que tenta encontrar.

Preencher um cesto com o contexto expresso na fala, para tentar explicar a razão de viver e compreender a situação que transporta dentro de si.

Com tanta emoção contida no coração, após está explicação, não ter nenhuma dúvida, compreender a emoção de viver, saber que após cada passo, como se fosse um compasso demarcado no papel, o trajeto a percorrer fica mais brando.

Pensar nos momentos de alegria, enaltecer aquele ser que tem em seu saber tanta coisa para dizer.

Abrir um caminho no mar, com pensamentos que giram em torno daquele lugar que contempla, colocando todo o conteúdo dentro do cesto da vida.

Perplexo!

Saber viver e entender o significado de se emocionar em sonhar.

Garantir um campo de luz enquanto caminha e coloca as experiências dentro do cesto.

Transpor todas as pedras do caminho, sem precisar tirar nenhuma, levando todo o peso que possa carregar.

Tamanha é a força que tens nos braços, que, sem exagerar, conseguirá conquistar o destino imaginado por nosso Criador, traçado com aquele pequeno cesto e por ti carregado.

O Poeta

O HOMEM PRIMITIVO

Angústia, medo e paixão.

Desde os primórdios, o homem tem vivido nesta terra com os pés descalços sobre o chão.

Desprovido, muitas vezes, de um bem querer, de uma pequena oração, vinda do coração.

Com uma emoção emergente, procura ardentemente por um amor imaturo, num momento profundo, dentro do futuro cheio de emoção, que vem à tona na mais simples conotação, dentro do íntimo e profundo pensamento.

Destinado a pensar, caçar e pescar desde o momento da criação, sobre a submissão de um Deus rude em questão, mas o tempo modifica e cria a transformação, de dentro para fora do coração.

Embarcada nesta missão de execução e transformação, sobe ao alto e grita:
- sou filho de Deus, desde a criação!

O Poeta

VELHA INFÂNCIA

Vejo agora na infância perdida toda uma vida, cheia de amor nela contida.

Viaja tua mente por momentos sofridos, mas nada pode ser distante o bastante para não ser atingido.

Como naquela época, as brincadeiras eram simples e continham um linguajar suave e tranquilo.

Pensamentos corriam pelo ar, sem nenhum desejo, a não ser brincar, correr, pular, sem nada a frente para atrapalhar.

Sereno era o olhar dos amigos encorajando as façanhas a planejar.

Como era belo o lugar, mas ninguém se importava em se proteger, pois não havia nada a temer.

Somente arranhões que saravam com uma simples limpeza.

Suave o murmurar, estavam os amiguinhos em cochichos a planejar.

Travessuras sempre aconteciam, mas era apenas um meio de extravasar toda a alegria que contagiavam.

Ruas para jogar, correr e saltar, apenas pensando no dia que passava e que tudo voltaria no dia seguinte, era só começar novamente a brincar.

Passo a passo, andando até o fim da rua, completando o resto do tempo que passava.

Tempo passa e é chegada a hora de namorar!

Em um momento certo, encontrar uma pessoa para amar, nem se fosse apenas naquele lugar.

Planejar, ou deixar acontecer, beijar e correr.

Com todo entusiasmo, o coração bate tão forte naquele instante, que iria morrer de paixão de tanta satisfação, por experimentar como é amar.

Foi no coração e na alma, como é bom relembrar a ternura daquele tempo.

Pegar na mão e sentir o calor, sofrer com tamanha emoção, pois parecia um vulcão de tanta comoção.

Sentir o perfume, que também suado escalava no ar, mas que me fazia emocionar.

Tudo parecia lento, as horas e os minutos pareciam não passar, sentia como se estivesse flutuando no ar.

Passar por tudo isso, faz parte de viver e até sofrer um pouco quando relembro.

Tudo passou, mas deixou uma marca na vida para demostrar como foi correr, pular, brincar e sem dúvida amar.

O Poeta

O CULTIVO DO AMOR

Não posso explicar tamanha indiferença e amar, conter no peito uma imensidão de desejos sem saber, apenas penso em viver para você.

Poder sonhar em te amar, somente em te amar!

Contar como é duro sofrer, sem te ver.

Ouvir suas palavras no ar, não quero acordar.

Esse é meu sonho, em dizer que sou seu para sempre em seu viver, nem que para isso, eu possa sofrer.

Não faz nenhum mal, posso sobreviver, me conter e pensar em você.

Poder sentir, tentar te conquistar para te amar.

Meu sonho é um eterno pensamento em conhecer os teus, aprender com você como viver.

Não posso me conter na angústia de não te ver sem sofrer.

Posso, talvez um dia, lhe ter para mim, sentir tudo, mas, hoje, apenas sonhar em te amar.

É preciso dizer que te amo para valer.

Outro dia, mais outro, me contentar em apenas sonhar.

Nunca parar de esperar o momento certo de te abraçar.

Pedir a Deus que este dia chegue, para não só ficar na lembrança e nunca perder a esperança de te encontrar novamente.

O Poeta

ARQUIVOS DO ESPÍRITO

Custa-me ver com exatidão a profundidade de um mundo escondido.

Com o passar do tempo, refletir em existir.

Na paisagem que passa, admirar todo um conteúdo insólito, como ver novamente, um limiar constante com tanta clareza.

Já passou a era da incerteza!

Que questão é essa tão dissimulada e ao mesmo tempo atuante?

Perplexidade da razão ou simplesmente uma opinião contida dentro de mim, mas que é possível reagir ou deixar fluir para ver como tudo termina.

Que confusão mental, mas que faz me lembrar de outro astral vivido.

Tempo passado atuante, embora distante, frágil de pensar, incessante diante da razão.

Toma conta do meu eu, prendendo meu poder de decisão.

Alegre seria pensar que tudo isso seria fácil de estudar.

Concluir uma trajetória em uma só direção ou deixar-se expandir sem definir.

Eis a questão, vem novamente à tona a mesma discussão, como lembrar tudo sem fazer força para pensar.

Tudo isso contido em uma memória retida para expor toda essa informação diante dos olhos e do coração.

Também poderia ocultar dentro de mim essa situação, sem nada transparecer, apenas viver.

Assim termina um ciclo, deixando rolar na complacência do ser, comum seria dizer, mas não dá para ser assim, pois, desse modo, sou e continuarei a perguntar como agir neste momento.

Apenas acreditar em algo superior, mesmo estando dentro de mim.

Compor como se fosse uma sonata, cheia de arranjos com uma flor.

Vamos tentar elucidar, mas talvez em outra hora e lugar.

O Poeta

A CASA DO FINAL DA RUA

Diante da insatisfação do mundo, tudo está bem!

Paixão vem sempre primeiro que a razão.

Por que dizer não?

Passado o fato, não vamos mais pensar, apenas relembrar como se fosse um filme antigo em preto e branco que está dentro do coração para demarcar uma época que já passou.

Pode um ser pensar em não relembrar?

Difícil, isso é paixão de um coração que chora.

Com toda emoção, a casa antiga guardada no pensamento.

Que emoção!

Embora distante, nunca vai embora, sempre está ali guardada no fundo do peito para um dia se pôr a frente e deixar a lágrima rolar e chegar até o chão.

Homem, mulher ou ancião, sempre tem alguém que pensa na possibilidade de voltar.

Triste fim da casa do fim da rua, esquecida por todos, perdida nos sonhos de alguém.

Tempos que foram embora, mundo afora.

Assim se vai mais um dia, o silêncio deixa o pensamento voltar, sem esquecer nenhum lugar que já se foi.

Creio que vai desaparecer, mesmo que seja apenas desse que, com toda emoção, monta os pedacinhos daquele lugar até encontrar o porquê de toda emoção.

O Poeta

POR QUE SILENCIAR?

Na busca dos teus olhos, procuro e encontro onde ficar.

Viver toda uma vida, sem se preocupar na essência do lugar.

Simplesmente viver perto de ti, amar e contemplar tua presença diante de mim, através do seu olhar.

Agradecer e salientar a clareza do teu sorriso, pensar e sonhar.

Dispersar os momentos ruins, ficar com os bons, sorrir, agradecer por viver e contemplar.

Correr, andar a teu lado de mãos dadas, ter alguém para amar, ir longe até a noite acabar e o dia clarear.

Viver a teu lado, um presente!

Conversar, pensar para não esquecer, e apreciar.

Como posso existir sem explicar tua presença diante de mim, admirar a classe do olhar que me dedica, conservar o amor que teima em conter.

Distante não é possível sobreviver, quanto mais esquecer o teu ser.

Embora já saibamos que em alguma hora devemos partir talvez juntos existir em outro lugar, com outra forma, mas amar.

Um dia ei de reparar, como ainda clarear e abraçar tua presença no ar.

Uma leve fragrância permanece, pensando em ti, sempre sonhando.

Seguir um caminho difícil ainda pela frente, mas bem diferente, agradecer os momentos de convivência.

Como enaltecer tal ser que proporciona tanto prazer, a não ser com amor!

As vezes parece insuportável, mas tudo passa com um toque desejado.

Amar sempre, conhecer e conceder, deixando nesta terra um momento, uma semente a percorrer um caminho diferente em cada ser.

O Poeta

PALAVRAS LIDAS DE UM CORAÇÃO

O que as palavras não dizem, o coração fala por si.

As ações demostram quem você realmente é no mundo.

Todo título não vale nada, não é eterno.

O poder está em fazer o bem ao outro ser, sem demostrar a ninguém.

Partir sem deixar nada para trás, apenas as coisas boas que fez um dia.

Como sempre, corrigir teus erros, sem ao menos pensar.

A alegria está no olhar.

Caminhar, assumindo um novo modo de agir, se unir a todos que pensem assim, transformando tudo antes de partir e dizer como é bom ser assim.

Contudo, ainda estou aqui e preciso compreender para poder fazer.

Ousar em amar, relembrar, conversar com um amigo, realizar, transformar todo o mundo, tentar amenizar a dor, sem olhar a quem, apenas deixar correr e dizer:

- Te amo para valer!

O Poeta

AS BRUMAS DA FLORESTA INTERIOR

Escrevo, agora, sobre o dia distante que comecei a viver.

Nem o sol eu via escondido entre as árvores do lugar.

Como imaginar um lugar tão distante, sem tempo para pensar?

Tudo faz parte do passado, de uma imagem guardada entre as brumas do pensamento, escondida em meu inconsciente.

O amor existe ali, sem ao menos poder competir com o sol, que passa o dia tentando atravessar pela floresta e chegar até o chão.

Que doce ilusão, mas que se perpetua diante da razão de fazer e curar nas misturas, e poder sempre amar.

Difícil é transformar, mas tenho que tentar, por isso estou aqui!

Tudo aquilo que sonhei poderei dizer e, depois de tentar, talvez consiga transformar os elementos do lugar para que o sol sempre possa brilhar.

Tentar, tentar e nunca desistir para poder sempre seguir.

Tudo é possível, mas é preciso crer.

Vai acontecer, pois tenho o poder de fazer.

Diante do meu olhar, entre as folhas do lugar é fácil viver sem aparecer.

Transformar aquele lugar, o ouro poder achar, não para enriquecer, apenas para brilhar.

Nesse meu dia, encontrei nas lembranças de dentro do subconsciente e descobrir como foi existir, crescer e ressurgir.

A vida sempre continua aqui ou ali, mas é preciso sempre tentar em meio à floresta escondida nas brumas, para poder realizar e transparecer.

O Poeta

RIOS

Rios vão ou voltam, trazem a água ou levam as passadas.

Parece que temos que pensar.

Tudo isso é completamente relativo ao observador do lugar.

Os momentos e situações vêm e vão, ou estão circulando em nossas vidas sem razão.

Tratando-se de um ponto de referência, onde podemos presumir algo, sem chegar a uma dedução.

As águas chegam e vão embora na mesma hora, podem levar um tempo ou desaparecer de repente, como veio.

Simples razão de existir, essa é a questão.

Poder escolher, viver ou desistir na hora sem nada pensar, só tomar uma decisão.

O que pode acontecer se a água parar e voltar?

O tempo pode retornar, o amor pode voltar, a alegria tomar novamente a forma que era sem se transformar.

Pudera, é um rio que vem ou vai sem parar.

Depende do jeito de pensar, basta deduzir e refletir.

A vida que passa tem uma razão e sempre foi assim, para recomeçar, tem que concluir o ciclo, mas não vamos pensar nisso agora, vamos viver tudo que precisamos viver, até a hora chegar.

Voltemos às águas do rio, claras, tranquilas e limpas, apenas para induzir alguém a prosseguir, existir e amar.

Essa é a questão, vamos então viver, deixar a água passar e não voltar.

O Poeta

DURANTE A PARTIDA

Enquanto você chorava, eu sorria.

Sorria por poder sonhar, enquanto voava.

Voava e sorria por poder sonhar, enquanto percorria o céu.

Voava e chorava, porque percorria um caminho que um dia você também viria.

Via a terra, o céu e o mar. Como era imenso, quem diria!

Como é viver nesta imensidão? Com alegria, destreza e harmonia, ou apenas como voo de uma harpia?

Ave de rapina que voava só quando queria, para abater sua presa e, depois, retornava.

Seria assim partir, ainda vivia e continuaria vivendo como queria ou com regras que todo dia fugia.

Meu Deus que imensidão!

Podia ver o tempo que surgia diante dos meus olhos, assim como sempre fora um dia.

A noite nunca surgiria? E como veria as estrelas, o céu escuro, a lua? Perderia tudo?

Parecia uma ilusão, mas de tamanha dimensão, não acredito não!

Não estaria mais aqui durante o nascer de um novo dia, mas pensaria em Deus sempre como deveria.

Bom seria poder ficar, mas sabia que minha hora tinha chegado.

Hoje, o que sou, ou quando matéria me tornaria?

Talvez um dia, reencarnasse, voltando à Terra para mais evolução.

Há como queria! Mas agora, não adianta reclamar e chorar, só aproveitar esta nova vida que surgia, pois do mesmo modo seria.

No que me tornaria?

Em um ser alado, com muito aprendizado ou apenas harmonizado.

Tanto faz, pois longe estou para ser amado pelos meus irmãos.

Enganei-me, então!

Só agora vejo com exatidão, diante de tamanho clarão, o quanto sou querido, amado sem ser criticado, com ardor, agora, emancipado pelo meu Criador.

O Poeta

O CAMINHO DO AMOR

Só não sente dor quem for incapaz de amar, criar, mudar, transformar, de iludir seu próprio coração com sentimentos de alegria, mesmo sendo somente uma ilusão.

Contemplar em harmonia perfeita, caminhar entre as pedras, partilhar com muitos a sua alegria e com poucos a sua dor.

Pensar, criar um mundo seu, esquecendo o passado.

Enaltecer o Criador dentro de si, sem precisar demostrar, apenas Senti-lo no coração que bate dentro do peito, com a força da sua alma.

Não desistir da vida, porque vida não tem fim.

Criar e planejar sempre novas condições para a existência.

Oh! Como é bom existir, pensar, criar, modificar um ser ou um planeta inteiro.

Vale a pena!

Transpor as barreiras, caminhar e viver, existir e sonhar até encontrar uma cortina feita de amor onde a luz ultrapassa.

Transformar é amar, criar, viver e sonhar.

O Alquimista

FLORES

Flores plantadas em um jardim. Beleza aprisionada ou simplesmente contida para não fugir aos olhos de um alguém.

Como pode a natureza criar tanta beleza?

Ela coloca no ar um perfume adocicado, para serem vistas e adoradas.

Outrora na floresta, em outro dia plantada e colhida com apenas uma função, amenizar um coração.

Diante dessa emoção, cuidar das mesmas com dedicação, traz tanta satisfação.

Beleza simples, uma criação divina que apenas mostra com delicadeza a profundidade de uma existência plena e serena, que vem à vida com essa certeza.

Poder, beleza, hipnotiza com apenas um olhar de admiração, todo coração que tem sua visão. Ligadas à Terra como se fossem parte dela, continuação da ternura contida em meio as pedras e caminhos que delimitam na caminhada da vida.

Existir por alguns dias, meses, anos ou uma vida que se confunde com o plano divino de uma existência e ser querida para demostrar toda sua beleza florida.

Como é bom ser assim, existir e contribuir como paisagem para alguém ver, sonhar e amar. Definida por Deus Criador, com todos os seus contornos, cores e diferentes perfumes para alguém contemplar, nem que por alguns segundos na vida.

Com um leve toque, deixar-se exalar pelo perfume da Criação, sentir tudo isso, nem que por um só momento.

Pena ou consequência de uma existência que está ali para deixar-se banhar pelo sol e o frescor da madrugada fria, iluminada pela lua cheia, contornada pelo azul infinito profundo. Rica paisagem desejada se mostra e se comporta durante essa breve jornada de uma vida.

O Alquimista

HÁ ALGO DE NOVO NO AR

Quando tudo parece estar perdido, surge uma nova fonte de luz para recomeçar a criar um novo momento.

Cada situação é única na vida, e pode ser um significado para um recomeço, onde a percepção nos faz tomar um novo caminho.

De repente, um novo estímulo aparece, transformando tudo que parecia inerte, e devagar vai tomando forma até mudar uma história.

Na construção de uma nova vida, não há ocasião marcada, simplesmente acontece sem um motivo aparente.

A situação muda completamente, fazendo nascer uma nova estrutura da sabedoria, e que faz um novo ciclo começar a girar.

A mente começa a pensar, a tristeza vai embora, e a razão de outrora desaparece no infinito.

A consciência volta em um momento supremo, refazendo o conjunto de ideias que transforma, e, como consequência, a vibração do universo muda a seu favor.

Novos modos de agir e pensar tomam seu lugar.

Uma relação de paz e harmonia começa a surgir para fazer tudo mudar.

O que é vida, sem novos desafios, sem atingir uma nova montanha e transpor o fim do vale, aparentemente fechado sobre a névoa?

Uma surpresa surge de repente, e um segredo traz a realidade da vida em alguns momentos.

A excitação faz parte do crescimento, surgindo uma nova filosofia para pensar, analisar e deixar-se mudar.

A insegurança desaparece e uma nova perspectiva de vida dá um salto e transforma tudo.

Algo aparentemente absurdo alavanca os pensamentos e transforma uma vida.

Como, às vezes, não é possível entender, permita-se viver, que os bons momentos aparecerão e tomaram seu curso.

Todo momento é único e o lúdico tornar-se real.

O instante mágico se faz presente, e orienta um ser ali presente a encontrar uma nova fonte para viver junto ao Criador.

O Alquimista

A EXPANSÃO DO UNIVERSO INTERIOR

As novas regras do universo estão surgindo, fazendo com que ele tome uma nova forma de expansão.

As ligações surgem e se tornam cada vez mais forte. É uma nova fonte de vida que vem para assumir seu papel, criado como uma nova flor que aparece no caminho.

A bruma se desfaz, e uma nova criação aparece diante dos olhos que brilham sem piscar, com emoção.

Tudo na vida é apenas uma questão de tempo, que faz surgir cada momento.

O estímulo se faz presente, uma nova razão toma seu curso de forma diferente, tornando ausente toda incompreensão.

Como se fosse um raio, a alquimia da vida aparece e transforma tudo ao seu redor, impelindo um novo sonho que surge como verdadeira realidade.

Vida e sonho de cada época da vida, que estimula a viver de maneira completa na imersão do tempo.

O Alquimista

A VIDA FALA

Há um turbilhão de energias em movimento dentro da mente!

A imaginação toma conta de tudo, também.

A minha volta tudo começa a tomar formas diversas.

Em cada nova emoção, existe um novo motivo para pensar, viver e imaginar.

Que situação! Será possível controlar tudo o que acontece?

Parece um novo teste que completa a trajetória da vida.

Ultrapassar esse desafio pode ser difícil e inusitado.

Que comparação podemos ter!

Imitar a vida, e poder controlar essa ânsia de ousar.

Existe uma sequência lógica a tomar.

Deixar tudo fluir, poder apontar uma direção certa e segura, como controlar tudo isso, sem sair do controle.

A energia volta a envolver o meu ser, como deverá ser um dia mais à frente.

Que momento!

Torna tudo novamente diferente, sem comparação, a imaginação evolui.

Quando será que o auge da situação toma forma final?

A verdade permite que tudo isso aconteça, de maneira plena.

Tudo pode passar, mas será que é o que quero?

Novas tendências de energias vão continuar a girar nesse ciclo interminável de emoções.

O bem sempre supera o mal, e será um meio de entender uma situação passageira.

Quem dera fosse tão fácil essa situação, passar sem marcas pelas vidas.

O poema continua a percorrer o caminho de várias vidas.

Entendê-lo já é outra história.

Possível seria tentar, mas, para isso ser uma afirmação verdadeira, ainda viriam muitas controvérsias.

Reagir torna tudo muito diferente, como outra visão entenderia uma nova situação.

Apenas um olhar suportaria uma nova situação, teria muito a dizer por meio de prosa e verso.

Como entenderia uma questão assim, a razão viria a retomar novamente todos os momentos.

Talvez, um dia, ainda consiga entender e prosseguir a frente, sem muito pensar e agir, mais uma vez diferente.

Que a vida me mostre!

O Poeta

PSICOLOGIA

A realidade também é uma ilusão divina!
O Alquimista

CUMPLICIDADE

Assim como a tristeza pode perdurar na consciência por muito tempo, um simples momento de ternura e compreensão pode ser arquivado para a eternidade.

A cumplicidade espontânea pode atravessar várias vidas e perdurar por muitas encarnações.

A razão desaparece, o tempo para e um momento tem-se arquivado para sempre.

Não existe um temor em qualquer dessas situações, apenas uma situação de pura felicidade e ternura que predomina.

A cumplicidade também se mantém aparente e se torna tão real como em qualquer instante já sonhado. No subconsciente se mantém ativa e predominante e nunca desaparece, permanecendo adormecida, sendo liberada no momento certo, onde o equilíbrio sensorial toma conta do corpo físico e espiritual.

Tal fato é reconhecido em determinados momentos, em que a predominância do amor se torna visível. Não existe qualquer alienação de valores, modos e sentimentos que podem interromper neste tempo de abertura total da cumplicidade.

Essa capacidade é atingida e liberada pelo subconsciente em situações em que a plenitude se instala, e a total compreensão é atingida.

Fisiologicamente, pode não passar de um simples ato funcional da liberação de feromônios, mas dentro dos padrões mais elevados da mente e espírito, está amplamente relacionada à complexidade do ser.

Assim, toda razão tende a se tornar um firmamento de amor, ternura e felicidade.

Não existe, porém, um limite demarcado a ser atingido, somente a completa satisfação corporal e espiritual.

Desse modo, a compensação pode ser a realidade dos sonhos posta à prova de frente ao Criador.

O Alquimista

UM ATO DE AMOR

Uma coligação perdura existir para sempre.

Um ato de amor atravessa as barreiras físicas, faz os sentimentos virem à flor da pele, demostrando que tudo pode ser possível.

Uma comunicação instantânea atinge seu auge a cada instante da vida, os sentimentos são incontroláveis, os momentos parecem já terem sido vividos onde a ternura prevalece.

Entender toda essa emoção contida é um verdadeiro fato de puro amor.

Um complexo emaranhado de informações é transferido de ambos os lados, e a dualidade mantém-se para demostrar que tudo pode ser resumido em um único momento.

Do início da criação até o infinito da evolução, existe sempre uma constância, mas os sentimentos estão sempre integrados ao fator de criação.

Sob a orientação do Criador, os novos caminhos vão tomando formas, e um novo patamar de correlação se abre como um leque de novas sensações.

O lado sensorial vem determinar um novo caminho para as emoções contidas no subconsciente.

O Alquimista

CONTINUAR

O sonho termina de repente, o pesadelo acaba, mas é impossível não lembrar.

O que acontece com o corpo nessas horas em que é preciso continuar?

Os olhos teimam em fechar, mas é preciso fazer a pena deslizar sobre o papel.

O que posso fazer é escrever para não mais sentir a dor que toma minhas mãos.

Há uma grande necessidade de transmitir a lição para que outros possam aproveitar o aprendizado.

Parecem palavras soltas no ar, mas que fazem pensar, refletir que o sonho não acabou, apenas mudou de posição.

Onde está você que me estende a mão nessa hora, que me compreende e me dá forças para continuar a cavalgar nesta imensidão de meu Deus?

Quisera eu completar a lição, continuando a ensinar, mas prosseguir é preciso para alguns que precisam de orientação.

Saber mostrar uma simples questão do saber e uma filosofia de vida em versos curtos.

Em certas ocasiões é preciso dizer tudo de uma única vez junto ao meu Deus Criador.

Deixar tudo de lado e pensar no que fazer, olhar o horizonte para dizer o que se pode observar depois.

Onde está você que alenta meus sonhos e não deixa a angústia tomar conta de mim?

Meu sono é interrompido, mas meu sonho continua de olhos quase abertos.

Não basta dizer entre as linhas, é preciso determinar um destino para encorajar os que precisam encontrar a felicidade e tornar a viver.

Essa retomada continuará até que as forças acabem, ou que a tempestade termine e sol novamente brilhe, a terra volta a ser fértil e o alimento da alma continue crescendo dentro de mim.

A situação aí não termina e preciso novamente adormecer, adquirir novos elementos para orientar alguém que necessita de uma nova questão.

Persistir revela tudo nessa relação entre eu e o Criador, como pensar e ser muito feliz.

Às vezes, me falta coragem para continuar a transmitir os meus pensamentos e as orientações que repasso de um plano distante.

A dor faz parte da tarefa da compreensão, de transmitir a mais pura razão.

Difícil é ficar parado diante da insatisfação de permanecer inerte a razão, o pensamento vem para demostrar o que precisa fazer para continuar a orar e pedir a meu Deus que me dê as forças necessárias para seguir.

Que alguém nunca duvide, e que aceite de coração aberto o remédio que vem em suas mãos para curar o corpo, a mente e muito mais o coração, local onde habita os sentimentos.

Repito novamente, onde está você neste momento que me ajuda a pensar em como fazer e nada temer diante de cada situação para poder viver?

A ternura faz parte de tudo que existe, para poder passar e transmitir nestas linhas do saber e conseguir conter a emoção.

Faz parte da vida tornar a viver, prosseguir diante de uma estrada até encontrar alguém, dizer que o sonho nunca termina, apenas é interrompido para que se possa refletir e falar para tua alma o que precisa ouvir para crer e saber viver dentro deste mundo de meu Deus criador.

O Alquimista

O AMOR DENTRO DO ESPAÇO/TEMPO

O que o tempo e o espaço podem fazer com a alma das pessoas que estão predispostas a amar?

Trazer de volta uma consequência drástica e transformar toda uma vida, ou construir um novo amanhecer dentro de um ciclo de emoções.

Às vezes, a indefinição toma conta da alma, que fica a girar nessa corrente de emoções, mas que nunca esquece o passado vivido e que volta a reinar dentro de uma hora para outra nesse universo de pensamentos e emoções vibrantes.

Pudera, ativo está dentro de uma caixa de surpresas da alma, aguardando o momento certo de ser libertado no mundo das emoções.

Liberto, possibilita um número de pensamentos amorosos que esperamos que superem assim os que causam a intranquilidade.

O momento é propício às reviravoltas de emoções que confundem a alma e elevam o espírito a uma nova compreensão do universo.

A ternura e o amor surge para acalentar esses pensamentos e tornarem a vida menos realista e mais fantasiosa com a liberdade do amor reprimido.

Essa retomada e capaz de transformar o mais duro ser em uma criatura doce, com doçura voltada a pessoa amada, com a ternura desejada e os momentos de bravura esquecidos no tempo.

Com essa paixão liberta é uma questão de tempo para as novas sensações tomarem conta e atingirem a transformação até o espírito em submissão no ciclo da vida em aprendizado.

O amor pode acontecer a qualquer instante, sem hora marcada ou planejada, um momento divino que volta para agradar a todos a sua volta.

Que situação sem definição absoluta transforma tanto, eleva a alma a tal ponto que muda o rumo de uma história, tornando-a feliz. Um passo de cada vez é suficiente para a contemplação das estrelas de um novo ângulo, e com um olhar mudar tudo.

Saber encontrar a saída espiral do tempo, escolher um rumo certo nesta vida que abraça uma nova causa de emoções e que retoma sua jornada, mas, dessa vez, de um modo diferente de ser.

O Alquimista

FATOS MARCADOS PELA EXISTÊNCIA

Uma parábola conta uma história, uma equação à definição lógica, mas, na verdade, ninguém sabe por qual razão estamos aqui discutindo um modo de assumir uma existência e elucidar alguns fatos que temos que passar.

Hora essa que o mundo gira, já há muito tempo foi provado, mas uma maneira de pensar jamais foi igualada a outra.

Ciência e religião estão tentando se juntar para achar uma definição certa e provável, dentro de um mundo de incertezas e complexidades.

Só mesmo uma inteligência suprema para definir com exatidão tudo que se passa, a noção de estarmos aqui e ainda indagarmos a questão da existência.

O Alquimista

ENTENDIMENTO

As palavras são mais fáceis de serem ditas do que entendidas.

Há uma complexa relação entre a filosofia da vida, religião, doutrina ou percepção de um cético, sendo uma transição tênue de pensamentos.

Um matemático pode ver uma existência em números, já um poeta em uma relação especial com o seu modo de ser dirige a vida com uma filosofia diferente de pensar, tenta se exprimir com uma série de palavras soltas no ar. Expõe uma série de ideias e tenta explicar o mundo como pensa.

A relação com o divino pode completar a doutrina que tenta admitir que pode assumir.

Ficar noites acordado para que em curtas linhas, fazendo o tempo passar, escrever sobre um tema diferente e, em vez de ficar enlouquecido, mudar seu pensamento, se conter para aprender.

Os meios estão dispostos em uma progressão, onde mistura poesia, lógica com uma escrita sem razão, onde tudo pode ser definido apenas como teoria de vida.

O Alquimista

A PERSUASÃO FAZ PARTE DA ARTE DA CONQUISTA

Todos os sentimentos estão ligados e fogem ao nosso controle.

Neste mundo, não é possível controlar o inevitável.

O amor faz parte do contexto mais complexo das relações humanas.

Uma tênue linha define a admiração do amor sem limites.

É impossível ser de forma diferente, devido aos fatores envolvidos nos sentimentos.

Dentro de cada ser, existem várias maneiras de amar. Pelo olhar, pelo tato, pelo perfume que exala de outro ser, se tornando impossível o controle dessas nuances.

Amar e como plantar, florescer e tomar forma.

Tudo é possível de se cogitar dentro do espaço do coração.

Tudo acontece tão de repente que não se pode deter, vai crescendo aos poucos até atingir o ápice da paixão.

Que comparação podemos fazer com tamanha sensação que ocorre dentro da alma!

Um dia talvez a psicanálise possa entender esse sentimento que existe para valer, dentro do ser que habita em você.

O Alquimista

SÓ O AMOR MODIFICA

Temos que tentar entender o que se passa dentro da alma.

O poder que transforma, enobrece e eleva o pensamento e nos faz sonhar.

Vamos, assim, pensar que tudo muda e um motivo há de existir para explicar como ocorre tão de repente.

Há apenas uma razão que persisti nesse estado de solidão, um novo mundo se abre diante de um coração, para elevar o ser a crer que é sempre possível transpor a razão e voltar a sonhar.

Na condição de querer ser, não se pode parar para esperar acontecer.

Um carinho, um amor pode destacar a decisão de seguir em frente. Nada mais justo nesta vida do que sentir o amor fluir para poder viver de forma diferente, aguardar que algo aconteça para modificar o modo de viver.

Novos acontecimentos transformam uma vida e, com a presença do Criador, voltar a pensar em recomeçar.

O momento está aí para ser descoberto, basta ser experto e aguardar o momento de amar e assim modificar toda a história de uma vida.

O Alquimista

A DISSERTAÇÃO CONTINUA

Dentro de um poema, existe um lugar que explica tudo o que acontece, pois Deus está aí e vai continuar mostrando como aprender a viver.

O sonho e a realidade se misturam para dar percepção ao homem que pensa e age de diversas maneiras.

Um ato diferente pode chegar a uma decisão de mudança, cuja alma e espírito, às vezes, não parece compreender, mas ela existe e persiste em sobreviver a tudo.

Não há filosofia que explique tudo, porque simplesmente acontece.

Os meios aparecem para subjugar a razão que existe, sem demostrar a ela que existe uma ligação para ser sentida e provar sua existência.

Tudo gira no universo e imensas quantidades de energias se dispersam em várias direções para de algum modo construir um futuro, mas a percepção indaga a razão de estar aqui neste momento e, subitamente, tudo está conectado.

Deus está aí para cuidar e amparar, sendo que o que é para ficar, permanece e o que é para terminar, se desfaz, como uma prece que chega para ajudar a concretizar uma ação desejada, ou simplesmente acontece dentro de um detalhe da vida.

Como a vida pode mudar? Somente chegou a hora de reaparecer uma nova transição.

A hora chegada tem aquele momento demarcado e, em um instante, o tempo muda, as energias saem em partida ou talvez cheguem despercebidas em uma retomada.

Por Deus, o que pode acontecer dentro desta vida de meu Deus?

Ninguém sabe, somente o detentor da razão que faz e desfaz dentro de uma realidade, uma filosofia que ele mesmo cria.

O Alquimista

UMA NOVA PAGINA ESCRITA

É possível pensar em prosseguir existindo e assistindo a vida passar ou fazer parte dela de uma maneira especial.

A maneira mais segura e objetiva sem sombra de dúvida é fazer parte dela dentro de um contexto que o faça feliz, fazer parte de algo, atingir o objetivo da existência com a essência da vida.

A tua história vai dizer, sendo que os acontecimentos são os contextos da existência.

Como você faz parte de um show chamado vida, sua participação é de fundamental importância na conexão dentre muitas ligações, entre todas as outras histórias ao seu redor.

O papel de destaque pertence a você, protagonista da vida, tornando-se, dentre tudo, o detentor da direção de um dos capítulos da existência divina.

O algoz dispersa e desaparece dentro do contexto da evolução, e um novo capítulo é escrito nas páginas em branco, podendo confiar na felicidade, pois as páginas ainda podem ser modificadas com uma nova versão dessa história da evolução, com a fé que escreve e faz parte como um filho que ainda aprende e participa dentro do texto crucial da vida.

O começo é inerte a percepção, o meio está sendo vivido, mas o grande final depende da inteligência na sua matriz espiritual que guarda em um cofre chamado destino.

Deveras, eficaz tua ética moral está em atitudes puras e sensatas, deixando para trás aquela essência anterior e adquirindo uma nova sensação chamada amor.

Simplesmente, deixando-se levar por uma onda de emoções cada vez mais intensas, várias opções tomam a forma real da divina essência contida no ser.

Nem todos podem notar a diferença na estrutura da alma, só um coração aberto tem a habilidade de sentir as nuances destas mudanças, nas transformações que enfrentará.

A causa e o efeito, muitas vezes, permanecerão uma incógnita persistente dentro da alma, mas as modificações, mesmo que amiúde, serão nitidamente notadas em seu devido tempo.

A característica de uma personalidade mudará lentamente, mas sempre suscetível à percepção dos mais analíticos.

Com um modo de pensar e agir coerente, a alma adquiri força para a retomada existencial divina, que fará parte eterna do espírito.

Essa união na evolução passará por várias fases evolutivas, sempre que necessário, dentro de um novo contexto ainda a ser escrito naquelas páginas em branco.

A pena aguarda um movimento sublime para que a tinta imprima uma nova página da vida. Os movimentos podem parecer uma maneira despretensiosa, mas sempre inerente à razão, mesmo que quase imperceptível.

A pena parece fluir nas páginas em branco, mas nunca esquece os traços já escritos da história de uma vida. A situação anterior sempre estará escrita, mesmo que não lembrada habitualmente. Divinamente, a história sem fim continua, e a atuação é transitória à existência e complexa à realidade. A filosofia de uma vida sempre atua com grande participação na história do Criador.

O Alquimista

NADA ACONTECE POR ACASO

Nada na vida acontece por mero acaso. Amores que se transformam em amizades, e aqueles que surgem de uma amizade para se tornarem grandes e ardentes para sempre.

Dando um toque de energia para um modo de viver, esse impulso motivacional surge devagar e vai tomando forma, atuando em todos os contextos, no corpo, na alma e no espírito.

É uma forma de tornar a vida mais completa e cheia de ternura, tomando conta de tudo a sua volta. É um modo complexo para se entender, mas existe de forma plena entre as fases da evolução.

Não é possível criar nada sem amar.

Absorver esse amor, transmitir a que precisa e transformar várias vidas de um modo simples e singelo que torna o pensamento intenso, a ilusão em um fato verdadeiro e presente na vida.

Pensamentos perdidos se unem novamente em uma nova forma com força para agir e assim tornar tudo possível.

A percepção une um ser que começa a querer viver de maneira plena.

Assim se firma uma nova vida, com um modo puramente singelo de ostentar o amor, que segue entre as linhas do Criador para poder unir e completar várias vidas.

Assim é a Alquimia da vida, uma mudança variada na existência divina.

O Alquimista

UM MOTIVO PARA VIVER

A dor toma conta de tudo, e é nessa hora que a necessidade impera.

Que situação não requer a presença de uma mão amiga e acolhedora, afinal nem tudo são flores nesta vida.

As flores murcham, voltam a terra para uma nova vida surgir, com novas cores, novo brilho em uma nova dimensão.

A interpretação da vida é variada e transitória, mas não deixa de ser maravilhosa e bela, pois existe uma energia intensa que habita todo ser que vive.

A existência pode ser complexa, intensamente atuante, toda ligação é única, onde tudo tem sua razão de ser e existir em um momento sagrado.

Divinamente, a atuação do Criador está presente em todos os seres. Homem, animal, inseto ou planta contém uma parte Dele para tornar tudo mais atuante e belo.

A beleza está no modo de se olhar, não importando o que é na realidade.

O universo interno faz parte da união divina com o lado físico e etéreo de tudo que existe e sua duração tem começo, meio e fim, onde nada é dispersivo, mas sim atuante no universo.

Divino é todo ser que age na hora certa, que contempla a natureza e põe sua energia à disposição de todos. Sempre existe um complemento de vida que pode surgir a qualquer momento e atingir um ponto certo na ajuda da evolução de alguém.

Salientar o bem é amar, contribuir para fazer o mundo girar e no ciclo da vida atuar de maneira direta.

Seriamos solitários se não pudéssemos atuar no bem com uma energia distinta para aquele momento de dualidade.

Toda ação tem uma reação, e todo bem um dia volta para ser recuperado da mesma maneira.

Como seria a vida se não existisse alguém necessitado de ajuda?

Com certeza, seria sem beleza de atuação, difícil de ser sentida e mesmo com os olhos abertos, a visão seria turva, tomada por uma névoa.

A energia brilha e atua em toda forma de vida que precisa.

Precioso é o poder de reconhecer o momento certo que o Criador nos dá para unir as mãos, sentir, orar e ajudar.

Assim sendo, um novo pensamento se une e um novo mundo surge dentro do padrão divino.

O Alquimista

UMA NOVA FASE DA VIDA

Todas as pessoas são extremamente previsíveis quanto aos gostos, modo de vestir, o que vão comer, como andar, olhar e até orar, mas quando essa rotina é quebrada, tudo se transforma, uma vida inteira se modifica, o ser é afetado intimamente, passa a olhar o mundo com os olhos da alma.

O que acontece, muitas vezes, não é possível perceber, mas acontece.

Seus olhos até mudam de cor, o sono muda por completo, e o despertar nem podemos falar.

A química do corpo atinge seu auge e as ligações iônicas acontecem em velocidade constante.

A superação se mostra novamente e o ar se torna mais leve.

Até Deus está mais presente, e a oração é feita com mais fé.

Pudera, é uma ligação intensa que faz o coração pulsar com uma intensidade superior e o sangue circular muito mais rápido.

Que conclusão que atinge até o Criador!

Pense bem, quando se ativa novamente a vida, saímos do cotidiano, e um novo sabor vem à tona.

O espírito volta a tomar parte de tudo, se aperta junto ao corpo físico e também sente a transformação.

Em uma única frequência, a mente emite e dispara a energia da felicidade e algo interessante para no universo.

Pudera, ele conspira a teu favor, e o céu parece até mudar.

Com certa intimidade, pede a Deus novamente em uma singela oração que tudo continue nesse ritmo de crescimento.

Até que um novo dia chegue, só pense em voar e encontrar mais um momento junto ao Criador, para poder pensar e viver novamente uma etapa da vida.

O Alquimista

A TRADUÇÃO DE UM CORAÇÃO

As coisas são realmente preparadas pelo universo.

Parece haver uma conspiração divina que se aplica a tudo, principalmente aos homens.

Amor, ódio e outros sentimentos fazem parte da essência humana.

Interpretar esses sentimentos é também uma artimanha do Criador, como assim podemos notar.

Os sentimentos surgem de uma maneira inesperada, tomando uma forma que transforma as coisas, os seres, inserindo na vida vários porquês de uma existência.

Madura ou totalmente incompleta surge uma dúvida que penetra bem fundo no coração, faz a mente circundar uma imensa energia, que até transporta os pensamentos para uma vida real.

Que estranha sensação, benéfica, que te faz pensar na influência do Criador da vida, que, quando percebermos soltos, vem outro pensamento de dentro da alma que foi gravado em um tempo passado ou que está sendo criado neste momento. Para sabermos, só nos resta uma decisão, vivê-lo, sentindo a razão para a que foi exposto pela graça divina.

Fruto da criação, aí está para ser vivido, apreciado e sentido de modo sensato e sem loucuras.

Difícil é se conter, pois não é somente uma relação, algo mais profundo vem do íntimo do ser.

A conclusão é importante para a vida, novos passos serão trilhados, desde a mente até o coração.

Pode ser que seja uma nova etapa do conhecimento profundo, mas há sempre certa razão, a de trazer lucidez à alma, até atingir o espírito.

Tudo se transforma até se transportar para uma nova experiência divina que o Criador impõe a divina criatura.

Difícil imaginar uma vida sem conter o que acontece. A indecisão não pode passar perto do pensamento, existe certo sofrimento para ser ultrapassado, uma nova lição para ser aprendida, para ser apreciada e sentida.

O ser sente em seu corpo, e a alma a tal razão da existência divina.

A mão que toca transmite novas emoções que a vida coloca a sua frente, dirigida a alguém que pode e precisa sentir.

Divina é a razão de existir e novamente sonhar.

O Alquimista

A MOEDA DA ILUSÃO

Na Gália antiga, havia homens que diziam que até o céu pode esperar, que nesta ou na outra vida tudo há de mudar e prosperar.

Tudo dependia da situação de sabedoria, que alguém pudesse se encontrar no momento da partida, dispuser de duas moedas para pagar o barqueiro que o levaria a atravessar o mar das ilusões perdidas.

É lógico que não se passava de um folclore antigo, de um povo guerreiro grego, mas que tinha certo fundamento de existir.

Todo temor deixaria de existir quando uma flecha o atingisse ou a paixão tomasse seu coração por uma linda mulher.

Guerra e paixão sempre tiveram um momento trágico ou certo para existir, deixariam sempre suas marcas ao desembarcar em qualquer lugar que fosse.

Ligados sempre por uma emoção forte, destruiria ou tomaria uma vida.

Ao caminhar ao longo do rio da vida, tudo mudaria, e, a qualquer momento, teria que ultrapassar um ponto distinto.

Território sem muita lógica, apenas tomado por uma grande ilusão que faria a vida mudar.

Total momento de insanidade levava qualquer homem, mesmo sem meditar, a tomar uma decisão, há de agir por um mero impulso sem nenhuma razão.

Em uma inesperada jornada, outros caminhos para sua vida teria que tomar.

Sempre juntos, a guerra e a paixão mudaram o mundo, tornando-o o que é hoje.

Pensamento, sabedoria e emoção prosseguem a procura de alguém para acompanhá-lo em uma nova caminhada.

Justa e emérita, sem uma justificativa, essa manifestação de paixão abraçará o mundo, um modo de filosofia sem um fundo de razão, mas com um novo modo de agir e semear uma ideia cativa.

Talvez, os gregos tenham uma ótima razão em pensar que, após ultrapassar o mar das ilusões, tudo mudaria, analisando o que encontrava, sentindo uma emoção ou vontade de retornar, subir no barco e voltar ao ponto de partida.

A sabedoria nos mostra que o caminho foi errado e que a tua alma deveria ter retornado.

Em uma vigilância constante, às vezes, o erro persiste em aparecer, pois faz parte da vida esmorecer, retornar e refazer o caminho. A quimera da existência assim o diz, momento perdido e pura ilusão de guerra ou amor desfeito.

A comoção toma conta do seu peito, tornando-o diferente em uma vida plena.

Sempre o homem sucumbe à guerra ou ao amor, mas vamos sempre acreditar que é melhor padecer pelo amor do que em uma guerra sem razão.

Que modo estranho de pensar, pois traz a desilusão, volto logo a divagar sobre a questão.

Que situação inerente e completamente errônea a percepção de uma vida.

Eis a questão, atravessar o mar com as moedas na mão para nunca mais retornar.

Talvez, refletir melhor, seja o caminho certo de uma decisão.

Ponto de vista de uma única filosofia de vida.

Pois bem, vamos voltar à razão e prosseguir a divagar sem muito querer ousar.

O Poeta

O MAL DO SÉCULO

Que mundo insano e obscuro é esse que leva as pessoas ao mal do século, à depressão.

É possível acabar de uma só vez, com o pensamento que julgas firme e impetuoso, como também é possível sentir o ócio da perturbação mental chegar até o espírito e tomar o mais precioso, a vida.

Uma luta sem tréguas precisa ser tomada, para acabar com esta jornada desenfreada ao abismo da alma.

O pensamento mais íntimo vem à mente, como uma referência a um pesadelo interno do ser.

Como pode um sentimento depressivo terminar em um canto escuro da alma e atingir a vida de tal forma?

Subjugar como sendo apenas um meio de se esconder, não é a questão, pois nada pode conter o teu ser de encontrar esse abismo sem razão.

O motivo aparente pode não deixar nada transparecer, mas acaba com a alma que tenta sobreviver.

Sem ao menos pensar, não é possível conter a lamuria que, agora, penetra na alma.

Transforma a alegria em uma forma profunda no peito que dói intensamente, como uma ferida aberta.

Não se deixar derrotar é uma questão de sobrevivência. Se apegar a um amor, mesmo sofrido, ficar entusiasmado demasiadamente com uma paixão pode ser uma solução.

Não deixe a angústia vencer a batalha sem ter lutado com bravura.

A indignação pode ser apenas uma questão de tempo para ser resolvida e deixada para trás. A lamúria não pode vencer um ato de alegria e prazer, basta buscar e jamais se entregar.

Uma luta continua, mas que pode terminar no âmago da tua alma. Deixaste para trás um amor, mas a derrota não é teu lema, simplesmente uma situação transitória a uma história de paixão.

Por mais profunda que seja, nada é inigualável ao perdão que habitas dentro de ti.

Compreensão faz parte de saber conter uma emoção, tristeza não mais habita teu ser, e não atinge o teu espírito.

Grande sabedoria pode mudar sua história e completar a sua vida com um amor definitivo pela vida. Escoa para longe as águas negras, deixe a pureza lavar tua alma e continue a caminhar neste universo de meu Deus.

Inigualável é o ser que sabe controlar as lágrimas em determinados momentos, porque chorar e orar fazem parte do crescimento.

Que a vida possa habitar a todos, pois vida é Deus!

Estar nessa situação não é nada comparado à compaixão que tens em teu coração, pois bem distante, teu espírito pode entristecer ao saber de tal situação toma conta de teu ser.

Insuperável só mesmo não acreditar que pode prosseguir e amar novamente, de deixar novamente as marcas de teus pés na areia rumo ao Criador, conquistar o que veio buscar e ser exatamente o ser de teus sonhos mais íntimos.

O Alquimista

EXPRESSÃO ENTRE DOIS IRMÃOS

Minhas mãos adormecem, cedem lugar a um irmão que deseja expressar-se por alguma razão.

Transmitir um texto a alguém para ter uma nova compreensão do que pensar.

No momento da união, somos um único ser em uma missão de atenuar uma dor.

Pudera todos contar com tal situação, mas chegará o dia em que todos participaram de tal união.

Capítulo sem fim da compreensão escrita na linha do tempo.

Um texto dirigido a todos e que parece ser escrito a si mesmo.

No contexto, uma integração de perplexidade e realidade subjugam a mesma razão de ser.

Vamos viver, então, mesmo tendo muito a pensar para poder entender a lição de amar e sonhar.

Uma bela interpretação, sem nenhuma indignação, pode ser a lição para ti no aprendizado da vida. Sobreviver a tudo e ainda encontrar um meio de filosofar, olhando o céu e o mar, sem nada temer ao olhar.

Que paixão que não pode sobressair-se à razão?

A loucura que toma conta do teu ser é a mais pura paixão, que vem demostrar sua força em crescer e tomar tua alma.

O livro escrito só precisa ser lido e entendido para ser guardado entre a alma e o coração, para, um dia, ser lembrado e usado com sabedoria, em um lugar muito distante.

O Poeta

A FACE OCULTA DO SER

Tento esvaziar minha mente, mas, por mais que eu me esforce, nada adianta. Não é possível deixar de pensar naquilo que fui, no que sou hoje e no que vou me tornar em um futuro próximo.

Serei um pensador que deixa a ficção tomar parte de toda a alma, podendo fazer algo em benefício de alguém que precisará, com anseios, de ajuda para uma nova caminhada.

Que situação insólita, que até em meus pensamentos tenho que lutar para não discordar das minhas próprias ideias.

Que influência sofro do passado?

Que amores e paixões terei vivido para ser afetado assim, mesmo diante de uma nova vida?

Constantes pensamentos relutam e afetam até mesmo meu espírito.

Questões diversas atingem meu ser profundo, consigo sentir a ansiedade de viver nessa tempestuosa ocasião.

Fruto de uma passagem entre planos distintos, pensamentos não realizados, frustrações e ansiedades que percorrem uma vida, como não fosse importante demostrar o que se é realmente. Existe uma realidade oculta em cada ser vivente, onde cada ilusão perdida poderia tornar tudo extremamente diferente.

O seu modo de existir não é diferente do meu, somente há diversidade na forma dos acontecimentos e no modo como foi resolvido.

Talvez, ainda existam muitas coisas pendentes, um modo extenuante de viver pensar e existir.

Filósofos já tentaram demostrar o significado da existência de cada ser, mas cada um tem um dilema próprio inigualável e diferente do outro.

Que agitação em encontrar um meio de sentir a paixão em viver, decidir a pura filosofia de completar a vida, olhar o céu sem nada esperar, apenas completar mais um pontinho de luz no universo.

O pensamento que flui e alcança o infinito não é inerte.

Conclusão racional e científica podemos ter, mas só de imaginar a influência que recebemos de alguém que modifica a alma, causando uma transformação terna e segura, é uma grande aventura.

Para atingirmos a verdade legítima conclusiva, falta resolvermos algumas questões da nossa existência, como atingir a plenitude do espírito, pensar de modo diferente, acompanhar os pensamentos corretos.

Que irrelevância do nosso ser, em querer ser alguém.

A lógica não habita todos nós, mas carinho, amor e paixão são eternamente inseparáveis em cada ser.

Sinfonias harmoniosas da vida tomam contam do meu ser, completam a questão de querer e de pensar com razão.

A justificativa pode aparecer, mas pode passar despercebida e encontrar outro caminho, em outra vida.

O Poeta

ACEITAÇÃO DA ALMA

A conexão existe, passa diante dos teus olhos, muda o teu comportamento com eloquência, fazendo tua alma admitir tal transformação. De repente uma nova determinação ocorre, o tempo flui em outra direção.

Há um contratempo no contraste da ilusão, uma manifestação que atua energicamente no modo de pensar. A lucidez foge à realidade, parece ter atingido o incompreendido da percepção atuante.

Como podemos parar, sem ter chegado à conclusão correta?

A conexão dos pensamentos é uma realidade crescente na órbita dos sonhos, em uma mente que a realidade atua verdadeiramente. É preciso viver intensamente para compreender a relação, a complexidade entre pontos divergentes das mentes atuantes.

Parece uma tempestade de emoções que atua na alma, que tenta atingir o espírito para uma transformação, mas que não é possível sem uma aceitação plausível da situação.

Vamos então salientar que tudo passa, e cada passo nos distancia mais do ontem, novos pensamentos começam a fluir, fazendo com que percebemos o significado de uma ou de mais vidas.

O Poeta

UMA JORNADA SERENA

A sensação só pode ser uma, de reflexão.

Uma conjunção de sentimentos vem à flor da pele.

Um resultado de percepções que levam à reclusão uma infinidade de sensações, onde ódio e amor estão muito próximos, sendo preciso saber conter o que não é desejável.

O êxtase toma conta da vida, quando essa alcança um significado, podendo tomar a alma, transmutar os sonhos, tornando-os insuficientes para impelir uma existência à frente.

O perdão faz parte do significado da existência, cada situação exige uma resolução diferente, fazendo o sonho tomar sua forma, atingindo com perplexidade o teu ser. A bondade aparece, uma docilidade emerge do mais profundo eu, tornando-o completo, amável e sutil em todas as suas decisões.

Complexo, mas real, com tenacidade, as ilusões se transformam em realidade. Os atos compulsivos são degradados e uma sensação nova atinge o teu ser, que nem mesmo a psicologia consegue definir um novo caminho.

A fluidez das atitudes pode atuar livres, a ternura aparece e assume seu papel definitivo na concepção humana, a contrariedade é mais compatível com atitudes suaves, e o clima muda diante da razão.

A seriedade também atua no lado psicológico aflorado, mas de forma sutil.

Vamos pensar assim, porque não mudar diante de cada situação, para podermos tornar a jornada mais amena e serena.

O Poeta

SIMBIOSE DE SERES

Em cada instante, minha alma tenta explicar para alguém que tudo pode ser diferente e que podemos mudar. Ainda me falta compreensão para tanto, pois ainda tudo gira dentro de muita complexidade.

Como posso sentir emoções de tantos?

A consciência não consegue mais distinguir meus pensamentos. Há uma amplitude em tudo que penso de forma inimaginável.

Que situação adversa de todos em minha volta!

Incompreensível ser que habita meu corpo físico, que vive em total desarmonia com o mundo ao seu redor.

Como sentir uma simples reflexão, se não é possível distinguir um único pensamento só meu?

Pode haver uma comunicação muito estranha e impossível de ser explicada.

O inimaginável toma conta de quase todos os momentos e é difícil pensar de forma única. Uma conexão parece existir em tudo, ódio e amor se completam em uma só associação de pensamentos.

A decisão, muitas vezes, é difícil de tomar, tendo como consequência, um grau muito alto de conectividade que abrange o meu ser, tornando difícil de viver dessa forma.

O dia passa, a noite chega e os pensamentos retornam em minha mente, a conexão imediata se faz com um número imenso de informações, frases, fórmulas, etc. Um canal aberto se forma e há um desarquivamento de informações muito abrangentes.

Há um ímpeto em mudar tudo, ajudar através do toque.

Uma simbiose de ideias surge e abrange tudo, podendo tornar compreensível tal comunicação, ao ponto de tudo mudar.

Um sonho aparece em questão, o de poder ajudar transformar o mal em uma situação confortável de bem-estar, entender tudo que se passa, até com a depressão de todos acabar.

A sabedoria faz parte da razão, e a participação de todos parece atuar em minha vida. Isso pode se tornar normal algum dia, com muitas ideias poderei contornar tudo, voltar entender e novamente a viver.

O Poeta

INTEGRIDADE ENTRE A ALMA E A ESCRITA

Uma questão intrigante toma conta da minha vontade. Aquela que percorre um caminho distinto, diferente da vida real. Algo voltado a uma expressão profunda, onde uma eloquente personalidade toma conta de mim, difícil de conter em determinados momentos, melhor deixar correr como as águas de um rio.

Que filosofia de vida estranha!

É como viver em dois mundos, o real e outro distinto em outra dimensão.

Às vezes, parábolas são escritas para dizer e em outras para esconder algo contundente dentro da minha alma, mas que faz parte de meu espírito.

Deve haver alguma compensação dentro desse modo de viver, mas ainda não descobri a verdadeira razão.

Por vezes, a incerteza toma conta da minha vida, como singela maneira de prosseguir e entender tal questão.

A fatalidade está em não saber distinguir o que importa realmente.

Sem dúvida, deve haver uma resposta satisfatória para minha alma, pois na verdade isso me faz bem, torna os dias menos comuns, cada momento é diferente e não há como ser previsível diante dessa trajetória inesperada.

Todos os segundos ouvidos no tic-tac de um relógio se tornam uma eternidade. Os sons de cada batida são distintos, revelando a intensidade diferenciada do momento vivido.

Dura questão que me leva a sobreviver e pensar com sabedoria.

É tão difícil saber posicionar todas as influências vividas em um segundo, pois internamente, tudo é tão intenso.

Que questão indômita da minha alma!

Que modo de realizar um sonho!

Não há como pensar sem nada dizer, nem que seja em poucas linhas, nessa ou em outra linguagem que ainda desconheço ou que ainda não foi acessado em meu subconsciente.

Sentir faz parte do prazer de existir.

O poeta

POTENCIAIS DA ALMA EM AÇÃO

Descrevendo sobre uma nova fonética, os romancistas atuam diretamente sobre no âmbito emocional.

A alma se funde com os pensamentos, os temores do subconsciente tomam formas de atuação, os meios, muitas vezes, não justificam os verdadeiros fins.

Toda controvérsia leva, com o tempo, a certa evolução.

Evoluir é saber pensar, e a emoção faz parte de conjunto alma e espírito. Não se pode julgar nada dentro da emoção, pois a razão se dispersa e um novo rumo é tomado. O caminho se esconde entre as folhagens da imaginação, a ternura torna tudo mais sutil. A emoção pode elevar a alma a uma nova condição de criar outro olhar. O ângulo de visão se amplia e novas visões aparecem diante da percepção.

O infortúnio pode modificar momentaneamente o fluxo das emoções, principalmente no calor da paixão, mas tudo passa, e nada senão o verdadeiro amor fica para sempre, ultrapassando os limites da vida e da compreensão.

Todo sentimento influência o espírito que habita em teu ser.

Como nunca, se surpreendido pelo inevitável, por uma sensação que é absorvida pela alma.

É inexistente pensar que não ultrapassa todas as vidas.

A razão pode ser mal interpretada diante de um novo texto, com frases que podem exprimir um duplo sentido, mas nada pode ser advertido sem uma emoção que penetra na alma.

As condições do desespero tendem a desaparecer e uma súplica à razão é dita ou escrita.

Que senso intenso de emoção transforma a alma outra vez!

Nada mais faz sentido, a não ser a esperança de cada vez mais querer viver, sentir na pele e no espírito, sem nada dizer.

O Poeta

A ESCULTURA DO PENSAMENTO

De modo estrutural ou puramente escultural, podemos pensar em criar e absorver ideias.

Todas as performances da inteligência passam por elevado sistema de elaboração e gerenciamento entre mente e espírito. Essa eloquente junção tem uma função elevada na compreensão de todos os fatores do pensamento.

Os pensamentos profundos exerce um fator primordial na concentração entre subconsciente e o espírito atuante. Não é viavelmente possível concentrar e criar ideias sem um objetivo distinto.

O sentimento de fraqueza faz parte de uma elaboração momentânea na formação das diversas personalidades mente e espírito.

A experiência faz parte da criação, com erros e acertos até conseguirmos atingir a criação certa e lógica.

Todas as consequências geradas pela exposição da fraqueza e pungência eleva o ser a uma compreensão própria.

O ser atuante tem sempre uma função deveras e fornece vários elementos determinantes na evolução plena do determinado espírito.

Corpo físico e espírito se unem na evolução e acabam criando fatores de caracterização do ser no âmbito astral, ou seja, todas as ligações tomam parte da caracterização do ser único do universo.

O Alquimista

O TRABALHO DO SUBCONSCIENTE

A imersão nos antigos pensamentos já não são mais a mesma.

As lembranças voltam de outra maneira, mais simples e menos complexas do que a minutos atrás. O corpo físico padece nos escombros de uma realidade que há muito tempo não existe, pelo menos do modo como a conhecíamos.

Que catástrofe no intelecto pode ter mudado tanto o modo de relembrar?

Duas realidades existem ao mesmo tempo, em conjunto num mesmo plano. Sabedoria e compreensão habitam o mesmo ser a toda hora e lugar. A existência alcança a plenitude e o mesmo saber é compreensível em línguas completamente diferentes.

Romance, paixão, amor, são sentimentos que realizam um sonho inesperado. Eles convergem para uma mesma direção. São vetores de ponto astral que habitam um mesmo corpo onde a realidade é plena.

O subconsciente libera e dispersa flashes de realidades do passado, o presente toma forma. O futuro ainda é uma incerteza, sem a compreensão absoluta e a razão aparente.

Uma filosofia completamente diferente, agora, faz parte de tudo que contempla. Sem razão, põe-se a pensar de forma diferente, o sonho nunca acaba, apenas se transforma inerente a uma realidade singela.

Em uma constante, o corpo atinge o ápice, o auge da vida como conhecemos agora. Uma bruma suave encobre tudo que é sagrado no modo de pensar, o que torna a realidade completamente diferente a tudo e a todos os pontos do universo.

Não é fácil contestar alguma coisa, a interpretação depende de cada um que a lê, o entendimento depende do que é real naquele momento para cada um. Cada corpo físico difere de estar em tempo e espaço lúdico, coberto de ilusões.

Esses pensamentos são reais, pelo menos em cada interpretação momentânea.

As mãos tornam-se frias, as emoções são fortes, nada importa, apenas o momento da reação a uma realidade que vislumbra por um segundo.

De repente, tudo se perde, a cortina cai, e a razão volta a reinar, mas nem tudo foi perdido, o subconsciente adquiriu uma nova forma. Faz parte de você agora, uma nova vida, uma nova criação que habita o teu ser, com novas capacidades.

A realização aparece nas suas lembranças, onde tudo faz parte de você e de Deus, o Criador.

O Alquimista

A NOVA ERA

Tempestuosa é a incredulidade dos homens, que tentam atingir crenças compreensíveis, mas com padrões de doutrina que não mais existem.

A hora da mudança chegou!

Sem rituais ou dogmas, sendo apenas uma ligação, um compartilhamento de ideais, uma transferência de conhecimentos entre duas ou mais dimensões existenciais.

O momento chegou, porém, muitos ainda resistem em acreditar, escolhendo o incrédulo e obsoleto que já não é mais aceitável, pois tudo cresce e evolui.

Talvez, o medo ainda tome conta de muitos, mas não dos que possuem uma mente aberta a novas percepções. Fatos ocorrem fazendo com que a nova filosofia doutrinária encontre diversos infortúnios na sua jornada.

Não há nada que impeça a evolução e a transformação das ideias em justaposição com o verdadeiro. Elucidar, crescer e evoluir faz parte do Criador, impossível de conter a intelectualidade em sua jornada.

Os fatos sobre a mediunidade estão presentes até nos meios científicos, sendo comprovados pela própria ciência, abertos para discussões e esclarecimentos.

Até os mais céticos estão cedendo a essa realidade moral e científica.

A evolução é proeminente a causa, e diversas mentes brilhantes estão se dispondo para os avanços nos estudos. Somente os estacionados em um campo retrógrado ainda se negam a abraçar a causa.

A nova era chegou para divulgar a verdadeira razão da vida no planeta.

O Alquimista

ARTE CRIATIVA

Dentro de determinada parte do inconsciente, está localizado o espaço das artes, que são fluxos de informações construtivas abstratas e completamente abertas à assimilação de emoções ligadas puramente a criação.

Aberta constantemente nos indivíduos ligados a arte, tais como, poetas, pintores, escultores, escritores, artistas etc., eles utilizam esse mecanismo sem ao menos pensar, pois faz parte do automatismo de cada um.

Difundido e extremamente irradiante de emoções, essas informações são liberadas constantemente para o lado consciente do cérebro, cobertas por completo entusiasmo.

Uma música elevada transforma a maneira de pensar em uma explosão constante de criatividade.

Com um resplendor de energias artísticas ligadas exclusivamente a criatividade, o inconsciente estará totalmente aberto e predisposto para o lado artístico propriamente dito.

Criação, sonho e realidade se misturam em uma transformação lúdica na perspectiva da elaboração de uma obra de arte. A criatividade se expõe, e a genialidade oferece a oportunidade para a criação.

Distintamente ou em conjunto, consciente e inconsciente entram em uma espécie de fusão, sem uma determinante lógica, mas propositadamente destinada ao lado construtivos do artista.

O Alquimista

O INCONSCIENTE FUTURO

Nem todos os momentos e ocorrências na vida, acontecem para serem reconhecidas, mas para serem ultrapassadas, pois tudo faz parte de um grande aprendizado e, por ventura, esse pode ser o meio de se conseguir. Ocasiões incertas, transtornos e desavenças, tornam as coisas diferentes que farão parte do inconsciente futuro desse espírito em formação continua.

Todas as transformações inertes ao conhecimento, e que não podem ser absorvidas pelos olhos, fazem parte das diferenças do crescimento espiritual.

Na totalidade dos desejos alcançados, estão contidos inúmeros fatos com influência fundamental na evolução de cada ser.

Diante de contextos inesperados, que parecem serem intransponíveis, estão contidos os ensinamentos que a evolução se utiliza em determinados momentos.

Injúrias também fazem parte de advertência, para que tais fatos não possam mais atrapalhar a emancipação que ocorre no espírito.

Estas influências, sobremaneira as mais marcantes, são as de maior aproveitamento e posterior discernimento futuro em outras questões.

A relação espírito universo é de fundamental importância para o individualismo, como no âmbito global de todos os acontecimentos de forma geral.

A integridade do espírito é composta pela inclusão de toda trajetória de ocorrências vivenciadas e transpostas no tempo espaço de cada ser.

A inquietude faz parte da contínua elaboração e pode ter uma influência.

Às vezes, a inércia dos fatos pode afetar o modus atuante do aprendizado espiritual.

Toda sequência de ocorrências não podem ser notadas no momento da observação, mas tem sua função em todos os parâmetros das vivências futuras do indivíduo espiritual.

O Alquimista

HISTÓRIA

Mesmo antes de ser escrita, a história já existe. Dentro de um pensamento coerente com a vida, tudo pode ser possível. O pensamento cria, realiza e faz tudo se tornar realidade.

A busca pelo ato perfeito é inevitável dentro da criação do pensamento.

Com um simples desejo, podemos criar algo que se tem na mente, no subconsciente ou no espírito.

O ato surge, acontece e flui dentro de uma história, escrita ou falada.

O crescimento faz os pensamentos fluírem de uma maneira coerente na vida.

Toda história condiz com o pensamento surgido em um momento de reflexão, tonando o que acontece em uma filosofia de vida, como existir, pensar e habitar um lugar dentro do contexto de uma história.

Todo ser tem ideias, mas, para que ela aconteça, depende de certa escala de atitudes, podendo retornar, relembrar e fazer a história nascer e tomar forma.

Uma vida, como um livro a ser escrito com palavras diferenciadas, é uma simples questão de lógica de um pensamento.

Uma ilusão pode se tornar verdadeira, desde que se tenha fé e criatividade.

Vamos imaginar, criar alegria e satisfação de viver, deixando tudo passar, construir um futuro constante cheio de paz, muito amor, como se fosse uma canção criada pelo seu autor, escolhida por um cantor que a interprete com toda comoção, da maneira em que foi criada.

Nem um simples pensamento pode ficar estacionado no subconsciente, pois em determinado momento será desarquivado para ser usado em um momento da vida.

Essa teoria tem uma razão de existir, fazer o ser crescer e conseguir deixar seus frutos para alguém usufruir.

Se essa questão não atingir o mais profundo ser, a emoção vai tomar conta, podendo chorar e, em prantos, deixar o coração se abrir para concluir um pensamento que fará parte da sua história criada, e que será interpretada no ato da vida.

Então vamos sempre procurar atingir um modo seguro de atingir o êxtase de estar presente neste mundo, pois somos parte do compêndio da história universal, que faz parte de um pensamento criado pela sua mente.

Como isso é complexo dentro de um controle tão divergente da realidade!

Só mesmo sendo parte do Criador, que faz parte do universo em total expansão.

Vamos então ficar cada vez mais conscientes que somos parte do pensamento e da criação deste nosso Deus.

O Alquimista

ENLACE ENTRE CONSCIENTE E SUBCONSCIENTE

Interagindo com o universo ao seu redor, o subconsciente não estipula metas a não ser absorver as mais variadas formas de informações, interpretando de variadas maneiras, independente do fator tempo e espaço, obtendo e armazenando para que em determinados momentos possa usufruir, conforme as necessárias do indivíduo.

Dotado de inúmeras variantes e dados alojados, são desarquivados na vivência do momento, conforme a necessidade no instante de tal informação. Porém, muitas vezes, o consciente reluta em admitir tal pensamento ou informação arquivada, quando essa vem à tona por necessidade do momento.

Simultaneamente, quando na inclusão de uma informação no consciente, está atrás alguns reveses que causam traumas emocionais que, dependendo do indivíduo em questão, provocando um desrespeito de alguns fatos relevantes e ocorrências de outrora, principalmente por incompreensão dos acontecimentos do momento vivido.

A psicanálise tenta explicar esses acontecimentos, mas, muitas vezes, com fatores infundados, que só o próprio indivíduo em questão pode obter e vivenciar.

As lembranças de outras vidas, quando trazidas à tona, tornam-se parte da vida atual e, aparentemente, vivenciadas nesta. Por esses motivos, tais lembranças podem não surgir efeitos positivos na personalidade atual.

Toda experiência traz consequências com embasamento positivo ou negativo. O enriquecimento do consciente sempre atua no espírito, em qualquer momento ou vivência, como experiência.

Todas essas configurações, psicologicamente falando, podem ser estudadas com veemência. Profissionais nessa área discutem a atuação desses arquivos como apenas um subterfúgio ou uma ilusão do subconsciente.

Tendo em vista que esses arquivos afetam de modo geral o espírito, constata-se que são realmente enlaces de determinadas vivências passadas de muitas reencarnações sucedidas.

Contudo a abrangência filosófica desses estudos ainda causa polêmica acadêmica sobre o assunto.

O Alquimista

PENSAMENTO ALIENADO

Um sentimento de alienação pode alterar completamente a filosofia de vida de uma civilização em crescimento, ou seja, uma cultura diferenciada pode criar empasses que ocasionam conflitos de ordem cultural, filosófica e teológica em diversos povos em crescimento.

Diversamente, os pensamentos interferem na evolução dessas civilizações, causando verdadeira estagnação social, econômica e cultural.

O pensamento teológico torna-se incompreensível em diversas culturas, causando uma dificuldade de vasta intensidade, tornando impossível a transferência de informações com relevância acentuada para a formação de determinadas culturas.

Esses impasses causam o baixo nível da expansão universal e quebram o caráter da interpretação, causando um processo estacionado.

O estágio do pensamento aleatório torna o fator da universalidade em desconformidade com as leis universais, deixando a energia contínua livre de atuação.

Com criteriosos projetos, o universo tenta superar essa adversidade ideológica, tornando-o apto para a compreensão do universalismo divino.

O Alquimista

SABER APRECIAR

Nem mesmo com um vasto vocabulário conseguiríamos tentar explicar um modo de viver sem emoção. A sensação da aventura está contida em cada ato, em cada pensamento.

Viver sem vibrar é como não apreciar o que está a nossa volta, como uma boa conversa com alguém que se ama ou consigo mesmo.

Saber entender um código que ultrapassa tudo à sua frente, uma eloquente maneira de sentir, de sorrir e até chorar.

Todas as sensações existem para serem sentidas em profundidade, com uma expressão no rosto que determina sua condição naquele momento.

Ousar em ultrapassar tudo à sua frente, deixar para trás e superar todas as barreiras, isso sim pode demostrar o que é viver e fazer a adrenalina percorrer o corpo com tremor.

Olhar em frente sem a preocupação de acompanhar ninguém, apenas seguir o vento daquele momento.

Não é possível encontrar algo sem procurar. Não podemos estar na condição de submissão, mas sim caminhar pela estrada onde podemos sentir na pele a emoção de nascer, crescer e entender que nada é eterno, que estamos apenas na posição de sorrir e sentir a emoção de viver.

O Poeta

ALMA FEMININA

A alma da mulher pleiteia uma história de várias maneiras.

A excelência do pensamento atua de modo diferente no conjunto subconsciente e consciente, que não tem nada de frágil.

Basta fazer uma comparação de raciocínio e não delimitar nada. É incrível a sua percepção, inesgotável força de querer, proteger e criar.

Um ângulo que possui tanta abrangência de visão, com olhar criativo, capaz de sonhar com os olhos abertos e transformar toda energia circulante do universo, que parece ser só delas.

Garantia inestimável de um amor genuíno e criador, adjetivos não faltam para tal comparação, faltando muito ainda para sua total compreensão.

É um ser indubitavelmente que se molda às variantes da criação divina.

O Alquimista

UMA NOVA PEÇA DE TEATRO

O protagonista da peça teatral da vida nem sempre é o principal personagem, pois todos os participantes são indispensáveis para a elaboração da história de uma vida.

Como conseguir escrever sozinho, sem ter uma razão?

Nada cresce, vive e morre só.

A teia de interações está sempre interligada, nada é plausível sem uma cumplicidade na elaboração dos fatos que acontecem.

A plateia aplaude os atos que as tocam de várias maneiras, amor e ódio se contraem em ordem e generalidade, compondo tudo que se atrai na assimilação dos fatos.

O ato principal nem sempre se dá no final.

A tempestade, muitas vezes, revela o que está por debaixo dos acontecimentos.

Sinergia, mobilidade, acontecimentos fazem tudo funcionar, inclusive o pensamento, que determina os personagens e encontra o protagonista no final.

A vida é simplesmente assim, quem está na plateia é quem determina e questiona os movimentos os atos.

Sempre existe um derradeiro ato final, que transforma toda a história ou contexto.

Vamos então salientar que a subsistência e o fundamento do subconsciente é encontrar um motivo para existir, ou seja, o ato mais importante da peça.

O Poeta

A RELAÇÃO ENTRE A PARTE FÍSICA
E A MENTAL

Profunda é a relação de subsistência entre o físico e o psicológico. O tempo e o espaço não têm importância, pois essa relação é imprescindível em qualquer momento.

O pensamento faz parte da existência plena do ser e o intuito da sabedoria e a elevação do ser.

A compreensão eleva não só a alma, mas põe o espírito em uma nova dimensão, atingindo uma constante universal de coexistência. As extremidades são ligadas, e a conexão se completa a todo o momento, tornando-se infinita, alcançando a complexidade dentro de qualquer mente que se submete a razão verdadeira.

O cérebro determina, a mente elabora, o espírito completa e arquiva toda a ação, em conjunto e equilíbrio dentro do contexto da universalidade.

Criador e criatura são partes do universo, tudo e todos se completam dentro da pluralidade existencial.

A vida se reinventa a cada instante da existência, com o Criador.

O Alquimista

O MUNDO DAS VÁRIAS PERSONALIDADES DE UM ÚNICO SER

A visão me torna tão indiferente perante o olhar dos homens, cuja conclusão não alcança minha total compreensão.

A transformação é constante, tudo é tão frágil diante de mim, que absorve tais energias.

Dúvidas vêm a todo o momento. Elas surgem todas as vezes que tento entender o porquê de tantos acontecimentos de uma única vez.

Possível seria transformar o que já perdura a tanto tempo, que vem do passado e que habita minha mente.

Grande planejamento diante de tal situação, pois tudo abrange dentro desse enorme contesto de insatisfação.

Está no ar, carregando uma energia emergente à razão que existe e perdura por tanto tempo, e que é difícil conseguir viver e transformar em uma integração plausível de confiança.

As incertezas predominam e se sobrepõem a um pensamento existente, mas é preciso conviver com todas as diversidades de personalidades que estão dentro de mim.

Poderei, em algum momento, conseguir reduzir "os porquês" desta vivência tão anormal?

Em alguns instantes, conseguir entender, mas em outros, a razão está completamente fora de questão.

A situação é essa, viver de uma maneira em que se possa mudar, atingindo um novo ser, sabendo concluir dentro da realidade, pois sentir é preciso para evoluir dentro do coração.

Chamar a atenção já não adianta, pois o objetivo não atende todas as críticas, tornando-o insuficiente. A total percepção está conectada, transformando a linha do tempo em um gesto de amor constante.

Tudo vem de tão distante, abrangendo meus pensamentos e mudando tudo a minha volta.

Qual objetivo devo alcançar diante de tudo isso?

O quanto preciso sentir ainda, para poder digerir?

O impensável surge diante de mim, eleva minha mente, mas não esclarece o que acontece.

A sabedoria contida dentro da ilusão de ser único e sem poder algum, excluirá toda percepção que circula meu ser.

Visão que aparece e some de repente, decorrente de um pensamento profundo de uma existência plena. Nos dois sentidos, a influência de sentir tudo que ocorre e a forma correta de proceder, são o devem prevalecer dentre toda essa questão.

Necessário é modificar o modo de adquirir mais conhecimento ou pensar mais devagar para poder adentrar outra dimensão.

A atenção alcança toda a obstinação de querer transformar, mas possível dentro de sala da realidade atual?

Vou acabar me confrontando mais uma vez com a razão, sem nenhum destino e desprovido de todos os sentimentos.

Que situação é essa, de poder tocar, sentir e, muitas vezes, sem entender, sem sequer saber a direção de olhar?

Quando atingir a sabedoria de poder ver o que é real e absorver algum sentimento, conseguirei entender e passar adiante as informações dos eventos que se passam dentro de mim.

Parece que cresce, mas diferente de sentir, é difícil poder salientar com palavras o que tenho a dizer.

A todo o momento sinto que tudo pode mudar, mas é preciso fazer essa transformação sem machucar ninguém a minha volta.

Essa existência determinada divide a opinião de querer e obter uma visão ampla. Um dia, tudo isso irá terminar e os fatos vão surgir devagar dentro de um âmbito geral de consagração. É só aguardar a hora e o momento certo.

O Poeta

REFLEXOS VIVIDOS POR UM CORAÇÃO

Diante dos seus olhos, aparecem teus desejos que se resumem em um só momento.

Perdoar não é apenas deixar passar, e sim abrir o coração de uma maneira singela.

Das alturas poder observar, sonhar e apreciar a realidade.

Um novo personagem surge e passa a fazer parte da tua vida, podendo tudo acontecer e mudar.

Em inúmeros feitos, saber e dizer a todos como é viver assim.

Tudo tem seu preço, até uma ilusão, então vamos desejar apenas o que se pode fazer nesta vida.

Se preciso for, admirar o outro sem saber ao certo a razão.

A ligação aumenta à medida que o tempo passa e transforma o que mais de precioso guarda em teu interior.

Podemos até desejar ficar aqui, mas um dia partiremos em busca de novos conhecimentos.

A tua aura é nobre, o pensamento é sublime, que reflete outra maneira de existir.

Hoje, tudo passou, mas as marcas são deixadas para serem tocadas, quando a saudade apertar teu peito. Nada desaparece por completo, a esperança é uma realidade que habita em teu inconsciente que diz ser possível sentir o que teus olhos não veem mais, mas que existe dentro do coração.

Assim, a trajetória continua, o tremor nas mãos indica a percepção de saber onde está a razão de existir, de poder tocar com as mãos e realizar o impensável.

Quem sabe, dessa vez, consiga admirar sem chorar, conter as lágrimas e esperar.

A vida passa, enquanto teu olhar diz algumas palavras e sonha.

O infinito se projeta adiante, a tua alma volta de repente, a realidade surge, não é possível mais sonhar, tudo volta ao normal ou no que possa pensar em ser.

O teu ser se completa em torno de um pensamento que já te deixou chorar. A mente começa a girar, e o sonho termina quando você olha e vê seu olhar refletido no espelho da vida.

O Poeta

SEM MEDO

Deus tem que estar sempre dentro da tua mente. O seu espírito tem que encontrar a liberdade, mesmo ainda encarnado, para poder ser feliz.

Negar o medo faz parte de você, e jamais exista em conformidade com tudo e todos a sua volta. Conquistar a vida de maneira que encontre a felicidade, entender a existência como uma maneira de aprender a sobreviver a tudo, retornar a viver e nunca mais aceitar que a depressão exista e nem chegue perto do teu ser mais profundo, pois tua consciência tem que estar liberta de todos esses males que prejudicam a tua alma.

Quando olhar para o céu tiver a certeza de que um novo dia vai nascer, o sol vai brilhar e teu coração vai perceber a presença do teu Deus.

A aventura da vida começa a cada dia e toma a forma que você permitir. Tudo pode ser de acordo com o que você imaginar e acreditar.

Não pense nos males que possa existir, caminhe com esperança em todas as horas, minutos e segundos da tua existência.

O medo foi deixado para trás, ficou bem longe, pois você caminhou com passos largos e firmes.

Ter medo não faz parte do teu ser. Viver é encontrar com Deus e ter certeza da existência Dele ao teu lado.

O plano maior que está em outra dimensão não pode causar nenhum pavor aos filhos do Criador. Transpor essa barreira é renascer de maneira diferente, é deixar tudo para trás, ficando apenas a saudade dos bons momentos vividos.

Todas as boas lembranças fazer parte de você, guardada no teu inconsciente, sem serem dispensadas e sim usadas em algum momento que precisar lembrar ou diante de qualquer dificuldade que precisar ultrapassar, mas sempre com a presença de Deus.

Em torno de ti existe uma aura superior para tua proteção, então crie sempre um escudo protetor quando precisar.

Pode chorar, mas apenas por um momento, para expulsar a tristeza e lavar a alma, para, depois, retomar tua jornada incansável.

Sem muito o que pensar, colocar o Criador à frente, imaginar tudo de forma diferente e ser eternamente feliz.

O Alquimista

A DOR NÃO É MAIS NECESSÁRIA

A dor, por menor que seja, não traz uma regeneração do subconsciente.

Os pensamentos errôneos são suprimidos, e os verdadeiramente corretos tomam seu lugar.

Uma predisposição ao bem acontece sem pensar, e a atuação aparece tomando um lugar de destaque e influência.

Todos os campos são remontados dentro da adversidade do bem.

As relações cognitivas se ligam gradualmente em uma única direção, dentro dos nossos cérebros, e uma nova formação de destaca em pensamentos e ações.

A clareza vem à frente dentro de novas atitudes, tudo parece estar, agora, claramente visível, a dor existiu com seu papel primordial, da mudança espiritual. Agora, não é mais necessário senti-la dentro desse contexto, pois a razão já encontrou seu fim dentro dos sentimentos.

O seu passaporte mental já alterou sua viagem na existência e mudou toda trajetória, agora, com um novo significado.

Tese da transitoriedade existencial de um estudo emocional do subconsciente, que muda constantemente dentro das situações que atuam no universo da percepção de um novo ser.

Palavras da razão atuante e persistente da existência.

O Alquimista

O SENTIMENTO TRANSCRITO

O melhor de tudo é poder escrever, deixar impressa a realidade da vida.

Fugir do "temos que viver" e escrever no papel o que sentimos.

Escrever e transportar tudo de uma só vez, se expressar e demostrar a realidade.

Que alquimia é essa que pode transformar o mal?

Será que sempre foi assim, ou será um poder do momento?

Acho que todos tiveram a oportunidade de declarar ao mundo seus pensamentos deixar o seu subconsciente vir à frente, transpondo toda a emoção de poder ser alguém.

Não podemos pensar em tudo sem demostrar, pois vem do ser mais profundo para acalentar a dor de alguém, sem querer nada em troca.

Em tudo isso, só pode existir uma razão, a percepção de conseguir ser alguém, como um meio de demostrar que podemos transformar o que fomos outrora.

No mundo de agora, a situação é outra, uma nova forma impera, o som da palavra tem muita força, e a espada jamais será tocada novamente.

A cada instante, mais longe deste tempo estamos e uma nova situação é forjada. A difícil situação se transforma na alma, tudo é muito real agora, e um motivo existe para tal existência.

Não é mais possível retornar, mas sim seguir em frente e melhorar cada vez mais.

O Poeta

O CLAMOR DA ALMA

O universo conspira a teu favor. Promessas feitas com um fervor, vindas da alma, modificam toda uma situação.

Tudo pode ser modificado, o clamor toma conta do teu corpo e clama por um momento de contemplação.

A mistificação chega a seu limite, basta acreditar no que é real.

Uma nova situação aparece diante de ti, a transformação é imposta para a tua alma, que clama por uma nova oportunidade.

Uma nova atitude leva a transição de novos acontecimentos, transformando tudo a sua volta, de forma simples.

Um novo poder toma conta de ti!

Encontra teu caminho e enobrece tua alma.

Após a transformação, a nova situação contribui para abolir a maldade de teu ser.

Sobreviver faz parte do processo para atenuar tua jornada e o que tens à sua frente é tudo o que podes suportar.

Assim é a vida, uma jornada ainda não terminada, que podes pensar como vai terminar.

Suportar é difícil, mas não impossível e contribui para tornar a mente mais forte e conquistar o que procuras com profundidade.

Saberá como reagir se, com inteligência, superar o que tem a tua frente.

A esperança nunca acaba, um modo diferente de pensar pode sobreviver a tudo e começar a fluir novamente.

Diante de um novo amanhecer o sol brilha e com a gentileza, vai descobrir o caminho para o Criador novamente.

O Alquimista

LIÇÃO

O lado oculto da Lua gera mistério.

Nada indecifrável, apenas incompreensível naqueles tempos.

Como um simples olhar, a noite pode causar tanto temor, e a incerteza traz uma temerosa noção sobre a vida.

Deus nos apresenta caminhos para que possamos saber o que fazer.

Diante de uma decisão, deve estar sempre a razão.

Nenhum ato deve ser tomado sem que o Criador seja consultado, para não trazer dor e incompreensão.

A sabedoria deve estar sempre à frente. Sem uma interação perfeita nada é possível, e o mal pode voltar novamente a tua frente.

Com um ato sublime, apenas uma reação podemos ter de volta, a compreensão de todos, inclusive de Deus.

Como seria possível reparar um ato de dor, sem renunciar o que já passou, um novo caminho tomar, deixando o pesadelo para trás?

Que possa servir de lição para todos, pensar no ato antes de tomar a decisão, para não ferir ou constranger ninguém.

Estamos todos aqui para tentar uma união, mesmo que seja em outra direção, acreditando que todos podem ter certa razão.

O pensamento na vida só pode restaurar o conhecimento perdido.

O Alquimista

PLANEJAMENTO

A incerteza nunca deve estar dentro do seu campo de visão.

Saber demostrar que tem confiança em Deus, só traz a realização completa nos teus atos.

Nada insólito pode acontecer. A desilusão já não existe mais, ficou para trás.

Planejar e sonhar com a jornada certa, traz a realização total.

Não pode deixar que os maus pensamentos possam interferir no que planejou, pois tua existência está baseada em fatos criados pela tua mente.

O seu inconsciente planeja junto com o seu consciente, enquanto você toma a decisão definitiva de agir e conquistar.

Aliado a tua mente está teu Deus Criador. Vamos, então, pensar que tudo isso faz parte da alquimia da vida, e a mistura de vários fatores traz a consagração esperada.

A harmonia reina no ar e conspira a teu favor, não é preciso testar para saber.

A realização faz parte do teu ser, em todas as ocasiões que participa.

Desde o primeiro momento que começa a desejar, todo o universo começa a conspirar na realização dos fatos.

Causa e efeito são as leis do universo em que habitas.

Um pensamento errado é como um elemento equivocado colocado em uma formulação química, mudando todo o contexto do resultado.

As formulações estão aí a sua frente para tornar as possibilidades infinitas dentro da vida. Então, vamos formular uma etapa de cada vez, até atingir o que queremos ser.

O aperfeiçoamento do ser é uma questão de transição, as etapas não podem ser puladas, tudo tem seu tempo para a realização.

A trajetória é única, desde que nenhum dos elementos seja mudado em sua ordem natural.

As mudanças na sua ordem alteram os caminhos e os resultados são definitivamente outros.

Tenha fé, a paciência é virtude da realização exata dos fatos.
Confiança no Criador é uma constante universal.
A probabilidade faz parte do contexto final.

O Alquimista

UM NOVO SENTIDO DE VIVER

Que força virtuosa que pode transformar tudo, um amor fenomenal que habita meu ser.

Não devo relutar e nem discutir, mas sim seguir e aceitar, pois a motivação aparece e todo o desejo tem uma direção certa.

Um facho de energia sai em direção às palavras, tudo começa a fluir para concluir qualquer questão.

A pergunta é feita como um raio cheio de emoção, os sentimentos nela contidos começam a serem entendidos, não importando a língua que o transporta e sim o desejo da comunicação.

Pequenos trechos aparecem, a mente entende, a dificuldade existe, mas logo surge a solução.

Diante da realidade, temos que aceitar, não há como fugir, pois a velocidade é tão grande que supera à da luz.

Tudo começa fazer sentido, desde o compromisso assumido. No início parece não haver uma razão sólida, mas com o tempo, tudo se esclarece.

Tudo declarado, dessa vez sem uma lança na mão, apenas um desejo forte de fazer e prosseguir.

Por que estou aqui, neste exato momento?

A frustração de outrora vem à tona para ser transformada em alegria de viver.

Notadamente, os desejos mudam, a insatisfação é transformada, um novo jeito de viver é compreendido pela minha alma.

O meu espírito toma à frente, meu corpo físico padece antes de compreender a nova situação, mas é preciso continuar.

Não existe parada, meus olhos parecem não querer acreditar, mas meus sentidos se transformam.

A hora é essa, de entender tudo a minha volta, a compreensão é sublime, o momento aparece e dirige minha ligação com Deus.

Minhas mãos tremem, a energia flui com uma força de não mais parar, tudo faz parte de mim, as incertezas desaparecem, e a ordem coloca-se em um novo padrão.

A conexão começa a atingir tudo que toco, o sentimento é profundo, não há um meio de retroceder, não existe nenhuma probabilidade, mesmo ínfima, de voltar.

O corpo sente, parece um instrumento preparado para ser usado em direção do bem, uma ferramenta planejada para ser usada, apenas com uma função, fazer funcionar o que precisa ser concertado.

Os desejos são outros, inertes a qualquer comando humano. Eles vêm para ficar e mudar tudo que já passou.

A real ambição vem do subconsciente, desprendendo-se do antigo ser para o novo aparecer e poder agir, criando um meio de salvar vidas.

O toque das mãos é a solução, a energia é transferida de um ponto de partida. A tensão é aliviada, e tem sua razão, pois um único e desejado pensamento tomam a jornada certa com toda emoção que foram destinados.

Elaboração dentro dos parâmetros da criação para ajudar os que procuram vencer e superar uma enfermidade do corpo ou da alma.

O Poeta

EXISTÊNCIA CÍCLICA

Nem sempre é possível esconder o que se passa no íntimo da gente. Tudo ocorre de maneira tão rápida que esconder não é nada fácil, ficando transparente aos olhos de quem quer ver.

Dissimular é contraditório ao que acontece.

Aparece de repente e vai tomando espaço e forma.

Tudo tem seu tempo, independente da demora, tudo se transforma. A vida transcorre assim, alegrias e tristezas vêm e vão em um ciclo constante que, muitas vezes, não sabemos explicar o porquê, apenas sentimos.

As energias transportam algo inexplicável, o mais profundo vem à tona, o psiquismo interno aparece de forma inesperada, e transforma o semblante.

Vamos acreditar no impossível, pois tudo pode acontecer, só é preciso querer, saber e fazer acontecer.

Não há como interromper o ciclo, a retomada da roda já se formou. De uma forma ou de outra, começou a girar novamente, o externo desaparece em um piscar de olhos, tudo se transporta e se esconde em um mundo interior só seu.

Dentro da tua mente os pensamentos se contradizem, mas com uma vibração contínua. Aparentemente, esse ciclo é diferente, mas se dispersa da mesma forma.

A noite passa, o sol reaparece em um instante programado da vida, para mais uma vez brilhar, pois tudo é infinitamente predisposto a girar.

O caminho surge, o pensamento muda, junto com uma nova ocasião de correr em busca de outro lugar para ficar.

Dentro de ti é impossível controlar essa tensão e o modo de elucidar o que pensa. A escuridão volta a aparecer, o ciclo como o dia e a noite surge, mas não podemos discutir, pois é assim que o tempo passa, e a maneira de entender também tende a mudar.

Incógnitas da vida ou simplesmente um novo ciclo!

Bom seria parar, pensar e discutir seriamente, se é possível interromper o tempo.

Nada mais que uma introdução e logo viria à intenção definitiva de como existir, um momento único, algo somente para transpor e passar rapidamente.

Uma trajetória incerta possível de desviar, um dia existir e no outro não existir mais. Quando o dia terminar, tudo teria passado e nunca existido, mas não é assim, pois o ciclo tem que continuar a girar.

O Poeta

PERCEPÇÃO

Sem uma percepção, não há realidade compatível com a razão de existir.

Todo ser que habitas em tua alma contém uma verdadeira realidade existencial.

Uma emanação torrencial das emoções transborda e aflora dos teus pensamentos, as cores das energias agitam tua estrutura, por mais profunda que seja.

O habitáculo existencial da tua alma são teus pensamentos. Na inexistência de um pensamento não existe realidade.

Os sonhos afloram diante das realizações, pois realizar um sonho é viver dentro da plenitude do ser, é poder completar uma inesperada experiência, vivendo na profundidade do mais profundo pensamento da criação divina, é superar todas as barreiras e conseguir atingir todos os estágios da perfeição.

Todo ser tem uma infinidade de emoções arquivadas, prontas para aflorar e conseguir elaborar o novo, alterando um modo de viver, resolvendo questões da existência passada e realizando o que há por vir, como consequência, elaborar uma maneira de ser, concentrar a emoção junto com uma perfeita harmonia de transmitir a energia.

Como superar essa condição sem atingir esse estágio, se ainda estamos pensando em tudo a nossa volta?

Conseguir voltar é difícil, ficar é improvável, só nos resta prosseguir adiante.

É preciso alcançar um meio de conseguir trazer o profundo ser à tona para tornar a sonhar, pois toda a harmonia se condensa na abertura da alma. O espírito é uma junção do profundo que passou e do realizável que te espera, ou seja, ele é a soma de todas as experiências.

Das mais distantes percepções, vem a elucidação total para completar o ser, pois assim, um dia vai acontecer diante do olhar ou simplesmente da percepção.

O Alquimista

PENSAMENTO POSITIVO

O pensamento positivo cria uma aura benéfica, que já é um passo na direção e concretização do alvo desejado. A realização faz parte do pensamento positivo.

Uma série de influências negativas é afastada por incompatibilidade com essa aura instalada em questão, tornando-as inacessíveis.

Todos os elementos energéticos são diluídos dentro desse campo.

Uma inusitada sensação de bem-estar atinge o âmago do ser, ocorrendo uma elevação do padrão vibratório, tendo como resultado a concretização dos objetivos.

O pensamento torna-se real à medida que as energias benéficas tomam uma forma definida.

Um conjunto de uniformidade vibracional torna-se parte do pensamento, partindo como um projétil, em velocidade excepcional, atingindo diretamente o ponto almejado.

A real intenção toma cada vez mais força, o inviável deixa de existir, o desafio em desacordo com a real intenção se desfaz como uma desintegração quase que instantaneamente.

A influência positiva é ativada pelos neurônios, juntamente com uma sensação de realização.

Em contrapartida, o inverso também é verdadeiro, pois toda incerteza causa uma reação oposta, colocando o objetivo desejado cada vez mais distante, tornando a incapacidade motivacional forte e ativa.

Por isso, não podemos, de forma alguma, desajustar nossas intenções, mesmo que em nosso subconsciente, pois a confiança e credibilidade fazem parte única do Criador.

O Alquimista

MUDANÇA DE PERSONALIDADE

As diferenças comportamentais fazem parte do descompasso da personalidade humana, sobretudo, quando o lado mais realista vem à tona.

A complexidade do comportamento está relacionada a uma analogia feita pelo próprio indivíduo em formação. Não importa o tempo real fisiológico e sim o conteúdo adquirido durante o aprendizado na jornada evolutiva.

A fisiologia (estudo das funções e funcionamento dos seres vivos) em conjunto com a filosofia de vida traz mudanças psicológicas.

Informações advindas do subconsciente têm fator primordial na parapsicologia freudiana da atualidade construtiva. Estudos representativos demostram relativas alterações de comportamento em função do meio, capacidade intelectual, religião ou doutrinaria.

A espiritualidade tem um fator primordial na elaboração comportamental, devido às influências sofridas nas transferências de informações durante o ato de assimilação mediúnica em trabalhos diversos. Ver, sentir e atingir uma linha de comunicação com entidade de grau superior, também causam mudanças comportamentais positivas. Comunicações ativas e passivas têm acessibilidade do consciente dos indivíduos submetidos a tais influencias, com efeito parapsicológico sintomático, com mudanças e comportamentos distintos.

A compreensão e elucidação dessas comunicações tornam as personalidades mais atuantes.

Comparações comprovam que a interação mediúnica traz sempre uma elevação intelectual, quando elaboradas por espíritos elevados.

Observa-se que transmissões de modo inteligível, transmite firmeza no psiquismo de quem atua, complementando de maneira enérgica a conjunção psicológica entre as partes comunicantes.

Alquimista

UM NOVO EU

Em cada país que estive, vivi um passado diferente e inerente à minha personalidade.

Como acreditar que tudo isso ainda faz parte de mim?

Sobrevivi a tudo, superei as adversidades contidas em meu ser, sem pensar em esconder nada que restou.

Construí um novo eu, sem precisar saber o futuro, apenas esperando acontecer como se fosse recorrer a uma mente fértil, cheia de leveza a transbordar, sentindo uma intensa sabedoria contida.

Quem sou eu na verdade?

Uma pessoa que pode ser calada até no pensamento?

Acho que não é possível deixar de pensar, pois, se isso ocorresse, não existiríamos.

Um novo ser habita em minha alma, transforma meu modo de ser, muda minha vida a todo instante, ensinando-me a viver de outra forma, com atitudes distintas, escolhendo uma maneira de enxergar melhor essa transformação.

O pesar é forte, uma energia imensa toma conta de todo meu ser, envolvendo minha alma com uma força mental descomunal.

Agir sem pensar pode levar a destruição de qualquer ser.

Mais intensa é a maneira de estar concentrado e em contribuir com a razão.

O novo ser toma forma, exibe o seu poder de crescer e atingir a liberdade de criar.

Com uma sensação intensa, pode-se um novo rumo tomar na busca de um novo meio de meditar. Transformar é a questão da nova existência, pois estamos ligados por uma telepatia que se concentra em utilizar a verdadeira razão de ser.

Com um olhar perfeito, crer que é possível ver Deus dentro do seu próprio eu. Basta de tanta indiferença, pois é a própria constatação da presença divina, que está em tudo.

A existência é uma incrível ligação entre todos os seres e todas as coisas criadas por Deus.

Assinale assim que a presença de Deus é uma constante, em um universo abrangente e cheio de emoção, digo então.

O Poeta

DIVERGÊNCIAS DO INCONSCIENTE

Todos os acontecimentos podem estar ligados ao passado. Não podemos existir sem imaginar o que fomos e no que podemos nos tornar. Nos caminhos da evolução, há transformações incríveis.

Às vezes, é difícil de pensar, quanto mais achar um modo de se expressar. Na continuidade da vida, existem momentos difíceis de serem entendidos. A visão do futuro pode nos levar a transpor essas barreiras.

As pretensões são muitas, o modo de correção do ser vem de variadas formas e com forte poder.

Será que um dia poderemos decifrar tamanha façanha no fim da jornada?

O impossível faz parte da criação, então, vamos pensar em como vamos lá chegar.

As emoções estão dentro de um emaranhado de pensamentos, que se desenrolam durante o tempo. Estamos imersos em ilusões, sem mudanças e fazendo críticas em toda uma existência.

Será possível isso acontecer dentro do teu espírito ou de seu inconsciente?

Que dedicação devemos ter para criar um pensamento de realização?

Tomara que um dia possamos ter a certeza de como encontrar Deus, por mais demorado que seja, e alcançar esse bem maior, o bem da criação.

O Poeta

AS CARACTERÍSTICAS QUE SURGEM COM O TEMPO

Em todo momento, as mudanças acontecem, criando uma nova percepção do mundo.

Todas as vezes que abrirmos os olhos com determinação, encontraremos um novo horizonte para sonhar e que ajuda na conquista de um objetivo desejado.

Com diversos adjetivos, podemos distinguir um novo caminho para seguir nessa busca contínua, em que temos que ousar em continuar e mudar o seu jeito de pensar.

A concretização de um sonho depende do planejamento correto. A inquietude faz parte integrante de uma mente fértil, o que impulsiona a prosseguir e prosperar.

O sonho faz parte de tudo, desde o momento da criação, e não devemos colocar os pensamentos em vão. Tudo pode ser mudado, a não ser o passado. O presente está aqui neste momento, e o futuro a ser conquistado. Com uma simples filosofia de vida, podemos tornar a vida feliz e produtiva.

Vamos alcançar com nossas mãos elevadas, tudo que desejamos para esta vida, sem deixar para trás nada que possa ser modificado para o lado do bem, pois tudo que contém dentro de nós é iluminado pelo Criador.

O Alquimista

SIGNIFICADO DA DOR

A dor, realidade ou uma ficção da alma, está ali disposta para derrotá-lo a todo instante, principalmente quando se torna insólita durante o adormecer.

É admirável o ser que não tem dor, que compreende a questão de sua existência e a sua necessidade, pois tem um esclarecimento que desencadeia das profundezas internas do eu, abrindo os pensamentos para o mundo real. É forte aquele que a domina, ou que consegue controlar o seu subconsciente de uma maneira correlata, com a confirmação de seu consciente.

A dor toma formas amórficas em diversas situações e em partes distintas do corpo. Ela faz ter a compreensão do lado profundo da punição pelo que não pode ser feito, terminando de uma forma totalmente correta.

É necessário dominarmos a mente, ou o físico será afetado, causando a morte do corpo.

Que situação pode levar a totalidade da sua erradicação?

Punição incômoda da alma que há muito tempo acompanha seu espírito indomado de outrora, que tem, apenas agora, uma pena para sua total resolução.

A descoberta da razão desperta um inconsciente dominador, sem controle, sob o corpo físico incrédulo. Uma situação difícil, a própria estrutura do incompreendido tomando parte da existência física corpórea, proeminente e incisiva, aparece sem controle, desprendendo uma energia desarmônica.

Vamos, então, compreender no que essa ocorrência traz e tentar elevar o indivíduo em sua mísera vivência.

É necessário acompanhar o seu espírito até sua totalidade incompreendida ou talvez seja um momento sublime de reflexão do inconsciente, do seu modo de atuar e subjugar um todo ligado ao universo deste meu Deus.

Pode ser uma compreensão *sui generis* de cada espírito a caminho da evolução, partindo de um ponto físico como dito. Pode ocasionar certos conflitos quando a situação se apresenta sem razão aparente e com dilaceração física, o que não deixa de ser uma compreensão completamente aleatória do pronunciamento divino, da elevação em prospecção extracorpórea.

Ela se torna real, assim que se manifesta de forma resistente em aplicações com analgésicos e até mesmo com psicotrópicos de amplo poder de atuação, pois está arraigada na alma, corpo físico e espírito.

Uma indagação errônea sobre a evolução, pois é adversa à compreensão profunda do lado espiritual. Lado esse que tem uma apresentação completa do porquê de os acontecimentos, em maestria com a percepção.

A psicanálise, juntamente à neurologia, tenta explicar com fundamentos em diversas teorias, mas a dor ainda é incompreendida.

Na profusão da atualidade, ela torna-se alvo da submissão do homem ao incompreendido, que tenta se desvencilhar dela, mas sem a correção da situação. Ela é uma doença da alma, que atinge todo o conjunto, corpo físico, perispiritual e espírito.

Muitos cientistas da atualidade ou do passado, como Sócrates, Hipócrates, Aristóteles, etc., tentaram compreendê-la com suas filosofias da vida, porém o grande intelecto não ajudou muito. O estudo sobre a dor ainda gera grandes discussões com controvérsias. Entendê-la faz parte da realidade existencial e aceitação do próprio ser.

Sem nenhuma sombra de dúvida, a dor persiste e é muito inconveniente para o indivíduo que a experimenta. Ela desvenda os segredos mais profundos e os emerge ao mundo.

Texto sem fim de uma discussão sólida, só por quem a sente em corpo e alma.

Uma discussão confusa e com controvérsias infinitas, mas que existe para quem a sente em ocasiões bem distintas.

Será que pode ser uma falha da criação ou uma aproximação do Criador em um momento de aflição destacada no espírito?

Dor, instantes da vida em submissão derradeira da prova da realidade da existência, mesmo durante o sono e os sonhos da humanidade.

O Alquimista

BIPOLARIDADE

Venho de uma aura que transborda uma legião de diversidades, que atinge a mente e tenta, de alguma forma, a correção imediata, mas não sendo possível sem a transformação das existências de outrora.

Dentro dessas vidas, podemos encontrar diversos fatores de completa conexidade e reformulação da realidade presente, que modificam nossa personalidade de forma altruísta. Contida dentro dessas reformulações, estão todos os teus erros, entre o teu eu mais profundo e a tua personalidade incompreensível da contemporaneidade.

Muitas adversidades existências podem ser entendidas como personalidades duplas de alto grau. Essa bipolaridade está presente em muitos indivíduos na atualidade, que levam a modificações drásticas do comportamento momentâneo.

O comportamento bipolar pode ser entendido como uma interferência sem consentimento, do eu profundo com o indivíduo atuante.

Compreende-se, então, que essa incapacidade de tolerância comportamental foi adquirida durante os diversos campos evolutivos das existências, cuja incompreensão das personalidades afeta diretamente o ser.

Relativamente, as regressões podem atingir com meios distintos, a devida recuperação e reorganização mental dentro da parapsicologia.

O Alquimista

EU PROFUNDO

Uma conversa paralela, sentida como uma simbiose existencial na busca do teu próprio eu, uma euforia em êxtase que não pode ser contida de uma só vez. O pensamento entre os dois eus é complexo, e a realização do eu profundo é atingida com a perspectiva de união entre os mesmos.

Conforme a manipulação física, os atos de uma existência plena são conquistados a duras penas do ser interno.

Essa relação bidimensional entre os eus é testemunha da correlação existencial em conjunto com a matéria física.

O eu profundo é um componente de indeterminado valor, que habita a pluralidade existencial com encontros simultâneos da existência.

A completa união dos eus atinge a configuração de uma relação extrafísica. Entre essa relação encontra-se a verdadeira percepção do eu profundo, que nunca podes deixar de se estabilizar psiquicamente, no conjunto de emoções. Essas emoções são de acordo com a regularidade do modo de agir, dentro do plano astral em relação ao Deus Criador.

O Alquimista

A FLOR DO CAMINHO

Os caminhos se bifurcam durante a estadia na terra. As plantas crescem e florescem em todos os lugares. Só nos resta lembrar como foi a existência anterior, reflexos dos mundos paralelos em ascensão.

Assim como um novo amanhecer, a flor do deserto surge em meio a areia para demostrar como a vida é poderosa e forte em todos os lugares.

Todos os tipos de plantas florescem sem, ao menos, pensar se vão sobreviver, basta querer para conseguir viver com toda esperança de crescer.

Vários ramos vão subir em direção a luz do sol para poder atingir a energia desse astro que brilha e ilumina.

Podemos unir tudo que sabemos em uma confraria de sábios, para poder usufruir mais conhecimento e entender por que vivemos dessa maneira. Não poderíamos ser parte do universo, sem ao menos alguma coisa apresentar com a vida.

Uma simples questão poderá surgir diante de teus olhos para ser analisada de modo comovente e envolvente de se pensar. Tudo surgirá, uma nova prece para alcançar a Deus, ou, pelo menos, tentar chegar um pouco mais perto.

Encantador é o modo de conquistar um ser com uma mensagem superior.

Seja como for, essa nova filosofia vai continuar prosseguindo em outros pensamentos até atingir seu destino.

Sentir uma ilusão pode parecer tão simples diante da sabedoria plena, mas repercute no plano astral para participar com uma emoção contida dentro do ser.

A percepção pode ser atingida de uma vez, sem ao menos ser tocada, apenas sentida como um raio de luz que transmite tamanha informação.

Que sabedoria que transmite a razão de existir!

Talvez um dia, consigamos, depois de uma extenuante jornada da vida, atingir tal grau na evolução. Como flechas dirigidas da mente ao coração poderemos observar a luz que vem de dentro do ser, elaborada com exatidão profunda, para atingir um irmão que precisa encontrar uma direção.

Sugerida essa informação que hora está em boas mãos, poder transmiti-la em qualquer direção, para que um dia poder achar o caminho do vale florido, o caminho do Criador, assim que a tênue névoa baixar.

O Alquimista

A AVENTURA DE VIVER

A aventura de viver tem diversos pontos a serem ultrapassados. Pudera um só homem conduzir os passos da humanidade, ser influenciado por todos os seres viventes que fazem parte desta eterna jornada.

É necessário saber conduzir os mais fracos quando estes choram, pois as lágrimas deixam transparecer como alguns de nós somos, mostrando uma personalidade escondida.

Todos podem, por meio de metáforas, falar sem nada dizer, ou com um simples olhar contar toda uma história, transmitir um sentimento oculto, deixar passar uma emoção.

Ao se lembrar de uma antiga vida, poder concertá-la no presente, planejando alguma parte do futuro, como um senhor que no passado foi um simples servo, mas que, agora, é um senhor que comanda. É bem difícil comparar muitas existências ao mesmo tempo.

Intuídos em algum momento, pode tornar real uma inserção de amor a todos que estão a nossa volta.

É preciso transformar a ambição em amor para poder ser e estar neste lugar.

Sem nenhuma indiferença, poder deixar a vida passar com tamanha dedicação, poder ver a mão do Criador com todos os detalhes que manipular todo o universo.

Colher sempre aquilo que foi plantado e assim desejado, prosseguir, colocar à frente a emoção de poder imaginar um mundo melhor e poder chegar mais perto do Senhor Criador.

O Alquimista

INCERTEZA DA ALMA

Talvez, porque a vida sempre traz surpresas inesperadas, uma incerteza toma conta de mim.

Um rio que corre, às vezes, transborda e situações adversas podem surgir.

As interpretações da vida podem ser diferentes para cada um de nós, não podemos estipular padrões predefinidos no ritmo da existência. A excentricidade faz parte da caminhada do ser humano.

Um vale escuro se forma a frente, podendo ser apenas uma ilusão ou fazer parte da realidade de alguém que está pesando.

Existo para declarar que sou alguém que precisa crescer, aprender a pensar. Os termos do saber aparecem, já não posso desprezar o que um dia sonhei.

O sol brilha para podermos enxergar o caminho, a noite chega devagarinho para esconder nossas pegadas. Assim é a caminhada, podemos ter alguma clareza, mas não toda certeza do que iremos enfrentar.

Sempre contamos com alguém para darmos as mãos em um momento de indecisão, mas o título do livro a escolher é nosso, para lermos e aprendermos o que quisermos e poder dizer que tudo é certo, ou que aquela teoria não tem fundamento real.

Tomar uma decisão ou a incerteza aparecer para podermos dizer que erramos dessa vez, pois errar faz parte de nós, do nosso ser. A perfeição faz parte da mínima parte de nosso ser.

Põe as mãos na cabeça tentando não deixar a chuva molhar, mas sabe que isto é impossível de acontecer, o destino pode mudar, mas quando será!

Virtudes de uma vida, que podemos deixar passar ou de imediato aproveitar toda essa relação de amor.

Pudera sempre poder encontrar uma eterna razão para falar e poder dizer que também tenho muitas amarguras, apesar de tentar esconder.

Um amigo faz muito bem nessa hora, para assim contradizer e aceitar que não somos perfeitos em ser alguém.

O Poeta

MUDANÇAS PARA O SÉCULO XXI

Entrelaçado pelo destino está todo espírito com uma função predestinada, com tamanha grandeza e magnitude nunca antes vista.

Com a ajuda de muitos seres da mesma condição evolutiva, com determinação e laços de amizade, a transformação se concretizará, tornando o século XXI um marco do nascimento espírita emocional, de maneira vibrante e com diversas oportunidades, com o mesmo caráter de comprometimento, dedicação e grau elevado de mediunidade.

Com essa simbiose espiritual de primeira linha, a amplitude atingirá como um raio em dissipação no planeta, que atingirá os mais longínquos pontos de abrangência, se tornando incontrolável de conter o bem e a comunicação.

Sem interrupções, essa onda de proporções imensas atingirá novos iniciantes na doutrina de comunicação que se interessarem.

Com muita fé e confiança, esses benefícios entrarão em comunhão comunicativa de âmbito internacional, em noventa e nove por cento das aclamadas classes sociais de diversas ideologias doutrinárias. Embora para os incrédulos possa ser incompreensível, o momento chegou e é impossível pará-lo ou diminuir sua amplitude.

Creia na comunicação espontânea e singela, tornando seus atos sublimes a tal ponto de compreensão, atingindo de forma global, inabalável e irredutível nessa escalada com proporções épicas.

Já existem muitos seres que estão dispostos a essa integração e predispostos a enfrentar todas as pedras que possam aparecer neste caminho.

As parcerias estão cada vez mais fortes e inseparáveis, se tornando partes fundamentais nessa escalada rumo a uma nova jornada de transformação. Mesmo os mais céticos abraçarão a causa, sem muito entender, mas ao aceitarem, tornarão partes nessa síntese de sentimentos.

Nada e ninguém conseguirão interromper tal processo, pois o tempo chegou e tornará uma base concreta e indestrutível.

O Alquimista

DE CORAÇÃO PARA CORAÇÃO

Existe uma ligação no compartimento mais singelo, dentro do coração, imperceptível até para aqueles que têm a visão, de Coração para Coração.

Durante a concepção, é possível notar a verdadeira forma de expressar o puro amor, através da ligação pelo coração.

Dentre todas as formações orgânicas, o coração toma uma consciência tão intensa de expressão, onde cada vida, em conexão, demostra a derradeira razão de viver.

Essa expressão pode ser definida como preferência no ponto da criação da vida.

Torna-se imprescindível o pensar distinto na formação orgânica, sem nenhuma interferência externa, pois este ainda não experimentou outra forma, pelo menos diante do esquecimento momentâneo de outras vidas.

Vida dentro de vida, expressão máxima do amor da criação, podendo ser interpretada sem nenhuma interferência.

Vamos, então, tomar parte integrante desse contrassenso, de um modo singelo, simples e atuante. Pensar com o coração, torna tudo distintamente atingível, desde que seja proveniente de um coração puro. Indistintamente, essa constante mistura elaborada, torna tudo possível e divino.

O compartimento mais secreto encontra-se fora da percepção, sendo tão singelo e absoluto que se torna, indiscutivelmente, de coração para coração, sem a menor intersecção extracorporal.

O Alquimista

VIVER OU SOBREVIVER?

Viva e não sobreviva!

Viver é observar a vida de um modo simultâneo com o universo, é sentir a presença divina em todos os momentos, sem submissão alguma.

Contar a vida apenas no olhar, sentir a presença divina em tudo que pensar e criar.

Sobreviver é estar aqui, neste lugar, passar pela vida sem ao menos saber como fazer e dizer. Dessa forma, não é possível se comportar diante de um mundo novo, em eterna contemplação.

Viver é saber que depois do obstáculo, voltaremos a sentir com emoção, compreendendo os sonhos, resplandecendo junto com o amanhecer e saboreando o calor da luz do sol.

Todo esse conteúdo está à disposição para provar que somos capazes de viver.

Viver é estar junto a alguém em que possa confiar e dizer o que sente diante de uma emoção. Emoção essa que está perto de atingir seu coração, como meio de uma nova criação, que só de pensar, já existe.

Nunca sobreviva, sempre viva com inspiração e emoção!

O Alquimista

VIDA LITERÁRIA

Verso e prosa postos à prova na hora da comunicação. Emoção transmitida com a intenção de demostrar a leveza do ser.

O transporte emocional é extremamente simples neste momento de envolvimento literário.

Uma história depois de sua criação, torna-se uma nova vida. Essa nova vida contém diversidade de personalidades que nunca existiram, mas que passam a existir, depois de seu contexto grafado em uma folha de papel.

Vida em movimento, que se modifica, que convive com outras vivas, cujo leitor se envolve e adentra no contexto.

Nenhuma obra literária tem o mesmo significado, pois, a cada nova leitura, uma nova história é identificada.

Portanto, literatura é vida em constante movimento e um novo aprendizado complexo conquistado.

Através de determinadas observâncias, esse novo mundo pode ser transportado para você.

Uma nova reflexão está na sua mente!

O Alquimista

CURA PELA ARTE

O artista que destina sua arte à observação de todos, sem dúvida, merece total admiração.

Como ondas harmônicas de um diapasão, a arte atinge os mais profundos pensamentos de um apreciador.

Sobre diversas formas, pintura, escultura, música, etc., atinge-se a alma humana dotada de tal capacidade, alterando até os ritmos orgânicos do corpo humano.

Temos o exemplo de uma sinfonia suave, ela alivia os batimentos cardíacos e as ondas cerebrais. Em contrapartida, uma música com energia de expressivo grau de agressividade é capaz de alterações opostas.

Quando observamos uma pintura de âmbito bucólico, nos transportamos a um mundo cujo campo de visão é tênue e o padrão é de serenidade.

Formas sinuosas ou obeliscos com dimensões avantajadas são capazes de atingir um pensamento majestoso de grandeza emocional.

Todos esses sons, cores e formas atingem o cérebro, no seu consciente emocional, transformando as atitudes, elevando o padrão vibratório, atingindo a plenitude.

Já no campo literário, podemos ser transportados a um local envolvente, dentro de uma história diferente do cotidiano. Um mundo de emoções e situações coloca-se a frente para uma sua total emersão. O leitor torna-se parte do contexto da historiografia do texto.

Todas essas transfigurações predispõem a arte em uma das mais elaboradas ações do subconsciente humano. As energias criadas, tanto na hora da elaboração, como no momento de admiração, elevam a alma de todos os seres a uma inigualável predisposição à liberação do amor.

O Alquimista

PERCEPÇÃO DA ENERGIA

Diante da influência que sofremos em nossa caminhada evolutiva, o bem sempre deve prevalecer.

Para mudar as interferências que atormentam nossa passagem neste aprendizado, é necessário querer.

Devido às condições de nossos padrões vibratórios, sofremos com essas influências, mas com perseverança e lucidez, poderemos retornar novamente a um singelo bem-estar nesta jornada existencial.

Podemos contar sempre com a interferência favorável de muitos espíritos, para que aja uma salutar e inigualável influência positiva.

Desde os primórdios da jornada existencial, estamos predispostos a influências de diversas ordens, tanto no fator de energias salutares como na diversidade de energias dirigidas ao lado emocional que nos leva ao mal.

Com uma analogia simples, podemos distinguir essas energias, guardando em nosso eu interno somente as benéficas, que são inconfundíveis na percepção ativa, deixando as negativas apenas transpassar por nossas mentes e prosseguir seu curso sem destino vetorizado a outro local.

A energia salutar é um meio eficaz de atingir a plenitude da alma, onde o corpo e a mente, em estado de pura contemplação, podem usufruir constantemente.

A energia negativa ou não aproveitável deve ser direcionada ao espaço para dispersão.

É notório e necessário ter uma ótima percepção dessas influências e distingui-las com uma finesse incomparável para total separação.

As energias, na condição de não evolutivas, se dissipam na transcorrência tempo espaço, em sua jornada, tornando-se completamente nulas e sem poder algum, acumulando-se, por sua vez, as energias criativas e benéficas. Elas tomam o consciente e subconsciente do indivíduo em si, tornando-o uma parte elevada do ser em questão, em sua jornada a caminho do Criador.

O Alquimista

POSTURA

Com uma postura definida dentro de uma sociedade em evolução, um indivíduo torna-se objeto de destaque no meio em que vive com suas virtudes emocionais em evidência.

Essas evidências elevam o corpo e o espírito a uma condição superior.

Essa superioridade existencial momentânea, garante ao espírito uma jornada sublime e sem atropelos, em que tudo transparece de maneira simples dentro de uma realidade emotiva e com uma existência plena.

Este estado equilibrado, em processo gestacional, atinge um estágio de sabedoria e inteligência, que será proveitoso para muitas civilizações em desenvolvimento cultural, emocional e tecnológico. Dentro desta escalada, encontram-se espíritos com condições de ensinar e aprender conjuntamente. A evolução é constante e torna-se cada vez mais eficaz na escala da compreensão. Essa competência está destinada ao acúmulo filosófico evolutivo de todos os modos de vidas.

O Alquimista

AS VARIANTES DA EVOLUÇÃO

Todos os seres caminham sobre a linha da evolução, cuja diferença está na forma de absorver e armazenar as informações.

Essa distinção cria parâmetros diferentes entre os indivíduos, tornando-os uma diversidade constante na forma de crer e aceitar nosso Deus Criador, em caráter teológico, filosófico, psicológico, como em grande parte da formação tecnológica também.

Devido a essas variantes de informações e seu modo de assimilação e dissociação mental, uma civilização entra em diversidade cognitiva com outra, levando assim a comportamentos completamente divergentes umas das outras, ocasionando conflitos emocionais e espirituais na admiração de Deus.

Essas deformidades criam mudanças consideráveis quanto a rituais, dogmas e padrões. Diversas opiniões são formadas e transformadas durante o vetor evolutivo civilizacional, levando a diversas interpretações e dizeres sobre a criação.

A incapacidade de um único e elaborado aprendizado, traduz os atrasos nas jornadas a caminho da evolução e transformação.

O Alquimista

PASSAR ADIANTE

Estar aqui, vivendo da forma que vivemos, podemos dizer que caminhamos de algum lugar e seguimos para outro, talvez em uma direção diferente, por lugares que nunca passamos, mas que sem dúvida, prosseguiremos.

Nesta ou em outra vida, continuamos pisando firmes, aprendendo, nem que seja aos poucos, para ensinar aqueles que ainda não sabem.

Não é fácil ensinar, mas entender o que queremos dizer pode ser mais difícil.

Passar adiante, encontrar alguém, falar, se comunicar da mesma maneira ou simplesmente pensar e compreender, deixar o pensamento aberto às novas descobertas, encontrar a razão de lá estar e se comunicar é algo complexo.

Como vamos saber se ficarmos pensando que não irão nos entender?

Podemos falar com o olhar, com o corpo expressar o queremos passar, para que o outro melhor compreenda. Um toque na pele pode mudar o modo e a direção de andar, dizendo como prosseguir sem parar.

Não vamos deixar de caminhar só porque não podemos ver, mas entender é que faz a vida prosseguir para outro lugar.

A jornada está aí e o caminho está aberto para ser servido. Colocar as mãos no outro que caminha e seguir a escalada da vida sem parar, na busca pelo Criador.

O Alquimista

NÃO DUVIDE

Nunca duvide do que sente, o ouro existe para brilhar e entreter os olhos após refletir a luz.

Nunca pense que é preciso tocar para ser verdadeiro, a realidade está diante da percepção, não é preciso olhar e muito menos tocar.

Para acreditar é preciso querer e nunca perder o seu poder de crer. O imaginário pode ser mais real do possa parecer. Toda imaginação está diante da sua condição de se tornar realidade.

Falar é uma maneira de poder acreditar, sentir e agir, deixando fluir.

Filosofar é determinar como a vida pode ser, manter uma opinião mesmo depois de um não, esmorecer para deixar o outro dizer como ser.

Jamais devemos deixar a nossa maneira de ser, abster-se de nosso eu e nada fazer.

O teu modo de pensar é uma existência só sua e ninguém pode mudar.

A mente aberta liberta uma vida que não pode ser contida.

Podem prender o corpo, mas nunca o pensamento.

Não é possível fazer alguém deixar de pensar por um instante, para entender e compreender o universo contido dentro do ser.

Criado dentro de ti está algo pensado e elaborado por uma emoção ou um simples prazer para poder um dia dizer.

O Alquimista

AS CORRENTES DE VIDAS

Qual seria a percepção que não está ligada à trajetória de uma vida?

Talvez, seria a adversidade de segui-la ou acompanhá-la.

Ao nascer temos o instinto de continuar vivendo, um choro estridente para começar a respirar e assim tomar o caminho da vida sem pensar, apenas começar a vivê-la.

Desse modo, o crescimento vem, a trajetória começa, e a tão falada corrente se inicia com toda a força da espécie humana.

O tempo passa, e a vida continua com novas performances. Com a ajuda de outras vidas, começamos a galgar a próxima escalada, conquistando novas descobertas, na busca do aprendizado da cultura, ainda que de um modo simples, tornando-a segura e apoiada por aqueles que amamos, que nos observa de perto assegurando de mãos dadas essa caminhada.

O tempo continua passando, e tudo vai mudando ao redor, uma nova esperança do saber começa a amadurecer, tornado o pensamento cada vez mais sábio.

As horas difíceis começam a aparecer, em primeira ordem de maneira sutil, com pequenos obstáculos a transpor, contudo, como se tudo se passa em segundos, chega a hora da verdade e as derradeiras situações começam a surgir.

Com caminhos adversos, começamos a pensar em qual deles pisar e seguir.

Sem as mãos que nos seguravam, que nos davam aquele apoio, chega o momento de prosseguir e uma nova jornada surge.

Que situação difícil, até para os mais decididos a uma nova etapa formar!

Quando adulto, esse ponto se torna crucial, pois inicia uma nova corrente da vida onde aprendemos como proceder em viver.

O tempo não para, o relógio parece voar e assim é preciso sentir para poder decidir.

De modo decisivo, se tornar sábio para tomar a posição de liderança de si mesmo.

Usar a mente e encontrar o que pode e deve fazer para viver, pois somos alguém que apareceu no mundo para encontrar um lugar.

Que difícil situação para escolher, participar da roda da vida e sua corrente definitiva, colocar os pensamentos à frente e buscar no inconsciente uma razão para prosseguir.

Paramos por um instante, procuramos nos conter, silenciamos e quando olhamos para o céu nos deparamos com uma mão estendida em sua direção.

Quem será?

O tempo passou rápido assim, não houve tempo nem para discernir e já chegou a hora de partir.

Como pode ser assim?

Vou revirar meu subconsciente para atingir algo de novo, como uma maneira de parar o ponteiro do relógio da vida.

Talvez, consiga retornar, pegar nas mãos esse mecanismo dourado e voltá-lo para trás.

Vou fazer isso acontecer, não vou olhar aquela mão que vem do alto, mas ela é tão persistente que fica ali imóvel, parece aguardar o momento de me carregar.

Continuo minha jornada, sem muito pensar, sem tirar os olhos daquele lugar, contudo o ponteiro que parecia travado começa a se mover.

Os segundos voltam a correr, e eu, sem saber, começo a erguer uma das mãos naquela direção.

Em um piscar de olhos tento me segurar, mas não adianta mais.

Lá vou eu em outra jornada, mas para onde?

Será outra corrente da vida que vai começar outro ciclo?

Sim, agora sei, fico muito feliz em começar a viver novamente, com todo conhecimento que adquiri, nesta pequena etapa da existência. Sei o que é estar amarrado ou sugado por essa corrente do sagrado modo de começar realmente a existir. Sei que nada vai parar, apenas mudar, recomeçar e que sempre posso fazer melhor.

Nesta nova jornada não vou me esquecer de pensar como um sábio, e tentar realizar tudo o que deixei por fazer e sentir na outra corrente de vida.

O Alquimista

UMA QUESTÃO DE MUDANÇA

Ninguém é capaz de mudar sem antes repensar nos momentos que passou, revivê-los de uma nova maneira, saber se portar diante de tal situação, por mais simples que possa parecer.

Deixar transparecer a frustração no rosto, através do olhar, dizer ao mundo que tudo pode ser transformado diante de cada questão.

A compreensão é necessária para um entendimento sábio, para o refazimento do caminho de uma forma diferente e, consequentemente, um novo final.

É necessário estudar com calma, ter a clareza para uma nova posição tomar e voltar à razão novamente. Contradizer não faz a diferença, mas apresentar uma nova opinião de como proceder diante de tudo. Ter a sabedoria de escolhas, demostrar a todos através do modo de pensar.

Devemos guardar todos os momentos bons com sabedoria.

Uma energia cheia de luz sempre surge para fazer a diferença, mostrando um novo caminho para seguir, modificando os acontecimentos de outrora.

Toda influência positiva da espiritualidade faz mudar o modo de pensar, com uma comunicação sutil e em plena harmonia.

A semente vai germinar e todos irão aceitar o que é bom para cada um, apenas deixando acontecer.

A jornada está predisposta para ser seguida e, continuamente, concluir o poder que tem o pensamento.

Realizar faz parte da filosofia da vida!

Nascer, crescer e deixar viver a esperança, sabendo que nunca morremos, somente viajamos para colocar os pés em outro lugar.

Devemos aprender a observar, enquanto o tempo flui em nosso interior, para sempre uma situação melhorar.

Não é à toa que nada é tão fácil, senão como seria aprender e chegar a ser sábio, sem ter que pensar como fazer?

É tão difícil aceitar que mudou e se transformou em um novo ser, cheio de ternura e com muitos atributos para dominar as fraquezas?

Tornando-se forte, sem chorar na despedida, se transformando sem nenhuma complexidade, deixando fluir pelo ar as virtudes que acabou de conquistar, transmitindo aos quatro cantos do universo o resultado dessa transformação para que sirva de exemplo a todos, vivendo sempre o agora.

O Alquimista

A RAZÃO

O ato de pensar como uma definição própria do ser, contida nos pensamentos mais sublimes do consciente e inconsciente, a razão pode ser definida como uma virtude em submissão dos mais sábios, que completa a harmonia de se viver em plenitude.

Essa compreensão é consequência de um ímpeto de lucidez momentânea, que se torna eterna nos seres mais completos.

Consequentemente, a razão torna-se uma das mais belas virtudes em transmutação do caráter evolutivo da espécie. Bela e formosa, com toda harmonia que consegue agregar-se da alma ao espírito, elevando a sabedoria ao caminho do Criador.

O Alquimista

MUDANÇA DE VIDA

Para toda mudança de vida, é necessário ultrapassar os limites da ilusão.

Rever o passado apenas para aprender, e solicitar à razão que tome conta de tudo que está contido dentro do inconsciente.

Sobreviver a tudo com concordância verbal em todos os atos.

Deixar as situações sinuosas para trás, viver sempre o presente de forma inteligente.

Buscar diretamente as palavras, sem se envolver em parábolas indecifráveis.

A objetividade está no seu interior, ultrapassando todos os limites.

Apenas dessa maneira, conseguiremos galgar mais um degrau da pura essência do ser, deixando fluir a compreensão em concordância com a permanência divina interior.

Dentro de cada ser vivente, existe um único Deus aguardando para se expor ao contexto total da evolução, onde passaremos a sentir tudo com emoção, sem errar.

Completar nossa eterna evolução com ternura, filosofando para o bem, pois dessa maneira conseguiremos eliminar as impurezas e voltar a crescer.

Assim desejamos ficar até o fim e se transformar em algo mais sutil.

Com densidade moderada, poder ultrapassar as barreiras tempo espaço, viajar ao longe e conseguir voltar no tempo.

Com toda certeza, em algo diferente temos que nos tornar para alcançar essa virtude.

Diante de Deus, orar e pedir sem qualquer submissão.

Vida contida na imensidão do meu ser, profundo eu dentro e fora de mim.

Após a superação, vamos viver, correr ao longe com o coração, despertando a utopia singela que pode existir em qualquer ser.

Quando o tempo passar, vamos voltar nesse ciclo constante, aproveitando para concertar o que antes fora impossível, nos tornando uma tangente indiscutível da compreensão.

Quem sabe, se aproximar mais de Deus!

E como resultado dessa recuperação, saber pensar, reviver e deixar o inconsciente transpor novas ideias.

Como pode um simples ser possuir tantas consciências?

Deletar alguma parte poderia ajudar, mas não seria útil e real, pois se tornaria em algo preparado, fabricado e não mais um filho do Criador.

Melhor seria mudar, relembrar e poder usar todo conhecimento interno da razão no subconsciente. O tempo passa despercebido, transpõe a barreira do saber para decifrar quem somos dentro de um padrão existente de plenitude. Consequentemente, é um novo mundo ainda inexplorado.

Dentro de um grande universo em tamanha expansão, se torna insensato comparar com algo que conhecemos. Difícil atingir tudo deste campo tridimensional. Talvez, além de um novo subterfúgio, consigamos entender.

Em expansão, está toda consciência livre para usufruir da compreensão do novo, ultrapassando todos os limites e atingindo o eu profundo de cada um.

Quem sabe um dia!

O Alquimista

VIDA APÓS VIDA

Quando o limite da vida ultrapassar, dizer o que está observando a um ser supremo.

A sua elevação vai acontecer. Em um piscar de olhos, poderá encontrar qualquer lugar.

Pensar e entender uma fórmula complexa que te apetece, para que possa compreender a realidade da vida.

Transgredida essa experiência, adequar-se com lucidez e dizer que continua existindo em outra vida, sem derramar nenhuma lágrima, pois apenas mudou de lugar, continuando a sentir e existir.

Na aparência, tudo mudou, mas a consciência ainda perpétua em sua essência.

Contornar uma nuvem, pensando em tocá-la, elevar o pensamento para eliminar o que tenta esquecer.

Simplesmente, usar o que sente para compreender o que pode absorver nesta nova situação.

Não jogar fora o que foi de outrora, mas deixar de lado e esquecer, para adquirir um novo saber.

Aprender a viver novamente, sem desistir de amar e sobreviver.

O Alquimista

A MAGIA NÃO ESTÁ CONTIDA NO AR

Ela está no ser que a faz viver dentro do seu coração.

Não é uma ilusão, mas uma criação de uma nova dimensão.

Colocar diante dos olhos uma nova realidade do ser.

Confrontar os sonhos com a realidade.

É o lugar para juntar os dois lados, o imaginário e o real, e pensar.

Iludir a alma para alegrar-se, mostrando ao mundo que o insólito também dá prazer e nos traz a paz interior.

Com um leve toque, poder transformar uma simples forma em algo colossal. Levar um ser a crer que o Senhor Criador existe e pode fazer o que desejar.

Elevar o teu olhar naquela direção, atingindo o local sem se deslocar, apenas imaginar.

Magia de se criar em outra dimensão, como se existisse uma tênue divisão entre as duas partes. Descobrir como transpor e poder contemplar tudo que ali está.

Fazer aparecer o que não se pode ver com os olhos, só com o desejo do pensamento.

O Alquimista

PENSAMENTO NOBRE

Atrair as energias positivas começa com o despertar da ilusão, vivendo uma realidade sem pensar no que ficou para trás.

Devemos deixar velhos pensamentos, sabendo que existe um novo começo, conquistando o que queremos e desejamos ter.

Em uma alma perdida nada existe, a não ser a desilusão.

Devemos saber viver o que é bom, deixar tudo que é insignificante para trás sem pestanejar.

Com um traço forte, escrever e desenhar uma vida de maneira que possa ser querida por muitos.

Assim começa a escalada, de um ponto da terra ao céu azul, como se nada existisse, a não ser você ultrapassando as fronteiras da indecisão para a vida real.

Com o passar do tempo, relembrar os fatos sem chorar, vivendo o momento, o que é belo e contendo um pensamento indesejado.

Olhar a criatura de forma bela, mesmo que de outra espécie, como se fosse você crescendo e se transformando em outro ser.

Sem ter nada a temer, sempre procurar, mesmo sem nada encontrar, mas nunca desistir de lá estar.

Como um raio de luz, poder passar pelas constelações do espaço, elaborando um novo plano, com uma energia pura e criar.

Tudo é possível, e jamais diga o contrário.

Percorrer o espaço, tomar uma vida nova, conquistar, tocar as estrelas que ali estão para iluminar, se tornando um novo ser capaz de viver.

Então, vamos conquistar nessa busca, novas criaturas para acompanhar, se tornando um deles.

Nunca é tarde para começar uma nova jornada, porém temos que querer e fazer, buscar no infinito tudo que está escondido pela distância do lugar, e um dia poder compreender como chegar.

O Alquimista

PROSSEGUIR

Não existe uma lógica simples de caminha na vida. Tudo poderia ser belo, onde completaríamos uma jornada de maneira derradeira e feliz.

Colocar os pensamentos a frente de cada passo dado, não deixar que as lamúrias tomem conta dos acontecimentos.

Com predeterminação, não tomar o caminho errado, pensar antes de acontecer, tornar a vida imediata, caminhar e pensar a cada passo dado.

Vamos falar, encontrar em meio a escuridão tudo aquilo que possa acontece, todas as coisas que poderíamos ter visto, que não olhamos.

Transpor o horizonte com o olhar, pensar onde encontrar o sonho criado.

Em uma simples descoberta, ver a grandiosidade do universo, pois nas pequenas coisas estão demarcadas todas as nuances de uma vida.

Deixar passar as tristezas, as desarmonias que estão guardadas como a mágoa, virar a página e prosseguir.

A noite chega, e com ela toda pureza para sonhar, mostrar que tudo que existe está ali para ser apreciado, nem que seja por um vago instante.

Poeta da vida, que, agora, está aturdida em meio do caminho.

Pudera, está tudo ali bem à frente, com um ar diferente, um perfume de flores, apenas devemos tomar uma decisão com determinação, para que tudo chegue às nossas mãos.

Então vamos tornar a rever os nossos conceitos e participar mais uma vez de uma segunda partida, mas, agora, com mais sabedoria e apreciar a nossa volta um novo mundo.

Saber decidir a hora de partir para conseguir essa façanha e não mais precisar voltar, ter uma nova chance e prosperar.

Acompanhar tudo novamente e participar do sonho que se torna real. Poder decifrar os enigmas da existência e ganhar o poder de ser e existir em qualquer lugar.

O Alquimista

O PODER DA IMAGINAÇÃO

Desperta a alegria no fundo da alma e acompanha os mais distintos pensamentos do ser.

Desempenha uma ampla gama de pensamentos de crescimento.

Notória e versátil é a mente que, ao longe, imagina crescer, construir e pensar.

Desperta inúmeros traços de luz, que é traduzido em interpretar a criação.

Nutre teu pensamento de forma abundante, com elementos da criação, para atingir um grau pleno na escala evolutiva.

Absorva influências que abrangem o teu ser com harmonia e poder de transformação.

Crie o impensado, o impossível, e transmuta-os em realidade.

Torna possível e realizável tudo o que vem a sua mente, destinado pelo Senhor Criador.

Observa o que emerge de teus mais férteis pensamentos, prossiga na forma de criar e conseguir caminhar.

Nada apetece um ser sem ele querer, é apenas desejar para a forma surgir diante dos olhos. É como construir com o espírito, ou seja, alma são os tijolos, e as mãos são as ferramentas do Criador.

Assim cresce a humanidade neste planeta azul em busca da realização. Um sonho é real desde o começo de sua elaboração, dentro de um desejo sempre existe as mãos do Criador e Senhor.

O Alquimista

AS CORES DA REAÇÃO

As cores da reação existem, se tiver à disposição muita ternura no ar, respeitando o ser que a contém, mesmo sem querer.

Obter a cor pastel ou vermelho forte e absoluto para mostrar uma insatisfação ou a força de viver.

Contido nesse parecer, com a influência do ser, admirar e compreender a beleza do azul profundo deste universo, para pensar.

Saber que o verde da natureza oferece ao ser, um modo de atirar-se e ser um agente minucioso de poder e entendimento.

Quando o sol brilhar e aquele amarelo alaranjado resplandecer, é hora de admirar toda a força que se pode ter.

Compreender, com muita observação, a semente brotar da terra, crescer e ostentar o seu poder de produção para alimentar uma vida que pode estar contida ali perto, com uma simples razão de existir.

Sentado de modo inigualado, ao seu lado estou, admirando tudo para poder ajudar a vida, essa exuberância diante do teu olhar singelo.

Observar e poder transferir uma informação, como a sabedoria de um filósofo que só sabe escrever, ou poder trazer os sentimentos com o olhar, com o intuito de se fazer entender a razão de poder cantar e demostrar que se pode falar com Criador de uma forma diferente.

Tudo se encontra à frente, basta se esforçar para atingir o ciclo contido na vida, acompanhar a situação e caminhar, não só para admirar, mas para poder fazer e trazer tudo que sabe para auxiliar.

Toda luz que chega sobre a pele, não é para bronzear, mas para dizer que está ali, para que possa viver e sentir. Então, quando o dia chegar, transformá-lo como a atitude de uma simples borboleta, que muda sua existência e sai a voar.

O Alquimista

REGENERAÇÃO

Ouçam com atenção, tudo que pode acontecer diante da regeneração!

Vários fatores são imprescindíveis para a recuperação, dependendo sempre da ocasião a que são submetidos.

Completar um ciclo, iniciar outro, faz parte de uma conspiração divina com a vida.

Todos os meios existem e estão a nossa disposição, com soluções atuantes para que nossa mudança diante de qualquer situação.

A resignação faz parte de todo ser, diante de todas as situações que possam ser atingidos.

Não é apenas querer, mas fazer atribuir a todos um meio de viver rumo ao Criador.

Toda tendência aponta uma direção para aprender a viver, pela qual não devemos nos lastimar, mas aceitar a situação e esperar.

Com o poder de conquista que nos foi dado pelo Criador, podemos atingir uma direção, um ciclo, uma única situação aparente naquela ocasião.

Toda esperança é baseada em fatos contidos no ser. Ser esse que precisa crer no poder de saber fazer, conquistar e crer.

Vamos, assim, como um meio de sobrevivência, poder salientar com amor, que o Criador está aqui e que qualquer situação está sendo dirigida e contida por Ele, sem que tenha que ser contornada de uma maneira, sem submissão e nenhuma razão.

O Alquimista

FILOSOFIA MEDIEVAL

A filosofia medieval tem pontos diferentes da filosofia atual. Em uma época de diversas opções, essas questões eram destinadas a outras direções, principalmente para o lado da Igreja Católica. Pensamentos só eram declarados e elogiados quando tratados pelo clero católico, como se fossem destinados a eles.

Falar e pensar somente com um destino certo, com uma direção predestinada a essa relação, que tinha muito poder.

Falar, escrever e dialogar apenas com a aceitação do clero. Os escritores daquela época dirigiam suas mensagens escritas com essa intenção e nunca desrespeitavam essa regra.

Filosofar de outro modo era considerado uma heresia, levando à morte.

As escrituras, muitas vezes, poéticas e com certo grau avançado de filosofia e como se deveria viver, eram restritas pelo poder. A mão de ferro que determinava os parâmetros das escritas da época dominava toda a literatura. Elas eram controladas pelo crivo da religião predominante.

Muitos títulos de obras filosóficas eram sempre intitulados como escritas sem qualquer distinção, se não abordasse tal assunto.

Com o início da Revolução Industrial, esse conceito foi abolido, e obras destinadas a evolução livre da literatura começaram a serem formuladas, como, por exemplo, assuntos sobre o modo de se viver começaram a transparecer no papel, assim como, obras com teores literários capazes de abranger a mente de pessoas com alto grau cultural.

Esses manuscritos elevavam os padrões culturais da literatura. Com o surgimento de novos autores, com diversos pseudônimos, novos pensamentos foram elaborados, inclusive, obras destinadas ao compêndio de diversas teorias e pesquisas no campo da psiquiatria.

A parapsicologia, agora livre dos ditames anteriores, atingiu novos níveis de perplexidade.

Essas determinações atingiram todos que procuravam algum conhecimento. A filosofia que era coagida estava livre para declarar todos os padrões literários.

Bastasse um autor, com um conteúdo significativo, declarasse o que pensava, para que se tornasse discutível na alta sociedade parisiense.

Todavia, essa evolução também levou a muitas suposições nas obras elaboradas. Tudo devia ser observado se realmente possuía um valor significativo de filosofia, astrologia ou outra ciência que pudesse ser discutida.

Toda essa significância literária ficou grafada com inúmeros títulos, muitos irreverentes, tornando-se motivo de pesquisa em processos de discussão nos meios culturais dessa época.

O Alquimista

RELÓGIO DO TEMPO

Posso imaginar o que é viver esse momento, olhando a minha volta e vendo o tempo passar, pois nada está sendo perdido, e sim transformado em uma máquina que se instala dentro do meu ser.

Tempo corre em uma linha reta, mas é preciso mudar essa trajetória, circular o objeto para poder transformar o tempo que passa.

Sentir o tempo correr, pensando em viver e saber usar o tempo que falta e fazer.

Mas, fazer o que?

Poder escrever o que sente, transmitir uma mensagem, dizer, simplesmente.

Não sei o que vai acontecer, mas vou viver em razão do meu ser.

As peças giram sem parar, como um cérebro a pensar.

Linha reta não!

Redesenhar essa trajetória em uma espiral sem demasia, transformar essa questão em uma nova máquina sem parar.

Sempre é possível mudar, apenas pense que certo vai dar.

Douradas são as peças da máquina que trabalha, mas nunca deixe de lubrificar.

Colocar a frente do pensamento, a cultura de muitas vidas, adquirir novos conhecimentos e saber usá-los.

A hora é agora, prestar sempre atenção e aproveite essa transição.

Trabalhar sempre, sem parar, para os outros ajudar, sempre existindo e construindo.

O Poeta

A UTILIDADE DA ALQUIMIA INTERIOR

Vamos voltar no tempo, retroceder como um filme antigo, aprender como viviam nossos antepassados e até mesmo nós em outras vidas.

Tudo que vivemos nessa aventura, que por ventura possamos usar, naquelas misturas de outrora, procurando atingir certa perfeição para um modo de viver e transformar.

Junto à evolução em um mundo de transformação, seguindo alguns padrões predefinidos da alquimia, eram ligados em elaborar e conseguir guardar algumas fórmulas de transmutação para poder fazer acontecer e filosofar, sentir e atingir um novo estágio, transformar em algo útil para o homem em crescimento espiritual, estabelecer padrões compostos de sabedoria plena e conquistar mais um degrau na evolução.

O Alquimista

AS MEMÓRIAS

Hoje, vamos pensar em como absorver tanto saber de uma só vez.

Pensar sem sofrer nenhuma resignação, um personagem contido na história, um aristocrata, ou apenas um autodidata com poder de transmissão, onde todas as memórias passadas estão ali alojadas, contidas, esperando para serem abertas para novas descobertas.

O poder do conhecimento da tecnologia chega a diversas mãos, onde é aberto para discussão, antes de ser concretizado nessa dimensão, pois é necessário estar em inteira conexão com a ciência e a filosofia.

Saber encontrar dentro de si o mérito do porquê de estar ali, e saber usar esse patamar para associar todo esse conhecimento, contendo e aproveitando todo tempo, ser bacharel e ter um papel na evolução contínua humana.

Poder aperfeiçoar todas as fórmulas químicas e chegar a um medicamento infalível, ou exclamar um verso poético de admirar.

Conhecer as leis da física, explicá-las para a humanidade como viajar e correr contra o tempo, sem nenhum arrependimento.

Dialogar sobre teologia sem afligir ninguém, mesmo que cause alguma decepção nas pessoas que ali estão a escutar.

Elucidar os mais céticos para que encontrem uma melhor posição em entender o que se passa naquela hora de aprendizado, sem demora.

Outorgar uma lei que possa trazer a todos, sem demora, uma situação para resolver determinada questão, chegando sempre a uma solução que não seja arbitrária.

Vamos estudar um ponto, um seguimento profundo da mente de alguém, para que todos vejam com beleza e clareza, o profundo.

Podemos pensar em como igualar as ideias contidas no ar, se dedicar e falar sobre literatura, matemática, física ou química com igual noção e persuasão.

Toda a sabedoria acumulada e desejada, mesmo daquele mais cético encarnado até aquele cuja realidade vem do além, convém sempre aprender para aproveitar o tempo que viveu no determinado lugar.

A informação não é ilusão, mas sim uma percepção clara dos acontecimentos reais. Temos uma razão para obter o infindável conhecimento, tornando o mundo um lugar para nascer, viver e morrer, ou melhor, mudar e aprender.

O Alquimista

O PERDÃO DE UMA REGRESSÃO

Objeto do mais puro desejo é poder ser fiel.

Oriunda do mais profundo pensamento está a ousadia em ser extremamente decidido em suas realizações.

Nessa busca incansável, está toda sabedoria divina seguida de amor e compaixão, que nos leva a profunda razão de existir, sem confusão e submissão, apenas com muita dedicação.

Teu olhar penetrante nos leva a crer em um modo distante de ver, sem, ao menos, pensar, simplesmente ousar.

Contida na imaginação, possível é pensar e direcionar esse pensamento profundo, atingindo todo céu azul.

Soberano de tuas próprias atitudes, quem serás tu, dentro dessa complexa esfera de emoções?

Após a escuridão passada, quando retorna à luz, o Senhor o conduz novamente.

É preciso substituir o pensamento inerte por intensas vibrações de harmonia, repletas de sabedoria e gratidão a teu irmão. Irmão que habita dentro da tua imaginação fértil, como se fosse uma segunda razão para existir e administrar todo o teu pensamento.

Com toda essa esfera harmoniosa, é possível enxergar a facilidade de alterar o presente, tornando o futuro glamoroso.

Com todo ardor, conseguir subir e exaltar a sublime questão:

– Quem és tu, dentro desta ocasião, que perpetua desde então?

Quase não há o que refletir se não fosse essa revolta de tentar entender o prazer de querer, em muito querer.

Sinta o exalar de um perfume doce no ar, como se fosse acariciar um espírito que prima pela perfeição.

Tal razão existe, e mesmo assim, como podes pensar em desistir?

Nunca deve ter isso em mente, é preciso afastar esses pensamentos que tentam habitar teu ser, pois as consequências serão muito graves.

Irracional seria não tentar e se acomodar diante de toda cultura contida, em filosofar e agradar todos os teus irmãos, nessa sublime missão.

Deseje não saber do passado ou que esse seja desvendado nessa ocasião, quando tem amigos a teu lado em questão.

Todo sabedoria deve se tornar visível, mesmo que o torne sensível nesta ocasião por saber como proceder, pois já viveste essa fração de imersão de desejos.

Sublime percepção pode ser atingida, até mesmo ouvida em circunstâncias vasta de querer tê-la em mãos.

Vivendo num mundo ocasionalista ou planejado, pode ser que um dia relembre o que passaste diante de toda essa percepção, como ser um homem sábio sem usar o saber, mesmo adquirido em outra vida.

Esse passado tem sua razão na busca do saber, de entender os eventos declarados diante da visão naquela regressão.

Pudera todo dia relembrar o ocorrido, mesmo que seja o lado sofrido na companhia de alguém, e saber que ninguém pode existir sem uma razão e alcançar um perdão.

O Alquimista

HISTÓRIAS VIVIDAS NA MENTE E SUBSEQUENTES

Durante nossa história, tomamos parte de diversas situações que são descritas como aprendizado cultural, onde passamos a ser personagens de nossa própria evolução.

Os casos descritos durante uma regressão sinérgica têm como objetivo o despertar da mente inconsciente com arquivos datados anteriormente, vividos pelo personagem principal da peça em transição.

Com a abertura desses arquivos, a mente subsequente tem trazido e levado à tona, episódios de vidas passadas, onde o conteúdo psiconeural volta a fazer parte das lembranças da vida.

Essa questão vem subordinada às leis evolutivas e de transição na evolução.

Casos específicos dessas regressões despertam instintos adormecidos, tornando-os acessíveis na atualidade. Esse subterfúgio tem explicação específica de comportamento e conduta momentânea contemporânea, podendo ser absorvido nesse momento remissivo.

Todavia, após essa sintaxe alcançada, torna-se inadmissível a particularidade de novos fatos.

Todo esse complexo envolvimento passado, juntamente à atualidade, vem abrir definitivamente os arquivos datados anteriormente, tornando cada vez mais aceitável o pensamento gerado após essa regressão, vindo ser parte remissiva, com uma conotação detalhada dos momentos vividos.

Mudanças na personalidade atual do indivíduo em questão podem ser notadas, física, morfológicas e neurais.

Essa abertura leva o indivíduo a uma breve convalescença, para atingir uma total assimilação dos fatos. Fatos esses relacionados na imersão de suas vidas passadas, com a notoriedade desejada na infusão relativa mental.

Os fatos afetam a questão da vivência subsequente, como também a vivência futura, influenciando toda escala psicológica.

A abertura desses arquivos também podem causar eminentes cefaleias durante essa adaptação, que desapareceram com o passar do tempo cronológico atual. Analgésicos e psicotrópicos podem e devem ser usados nessa fase de adaptação temporal.

Na subsequência dessas nuances de informações conseguidas, todos os fatos relatados de alta relevância, em toda percepção com reflexos de relutância em odores, sentimentos, tato, gosto e visão, como se trouxessem à tona essas percepções como sendo da contemporaneidade absoluta.

Relativamente, toda essa complexidade faz percorrer estudos profundos de todos os fatos relatados durante uma regressão.

Esse estudo analítico pode trazer novas evidências de aculturação, como línguas adormecidas no seu subconsciente.

Estudos relacionados com essas novas percepções, necessitam serem em ordem cronológica para uma melhor assimilação de ocorrências já vividas.

Analiticamente falando, podemos afirmar que essas ocorrências interferem na atualidade vivencial do indivíduo em estudo, atingindo fatores de complexidade neles contidos.

Alguns desses objetos de estudos desarquivaram novas tendências da ordem evolutiva que, aparentemente, notadas transformações comportamentais podem ser analisadas com a junção de novas regressões.

O Alquimista

A TRANSFORMAÇÃO

Apesar de todas as dificuldades, o sonho não está perdido.

Podemos transformar todas as coisas com nuances tranquilas.

Longe da agitação, estão todas as transformações do inconsciente.

Apesar de aparente, os pensamentos são frequentes.

É possível estar aqui e sentir o universo inteiro, em nosso interior.

Sublime é o pensador que acredita em si mesmo, antes daqueles que se indispõe a sua literatura.

Sublime e singela é a participação do ser pensante que existe sobre a influência divina.

Tornar-se um filósofo, diante da lógica, não é fácil, mas com a sabedoria guardada e tolhida, tudo pode acontecer.

Conta o Criador a dificuldade de distinguir a linguagem transmitida, a que Nele está contida.

Sublime é o ser que sabe usufruir com tamanha sutileza da sabedoria, e transmitir o amor recolhido dentro de si, com tamanho ardor de um criador.

Não deixe passar nenhuma ligação que apresente uma forma de cultura, e filosofar com sabedoria e razão, sem demostrar nenhuma excitação que possa causar dúvida ao irmão que lê determinada lição.

Ler, adentrar as portas do conhecimento, sem duvidar, de ser erudito diante da tecnologia apresentada.

Saber, estar e conhecer o som do arauto, diante do diálogo do filósofo.

Saber que a ficção, mesmo sendo imaginação, traz uma nova lição.

O Alquimista

ILUSÓRIO OU REAL

O que está relacionado ao fato passado é algo surreal.

Como algo do passado pode ser transformado, se foi errado?

Mas, se errado foi, ficará sem ser transformado?

Não, nós podemos sempre transformar o passado.

Agora, no momento vivido, vamos construir de outra maneira, como se nada tivesse ocorrido, a não ser um simples fato em um momento desconhecido.

Como é difícil esquecer, sem esmorecer!

Talvez, em outra época, com apenas uma atitude, poderá ser que tudo mude naquele instante.

Viver e ser uma realidade, sem ao menos se importar com algo que relembramos, como a dor vivida distante.

Sonhar que podemos mudar todos os momentos passados, como um modo de controlar um momento de emoção.

Todavia suportar o que há de passar, para ultrapassar tudo que aconteceu naquele lugar.

Pensar na vida de agora, sem precisar ir embora ou se transportar com enorme resignação e paixão.

Com tanta comoção, tudo pode ser sentido como se fosse um livro aberto sobre uma mesa para ser lido com clareza, sutileza e leveza, sem se tornar uma emoção no coração e sim um meio de aprender a conduzir a vida.

Todo pensamento pode ser usado no lugar desejado, pois foi algo aprendido no passado para ser transformado.

Hora agora, revivida de outrora, pode ser elucidada e uma alusão ao que vive neste tempo atual.

Com o passar daquele tempo sofrido e contido em teu coração, como uma lembrança em transformação, um aprendizado é elaborado com muita emoção.

Querer, fazer e poder se conter, sem sofrer em prantos, como filosofar diante céu, como se fosse uma plateia distante, mas presente em tua imaginação.

Imagem de uma vida que se foi, mas que permanece inebriada, viva como intuição para ser usada hoje, com sabedoria e exatidão, para ajudar alguém nos momentos de angústia e dor.

Todo passado permanece inalterado no eu profundo do teu ser. Sem se martirizar, pode revivê-lo, contendo as lágrimas para ajudar todos a suportar uma maneira nova de viver e conviver dentro de um novo saber. Como toda história tem um fim, a hora é chegada de se beneficiar do conhecimento adquirido e aproveitar sua passagem por aquele lugar e poder introduzir na era de agora, um momento de outrora.

O Alquimista

A VERDADEIRA RAZÃO DO EXISTIR

Se o homem soubesse a verdadeira razão de estar aqui, tudo mudaria. Tudo aconteceria de maneira diferente, com uma razão para existir.

É preciso saber e sentir a vida, como ela deva ser para que tudo se torne mais fácil, sem relutar, apenas viver sem pensar no que pode acontecer.

Passado o anoitecer, um novo dia vai raiar e determinar novas maneiras de viver e sonhar.

Incrédulo em sua razão, por que, então, se digladiar nessa questão?

Tornar tudo muito fácil, sem ao menos dizer uma palavra, apenas acreditar.

Exaurir todo mal que o perturbe, sem punição de estar aqui para sacrificar a sua razão.

Ser feliz com o mais puro ato de simplesmente existir.

Como é bom estar aqui neste lugar, transformando uma vida contida no modo de pensar.

Como é fácil mudar, transformar, substituir e contornar os atos sem pensar, colocando tudo no automático, vivendo de uma maneira melhor, sem se importunar com o porvir neste lugar.

Deixar-se tomar pelas mãos do Criador sem temor, esperando acontecer e se submetendo no seu eterno viver.

Se tornar um ser de paz e capaz de deixar passar, pois assim tudo seria de maneira fácil.

O salutar convívio com o Senhor Criador torna a vida feliz neste adorado lugar.

O Alquimista

MENSAGENS DOS CÉUS

Deslizar sobre o papel, transcrever os pensamentos que vêm do céu, acreditando sempre.

Deixar, para todos, uma mensagem em erudito, ou apresentar na língua atual, o que possa estar contido na vida.

Passar conhecimentos à frente, sem se deixar enganar, apenas sentir a presença de alguém que ali está.

Obter conhecimentos vindos do Senhor Criador, para poder enfrentar a adversidade de viver neste lugar.

Não adianta querer mudar a existência, mas admitir e completar as escrituras.

Daqui a algum tempo poder atingir tal ligação e entrar em um estado de perfeição.

Fazer parte do infinito, acreditando cada vez mais que faz parte do Senhor Criador.

Poder admirar o que está escrito no fino traço que percorre o pergaminho, juntando ao caminho um novo modo de pensar, sabendo decifrar o que está entre as linhas.

Toda vez que tentar entender, vai compreender de uma forma diferente as várias maneiras do saber.

É possível ser verdade o que ali está guardado. No desenrolar da descoberta em saber interpretar tudo que está ali grafado, junto ao Senhor poder voltar a ler e melhor compreender o que foi escrito.

Confortar o pensamento com um olhar voltado àquele papel, para poder relembrar. Obter de tal fonte o inigualável poder da compreensão, deixar vir à tona para poder viver junto aos dizeres do Criador.

O Alquimista

A PREGAÇÃO DIANTE DE UM NOVO AMANHECER

Podemos pensar, ou ao menos divagar, sobre a questão de querer saber mais, ter razão em crescer em pensamento para ser maior, ou melhor. Poder fazer acontecer, sem conter e esperar o amanhecer diante de uma pregação.

Dirigir-se ao encontro da satisfação para poder falar declaradamente, a quem quiser ouvir e aprender a viver.

Vamos questionar ou apenas aceitar o que pode acontecer?

Nunca vamos saber o que é melhor, sem viver para entender.

Suplicar não mais é preciso, simplesmente almejar o que é melhor, saber entender, evoluir, ir à frente, sem discutir e viver.

Todo amor contido em um pensamento torna-se real o interesse que se tem em conquistar um lugar, fora de uma realidade inóspita.

Inadequadamente, algumas indagações vêm à frente, mas, sem discussão, prosseguir no caminho direto à pregação que devemos fazer para entender que estamos aqui para prosseguir, adquirir e usufruir de novos pensamentos.

O Alquimista

AGONIA DO INEVITÁVEL

Como é difícil não acreditar no que pode acontecer, naquilo que há por vir.

Começar tudo novamente, sem relutar, jamais pensar em não concluir o que tem que fazer.

Tudo pertence ao universo, regido por uma lei natural que sempre poderá mudar, do começo ao final.

Poder transitar em meio da energia de todo lugar, ampliando a visão e obtendo a razão de contemplar tudo em transformação.

Agora, neste momento, tudo está acontecendo sem cessar, sem ao menos relutar em parar para pensar.

Todo equinócio em equilíbrio, perpetuando em concertar tudo que toca e que está em expansão.

A comunicação, como virtude, atinge o êxtase, torna tudo possível, completando tudo e todos os lugares.

Fugindo da intersecção das linhas vetoriais de transição, fazer chegar muita energia em um lugar distante. Perpetuar uma nova razão, pensar corretamente e com objetivo, como um cérebro adjunto à mente que constata toda a abertura.

Todo esse universo tem apenas uma direção, a de tornar tudo mais belo e correto.

Não é preciso discursar, apenas deixar fluir um contingente cheio de novas ideias para a conquista da verdadeira sabedoria.

Na busca de mais conhecimento, atingir tudo que almeja. Nada deixa de existir, apenas tem que ser transformado para dar lugar ao novo, como criar uma nova imagem, sem que a anterior a manche.

Tudo aquilo que ali está é para ser usado, transmutado em benefício não apenas do ilusório, mas sim em algo real, na forma de um cristal.

Partir rumo ao Criador, descobrindo novas formas de viver, tomar tudo que puder para poder conter na mente criteriosa, guardando o que pode ser usado durante a existência humana. A forma em questão não é necessária, apenas transitória, diante da passagem que surge a frente.

Pudera conquistar a benevolência do Criador e Senhor para poder estar aqui e transitar dentro desse campo astral.

Após um caminho concluído, tomar outro em dispersão, começar, pensar no novo, seguindo na busca do saber e ir de encontro ao Criador, nosso Senhor.

O Alquimista

FILOSOFIA E CIÊNCIA

Em grau e número, a simbologia poética atua nas mais renomadas mentes científicas.

Devido a essas influências que atuam de diversas formas, tanto os céticos como os conhecedores da doutrina espírita são devidamente submetidos a uma nova percepção, causando a elevação dessas mentes a patamares de elaboração nunca antes observados, atuando em conjunto, corpo e espírito, causando maior nível de compreensão da mente.

O conjunto, ciência e filosofia, buscam elementos para a causa cultural de civilizações inteiras, por intermédio de um único ser contido na sua população, mas com capacidade para elucidar os ditames dessas ciências.

O Alquimista

FATOS PASSADOS NA ATUAÇÃO DA VIDA CONTEMPORÂNEA DE UM INDIVÍDUO

Com uma bagagem evolutiva contida nos arquivos mentais, os indivíduos podem acessar ou conquistar conhecimentos para solucionar problemas em sua vivência da atualidade.

Com a restauração desses arquivos, tudo se torna mais fácil, pois podemos encontrar diversas soluções para problemas vivenciados no passado.

Nada é dispensado, apenas arquivado, e, em certos indivíduos, acessados em momentos distintos de sua evolução, ou seja, esses arquivos nunca são deletados da mente e sim esperam um determinado momento para serem acessados.

Por esse motivo, muitas vezes, notamos certa facilidade em lidar com ocorrências e resolvê-las com facilidade, pois já foram vivenciadas em épocas de outrora.

Temos uma incomensurável ajuda cultural guardada, em estado latente, pronta para ser acessada, conforme a necessidade da existência atual.

A meditação e concentração são de grande ajuda funcional nesses momentos de acessibilidade, podendo trazer à tona, mesmo sem termos conhecimento de tal ato em questão.

Dentro do padrão evolucionário, todo conhecimento adquirido toma forma conjunta entre corpo físico e espiritual, acrescentando diversos fatores na complexidade vivencial.

O Alquimista

A HISTÓRIA FAZ A REFLEXÃO

Vamos pensar em suspender a ilusão, tomar a razão à frente, sem desistir, compreender um tempo passado, evitando-o.

Poder, persuasão! Pudera tudo isso em apenas um ser!

Discernir o que é certo ou ilusório, evitando estar e sentir tudo que já passou.

Diante de ti, existe uma mera situação que passou, sem ao menos deixar rastro. Outra vez, crer em viver, seguir os passos de alguém cuja trajetória é de luz, podendo até parar e pensar durante esse caminho.

Vós podeis crer em viver, como é fácil compreender, então!

Visão da razão vem a teus olhos, desfruta sem excitação, o que pode conter a tua história.

Aprender a viver, existir, entender o fluxo contínuo, saber o destino de estar mergulhado em uma grande ilusão, para poder caminhar em frente, em um novo caminho.

Vida plena que passou, mas existiu para valer e, mesmo sem saber, contribuiu para o crescimento de teu eu.

Podemos relembrar dos fatos passados como aprendizado, com o perdão sempre à mão, dirigir-se ao Criador para falar e se fazer ouvir.

A palavra vem a seguir, depois do pensamento elaborado, transformado e cultivado em tua mente para poder ser, viver e aprender.

A tua vida está em suas mãos.

Encontrar o Criador não foi mera questão de querer, mas sim de poder.

O Alquimista

LITERATURA ESPÍRITA

A literatura espírita do século XXI é tingida por uma cor translúcida, abrangente e realista.

Predisposta a demostrar todos os parâmetros distintos da realidade, fugindo do embuste, tem se demostrado completamente esclarecedora, que, sob o olhar de outro mundo dimensional, nota-se uma nova trajetória na evolução.

Essa nova maneira de esclarecimento torna-se mais simples e menos dogmática do que as anteriores, dirigida diretamente e com um conteúdo distinto, aos pesquisadores de tal conhecimento.

Com uma comunicação direta entre os meios comunicantes, essa literatura, de caráter esclarecedor, vem em concordância com as novas tendências evolucionistas, atingindo os leitores de uma forma objetiva.

Devido a essas considerações, um novo mundo é aberto a descobertas, como o simples desvendar do mundo espiritual ao qual pertencemos.

O Alquimista

EXISTIR SEM AO MENOS PENSAR

Como isso é possível? Contradizer o que é indispensável ao ser?

Se não posso pensar, talvez imaginar um momento, algo inesquecível, um complemento de uma vida passada, embutida em meu ser, se assim posso dizer.

Relembrar, sem nunca esquecer.

Vou dizer como escrever uma história contida em teu saber:

– Certa vez, em tua história, o tempo passou, mas sem poder medir ou contar, apenas sentir a vida passar.

Como vou falar, se não pensar algo para completar a existência de um ser?

Vou poder existir sem meditar a emoção de estar aqui?

Vou deixar um lugar ou decidir ficar, sem se esquecer de pensar no que posso saber, para, então, dizer que triste é o homem que não pode pensar, relembrar ou criar, soltar no espaço sua imaginação, como a mais pura criação.

Poder olhar o céu, contemplar o belo no mais puro silêncio, sentir e guardar o momento que passou.

Creiamos em poder passar, sem relutar contra o que temos que fazer para crescer, podendo, assim, chegar um pouco mais perto do Criador.

O Alquimista

NÃO SOMOS NADA SOZINHOS

Todos temos um significado nesta vida, por que não dizer que fazemos parte um do outro e vice e versa?

Todos nós temos um conteúdo diferente para completar o outro. Um todo só é atingido com a participação de todos nós. Acrescentar parte da evolução, a união torna os indivíduos completos e acrescenta o conteúdo que faz falta ao outro.

Como seria a individualidade se todos fossemos iguais?

A singularidade só existe para tornar possível uma união singela e absoluta.

O inevitável acontece, acrescenta um novo ritmo as percepções da mente.

Os organismos se completam através da complexidade de suas células.

Todos os organismos têm comunicações oriundas de outros seres.

A pluralidade na existência existe para ser completada por outro ser, com determinações diferentes. Sempre existirá um ser com necessidades de complementos variados e inigualáveis.

Um pensamento é complemento de outro significado, oriundo de outro ser. A natureza é complexa, nada pode ser exatamente simples, e para isto existe uma união com inúmeras probabilidades.

Com as diversidades dos pensamentos, são criados novos fatores de construção cultural, o que torna inestimável e insubstituível a presença de determinados seres junto à fusão mental intelectual.

Tudo se torna completo com a existência de outro, nas atribuições de atos e pensamentos.

Como seria possível ser completo na elaboração mental intelectual sem uma adversidade?

Complemento do ser é a razão da existência do outro na continuidade da vida de uma existência plena.

O Alquimista

TEMOR DO INCOMPREENDIDO

Desde os primórdios da existência humana na Terra, o temor pelo incompreendido tem dominado o pensamento. Tudo que não é fator compreendido é tido com temeridade.

A compreensão divina e de seus correlatos, também gerou diversas incursões ao universo da obscuridade, porém, nem tudo o que não pode ser compreendido é objeto de medo, e sim fator da ignorância humana.

Durante a trajetória evolutiva, diversos fatores foram tidos como obstáculos no caminho dos seres habitantes, mas eram somente considerações preponderantes ao crescimento espiritual e cultural na evolução.

Emaranhado de situações adversas e incompreendidas eram mitos do imaginário fantástico e elusivo da mente. Inconclusivas questões apareceram diante dos homens, aparentemente sem solução, o que levou ao surgimento de diversas lendas e rituais, pois aceitavam como verdadeiros mistérios dos céus, devido à dificuldade de pensar antes de acreditar em outras formas, crescendo a justificação do sagrado sem nenhuma compreensão, apenas a aceitação dos fatos apresentados.

A mais simples comunicação mediúnica era um temível mistério e um fator de incompreensão.

Hoje, os fatores de comunicações são simples e singelos, sem mistificações, mitos ou rituais, pois não há mais necessidades. Com auxílio e uma maior compreensão dos meios comunicantes, tudo se torna simples e sem dogma a ser adotado.

Ricos em plenitude de conhecimentos, diversos espíritos comunicantes podem transmitir assuntos sobre filosofia e ciências exatas, com clareza e sem nenhuma mistificação ou modo *sui generis* de apresentação. Apenas com transparência e a sutileza de um apresentante de novas ideias, permitidas pelo Criador, nosso Deus.

O Alquimista

QUEM ÉS?

Quem és que habita teu coração em momentos de luta da tua alma?

Quem habita o teu ser íntimo nas horas mais difíceis da tua existência?

Torna suportável tua angústia no apogeu da batalha, naqueles momentos em que o tempo parece quase parar, movimentando-se em lentidão quase absoluta.

Teu coração pulsa em sintonia com o pensamento de momentos intermitentes, entres as batidas do infinito do tempo espaço, tornando a tua vida sustentável através de anos, décadas e até um século.

Clausura da tua existência, da tua eternidade em busca do conhecimento da vivência da experiência que entorpecestes o mais insensível ser.

Seres amórficos vão tomando vulto a tua volta, entre teus discernimentos na caminha da evolução.

Evolução contínua e infinita na busca de inúmeras indagações dessa estrada. Caminhas descalços, de pés no chão, mas com apoio em tua sombra das tuas divagações existenciais sob seu eu.

Quem és, criatura de Deus?

Fruto da criação divina, por que habitas este lugar? Por que essa determinante caminha junto a ti? Por que a teu lado?

Submete-se aos estudos mais profundos, aos conhecimentos mais obscuros, apenas para satisfazer tua ambição ao conhecimento.

Tênue e frágil existência do eu, algoritmos e fórmulas aritméticas se contrapõem em teus pensamentos, círculos com ondas de energia manifestam-se em seu interior e transpõem os ares da razão e da reflexão antológica.

Na busca da perfeição, toma em tuas mãos atos inertes a ti, sem contrassenso, em caminho ao inesperado e com os cálculos matemáticos exatos.

Existir, pensar e coexistir dentro de ti mesmo, aprisionado dentro de um invólucro em incessantes e enaltecidas percepções da caminhada tempo espaço. Deixe tuas marcas na terra assinaladas no teu livro da vida. Segredos, fórmulas e pensamentos sagrados são embebidos em teu inconsciente, como se fossem teus para tornar a vida humana mais significativa no turno evolutivo e inevitável da pluralidade das vivências, no pequeno grão de areia que vagueia no espaço infinito, com cores e matérias distintas em estados diferentes, composições complexas, mas que na verdade não passam de combinações dos mesmos átomos coligados em formulações adversas às tuas propriedades distintas.

Pensamentos atribulados não levam a algo consistente, sendo que a fluidez destes, mesmo como meio de plasmar identidades singulares, levam a plenitude da felicidade, da tranquilidade e transposição dos males com sabedoria e sem interpretações indefinidas.

Eleva essas emanações energéticas a pulsos incessantes, com coordenação harmônica, perfeita, em ondas que se propagam crescentes e criteriosas em tuas manifestações cerebrais.

Viver e contemplar plenamente o teu ser em confluência infinita com o Criador, aproveitando todas as dádivas atribuídas ao seu eu e enaltecer o que Nele habita.

Escreve teu destino com palavras soltas ao vento, mas com consistência suficiente para que perdurem o tempo necessário, para tua própria afirmação como filho do Criador, tornando assim infinitas enquanto dure.

Persista, exista, viva na pluralidade das vidas da evolução, desfrute destas vivências no mais profundo sentido, atingindo o ápice das emoções que possam te proporcionar, pois são únicas na escalada proporcionada pelo Senhor.

O Alquimista

NUNCA ESTAMOS SOZINHOS

Não tenho nada a escrever, a não ser exclamar ao mundo de como ser.

Poder conter alguém dentro de mim para conversar e, ao mesmo tempo, atender a meus pensamentos mais profundos.

Nunca estou só!

Sempre há alguém para contestar os pensamentos contidos ou não, com um profundo saber.

Contemplar o conhecimento e explorar todo um universo contido no meu próprio pensamento, sabendo aproveitar todo aprendizado adquirido.

Em tantos séculos de aprimoramento, não seria possível não encontrar nada de conhecimento.

Pensar sempre e aproveitar para não se sujeitar a qualquer opinião, pois temos nossa própria questão da existência de não querer ser o que os outros querem.

Encontrar em nosso eu profundo um ser que habita e significa todo meu eu.

Viver, pensar e elaborar uma nova maneira de sobreviver em um mundo sem fim.

Como acompanhar toda essa transformação, sem ter armazenado um saber adormecido, guardado e contido?

Está ali para ser atingido, usado e acessado com pouco esforço.

Talvez, demore um pouco para alguns e também inacessível para outros que não tem determinação para compreender como fazer. Mundo feliz seria esse, se todos pudessem atingir dentro do seu ser esse lugar profundo, trazer à tona o saber para compreender e dizer a todos o que sente seu ser, sem contradizer ninguém, apenas poder saber como proceder.

Hora inoportuna de dizer ou com uma simples palavra poder mudar e transformar, deixar passar a amargura e apenas segurar para si a paz e a ternura.

Podemos apenas saber viver ou usar totalmente o saber.

Um dia, com a evolução, poderemos usufruir de toda essa cultura contida dentro da tua existência plena e não ser preciso esperar muito tempo. Até mais um dia, até que possa compreender o que acabo de tentar dizer.

O Alquimista

O LADO ACEITÁVEL DA LÓGICA

Dentro da lógica, há um lado aceitável, conforme os padrões humanos. Em uma civilização em ascensão, existem momentos em que padrões de desenvolvimento aparentemente normais têm que ser integrados à cinematografia da espécie. Levando-se em conta esses parâmetros de desenvolvimento, estão ligados os dois lados de crescimento cultural, ou seja, lógico e o emocional.

O lado lógico visa apenas ao desenvolvimento do grupo em si, a constante relação do todo, a continuidade da espécie da civilização propriamente dita. O lado emocional tem suas diretivas voltadas para o indivíduo, com padrões emocionais e motivacionais ligados ao eu interno. Carregando puramente relações de comportamento único e singular individual, nessa individualidade, encontra-se o lado emotivo como o amor, paixão e emoção, sobressaindo-se ao todo.

Padrões únicos são notoriamente encontrados dentro de cada ser. O lado positivo dessa unicidade é que cada indivíduo tem reações diferentes ao seu dispor, diante das diferentes situações, tornando a cultura individual de cada uma das mentes uma supremacia ao todo.

As direções distintas de aculturamento levam a uma capacidade maior de crescimento tecnológico, filosófico e científico. Diante das demonstrações estão, em destaques, os pensamentos de cada um, que tomam papel de grande importância dentro de uma sociedade.

Dentro de cada cultura, as diferenças tomam nomes em destaque, levando o pensamento distinto ao todo, determinando a evolução dentro do contexto. Neste universo em expansão, a submissão de diversas sociedades a outras se tornam evidentes, tanto para estado de aculturamento como para o estado de desenvolvimento.

Destaques singulares aparecem dentro de cada cultura, e em todos esses milhares de anos em transformação, são notavelmente aparentes. Sendo assim, a individualidade se sobrepõe à lógica da evolução.

O Alquimista

O SILÊNCIO DA NOITE

Transcorrendo caminhos insólitos dos sonhos perdidos em uma vida, emoções ou uma mistura de pensamentos, na calada da noite, se misturam em vivências passadas trazendo à tona certas lembranças.

Essa comoção toma conta da sua mente, delírios de ser e estar, de ter ou não vivido aquele momento, ou ser apenas um sonho adquirido de um pensamento seu, com emoções que retornam em nuvens, rodeiam a tua mente, em que o pensar e agir são um emérito devaneio da mistura do corpo físico e do Espírito.

Esse lado espiritual traz a proporção do passado e presente, ou uma rede de emoções jogadas ao léu diante de teus olhos que veem em sonhos aventuras do passado longínquo, vividos em reencarnações passadas ou simplesmente imaginações criadas pela sua mente.

Traz de volta patamares eloquentes como um arquivo divino de dentro do teu cérebro, que pensa, sonha e introduz misturas aleatórias de emoções.

Ininterruptamente com um ar de um puro viver refresca tua vida real com uma graciosa fantasia misteriosa. Sonha eloquentemente, sem ousar reprimir algum pensamento.

Deixa transbordar uma realidade fantástica, uma vida que já viveu, uma criação conjunta, ficção ou realidade, criada por você.

Em tuas criações, jorram energias que juntam a teu corpo físico o fantástico poder de transpassar a barreira espiritual, como um espelho que reflete o imaginário e que habita o mais íntimo de teus pensares.

Traz a tua frente o que tens vontade de elucidar, mas que reprime da real eloquente e indiferente verdade contida na tua alma.

Justapõe-se o imaginário e o real para criar um mundo de prazeres ou de agonias.

Ponto a ponto, vão sendo cruzados dois mundos sem se quer perceber.

Esse teu ínfimo cérebro, arquivo de teu espírito eterno, é inconstante no aprendizado do caminho a percorrer, imaginário e real são criados, misturados ao contingente arquivado neste teu mundo, e sendo usados à medida que se tornam necessários, para suportar um padrão vibratório verdadeiro.

Tomam como base, um momento necessário a tua fuga do universo de contradições constantes no livro da vida real.

Temores passam em teus pensamentos, mas na medida em que sonhar, tomam formas amenas. É necessário recordam os bons momentos passados, uma vida real ou, talvez, imaginária para atenuar as dificuldades desta vida que passa diante de teus olhos.

Pensa e repensa, imaginário ou real?

Quem sabe!

Em um só num momento é impossível dizer. Talvez mais adiante, quando o imaginário se tornar real para acalentar teus pensamentos da vida.

Que assim possamos transpassar os caminhos e encontrar o verdadeiro eu, das emanações energéticas contidas no teu ser, o verdadeiro pensar.

O Alquimista

INCONSCIENTE ADORMECIDO

Distribuir de modo ascensional, todo teor do inconsciente, conseguir adaptar-se a essa nova situação, pode levar a uma grande transformação na maneira de compreender, de como elaborar um texto sem saber, mas com conteúdo suficiente para dizer.

Buscar no inconsciente informações para ajudar nas decisões a escolher, e se submeter a uma nova maneira de viver.

Ter grafado toda uma literatura e saber usar sem relutar.

Apenas dizer não basta, temos que saber conduzir os ensinamentos de uma maneira inteligível.

Todo o poder está em saber conduzir o pensamento eminente, no conhecimento que se apresenta neste modo de elucidar em operar um complexo sistema de energias recebidas e também as que estão contidas no inconsciente.

Poder moldar toda cultura de um modo seguro de transmissão, apenas com o olhar para usar.

Tempo vigente de uma vida de atribuições, sabendo conduzir.

Como um todo energético de emoções, poder chegar a essas condições.

Apenas saber canalizar toda flutuação emitida, em um modo nela contida, em benefício do ser.

Desde que passados os momentos de inércia, é possível transportar tanto saber, sem nada ocultar na mente perdida.

O poder de saber deve simplesmente acontecer, não reter nada em um pensamento inerte a razão.

Com clareza definida, intitular uma atitude sem que nada perturbe a maneira de pensar.

Controlar a emissão energética, de modo que consiga atingir o aculturamento em questão.

Unicamente, na transmissão, estabelecer um padrão de ordem universal.

Ligar-se ao Cosmo, à consciência plena, para execução final de compreensão.

Uma mente bem estabelecida, em concordância universal, pode ser entidade concessora de estimulações neurais.

Fácil seria imaginar, mas não realizar de modo seguro um pensamento aleatório nesta trajetória.

Comumente chamado de efeito neural, essa possibilidade existe dentro do subconsciente.

Transpor todas as barreiras sem estabelecer um padrão lógico, seria uma incógnita imagem sem direção.

Uma determinada emulsão verbal nunca poderia existir, verdadeiramente, sem uma razão específica do saber.

O Alquimista

CONEXÃO PENSAMENTO

Subjugar a capacidade do cérebro humano é algo totalmente sem noção.

Comparar e poder compreender a relação entre o homem, o tempo e espaço, é imaginar o que acontece dentro do inconsciente, como se fosse uma ligação única de cada indivíduo em questão.

Nessa relação contínua da evolução, tudo está sempre ligado ao Cosmo como uma teia de informações lógicas. Essas ligações fazem face a todos os astros e personalidades do universo, como uma combinação de atos e pensamentos interligados nessa teia, interferindo diretamente em todos os planos de existência.

Todo o conjunto é ligado em correlação de permanecer em uma única consciência, sempre singular.

Todo fato internamente lógico, faz parte do Cosmo, de uma confirmação de pensamentos que interfere no todo. Essas combinações interligadas influenciarão na perspectiva de cada ser de modo significativo, transformando todo fato correlato que acontece em uma relação plena de conexão única do universo.

Com pensamentos que tornam o cosmos diferente de cada segundo passado, em relação ao anterior vivido, essa complexidade inerente é mais do que um simples fato, mas sim uma interligação astral e interdimensional.

O tratamento que cada indivíduo dá a sua vivência tem uma ligação múltipla em todas as consciências existentes no universo.

Mais de uma vez, um único ato do pensamento torna essa torrente de emanações em uma combinação extremamente crescente dentro da universalidade, sendo que a influência de apenas um ato pode levar um planeta inteiro a uma evolução diferente no universo, mesmo em planos adversos.

Assim como uma constante ligação cognitiva em um cérebro, o universo trabalha totalmente em conjunto.

A participação divina existe e influência tudo e todos, mesmo na cadeia tempo e espaço.

Então, não podemos deixar de perceber a importância dos pensamentos e atos na potencialidade do universo, para que seja sempre em constante expansão de conhecimentos. Essas correlações são inerentes umas às outras, transformadas, levando a fatos novos e singulares no contexto geral.

O Alquimista

ÚNICA CONSCIÊNCIA

Uma equipe mediúnica com os mesmos padrões de uniformidade torna as comunicações muito mais significativas.

Com verdadeiras relações e padrões únicos, torna o grupo de trabalho um ser único em suas realizações, em que as comunicações de alto grau ficam cada vez mais harmônicas.

Um grupo em questão, nessas condições, é único em personalidade e padrões energéticos.

Todas as comunicações influenciam os elementos de tal grupo, gerando um modo comportamental como um todo.

Essas emulsões tendem a serem vetorizadas em uma única direção de ordem energética no grupo.

Essa harmonização quando atingida, leva essa união a um atributo de elevação e transformação, sendo necessária, muitas vezes, várias elaborações antes de se atingir tal estágio, sempre com responsabilidade e comprometimento.

O Alquimista

SUTILEZA E BRUTALIDADE

Fazendo uma analogia sobre o comportamento humano, entendemos dois lados de uma dualidade complexa. Esses lados antológicos do comportamento existem dentro de um contexto geral, com diferenças notadamente perceptíveis, cuja influência é inerente. A parapsicologia os define como seres únicos, dentro de uma determinada civilização.

Mesmo sendo uma constante cultural, os seres humanos ou ainda outras espécies de diferentes etnias, tendem a singularidade do individualismo extremamente sui-generis.

Diversos fatores levam a mente adquirir um aculturamento sujeito a influência espiritual de outras dimensões.

Essas mudanças podem ser contínuas ou categoricamente estacionárias, determinadas dentro de um padrão de tempo e espaço dimensional.

Assim sendo, os estudos relacionados à compreensão do psiquismo são inerentes à razão e sofrem constantes modificações e transformações dentro da evolução, tornando-se sempre um conjunto de enigmas, pensamentos e ilusões, dentro da alma humana.

O Alquimista

MILAGRES REVESTIDOS PELA FÉ

Em conformidade com os atributos que os Espíritos possuem, está, entre eles, a fé. Constituída por vibrações de grande intensidade, a fé, quando adequadamente aventurada, leva os seres encarnados a grandes milagres.

Muitos dizem possuir, mas outros a possuem realmente e conquistam o impossível através dela.

Com um pensamento elevado e harmônico, as ondas de energia emanadas pelo ser de fé alcançam os Espíritos de maior plenitude, conquistando por intermédio destes, realizações da mais alta amplitude. Com toda energia desprendida por esses seres em ascensão e de credibilidade inabalável, inúmeros efeitos de ordem plasmática são alcançados e, de fato, podem ser julgados como Milagres Oriundos do Criador.

Intermediada por Espíritos Superiores, essas ondas de propagação são destinadas a feitos tidos como inatingíveis, mas que em virtude da propagação harmônica dessas ondas obtidas com real veracidade.

O Alquimista

MEMÓRIA LITERÁRIA

Dentro de um vasto contexto de obras publicadas, alguns títulos grotescos estão em analogia, destacando-se vários deles, com enorme valor literário, para o engrandecimento da percepção humana.

Com um enorme conteúdo à disposição, inúmeras reprogramações podem ser distintas e alojadas dentro do inconsciente.

Ao compasso dessas analogias, diversas instituições do campo da parapsicologia vêm com destaque para atuar na mente humana, elucidando a compreensão do cérebro.

Adverso, muitas vezes, ao seu tempo, essas obras têm um conteúdo com eloquência a frequentes questionamentos de como devemos ser.

Todas essas questões são perguntas questionáveis e com um transparecer diferente.

As diferentes interpretações são justificadas pela inversão de valores de cada indivíduo pensante sobre a face admissível de sustento de vida inteligente.

Com essas variações, é também notável que as intitulações tenham destaques diferenciados em locais de diferente habitação.

Contudo tudo que é acometido de discussões torna ao bom tom variações de alto grau de complexidade, ficando esses estudos longe de alienações, tomando como ponto inicial apenas o conteúdo literário, e não subterfúgios de interações políticas.

O Alquimista

O ARQUIVO OCULTO

Agindo de maneira diferente em cada indivíduo, a liberação de arquivos armazenados no inconsciente pode trazer incontáveis reações no indivíduo em questão.

Os padrões relacionados em suas vivências na escalada evolutiva trazem mudanças comportamentais significativas.

Na parapsicologia contemporânea, não são encontradas pesquisas com relevância sobre o assunto.

Sendo que o inesperado acontece diante das vibrações do pensamento e de existência. Toda potencialidade que se encontrava adormecida vem à tona, trazendo uma amplitude de pensamentos, levando o cérebro humano a uma grande capacidade.

Essa tonalidade também afeta diversos fatores fisiológicos, dentro da composição comportamental, o que leva a crer que a evolução é crescente.

Determinados padrões estabelecidos são totalmente inconclusivos, pois variam de indivíduo para indivíduo.

A abertura desses arquivos pode levar, além da amplitude definida, a um impulso de contrariedades pré-determinadas. Todavia o grau de informação revelado pode transpor todas as noções de incerteza assimiladas.

O Alquimista

PROCESSO DE REGRESSÃO

Por mais lúdico que possa parecer, não tem como contradizer o que ocorre com os dados culturais retidos em seu subconsciente.

Diuturnamente, o aprendizado do ser humano, habitante deste planeta, fica retido em sua memória retrógrada, que com alguns trabalhos de regressão voltam a atingir a memória recente.

Inutilmente, alguns fatores de desistência não podem ser retidos para terem êxito como conhecimento acumulado. É preciso pensar em como usar esses dados acumulados, pois podem se tornarem fatores de riscos para o pensamento do cérebro em observação.

Contudo, as observações culturais acumuladas, podem ser de grande valia na compreensão de certas atitudes observadas em alguns indivíduos.

Fatores retidos no subconsciente podem voltar a fazer parte da vida e, em controvérsia, do mundo da compreensão humana.

Filosoficamente intitulado como o ser habitante de vivências passadas, esses atos e conceitos podem vir à tona involuntariamente. Mentes ilustres podem ver, com perplexidades, as vivências passadas, mas que, na verdade, habitam o pensamento tido como inerte e estável.

Consequentemente, novos dados se tornam, involuntariamente, extraordinário meio paradoxo, dentro das lembranças.

Como podem acreditar os mais céticos, a evolução do subconsciente tornar-se habitual em mentes predestinadas a certos conjuntos de manifestações, como acontece nas manifestações mediúnicas, tomando formas e movimentos sem violência.

As mentes podem sofrer interferência estruturais de compreensão, que podem ser usadas para um maior alcance de compreensão, já que esses conhecimentos faziam parte do conteúdo da individualidade humana do ser.

Compreender certos fatos é de incomensurável meio de evolução.

Todo conhecimento pode e deve ser usado, não importando se absorvido na contemporaneidade ou obtido de vivências passadas.

O Alquimista

TRANSCRITOS DA EVOLUÇÃO DO SER

Por que essa disputa corrida nesse emaranhado de emoções perdidas no tempo e no espaço, não definidos e temidos sem razão, em torno de um planeta em evolução, depois da criação?

Seres criados para serem usados em um experimento Divino, citados em um livro sagrado, escrito e usado pelo poder a ele consagrado.

Em meio a essa evolução, muita agitação!

Revolução nessa transformação que, embora citada, criada e totalmente emancipada, tem seus momentos guiados pelo ser originado, no segundo momento da tal edição daquele livro sacramentado.

Dizem os sábios que, no momento certo da evolução, a criatura e o Criador se tornam um só ser elaborado, como se fossem destinados a percorrerem a linha do tempo e espaço, naquele momento cravado.

A evolução contida num só pensamento utilizado há muitos anos esperado, desde a criação em busca da efêmera demarcação, onde tempo e espaço em um ritmo crescente se repetem, para serem usados até a partida deste planeta azul.

Temíveis citações escritas e aclamadas em momentos destinados, outrora almejados por um povo sem mestre citado, mas elaborado e aguardado desde a criação, em um relógio usado para essa demarcação.

Deus, que seus filhos soltos em um mundo previamente construído e definido para serem consagrados na evolução, desde o cintilar da explosão da magnífica criação, aparentemente, sem nenhuma orientação, mas tomando seu rumo destinado, como sempre elaborado segundo os dizeres do livro sagrado, da bendita evolução.

Ainda com alguns pontos quebrados nessa transição para um planeta de regeneração, deixando a expiação notória de lado.

Tempos passados, citados no pensamento, depois transcritos em papel timbrado como se tivessem um valor literário de um ser estagiário nessa criação, perpetuando a espécie celebrada, com apenas uma pena, ditada por aquele ser.

Com as mãos guiadas, toma conta do tempo com emoção, deixando a transcrição no papel, antes molhado e marcado pelo tempo, agora, servindo como meio de formação na sua dedicação de uma leitura confusa, mas um texto para ser lido, citado e transmitido na evolução, iluminando cada momento do caminho traçado.

O Alquimista

FORÇA ADORMECIDA INTERIOR

Como provas a existência divina sem pensar?

Esclarece o impensável crítico do teu ser, na busca de informações, de reflexões advindas de um lugar muito distante, sem relembrar que já esteve lá, embora buscasse outrora, por outros conhecimentos.

Junto ao teu ser, existe, em liberdade, um Espirito pensante cheio de energia.

Nessa busca do inatingível, você consegue atingir a compreensão distinta.

Em teu meio, através de rumores dotados de sabedoria plena, está você, mestre da criação, que habitas em ti.

Presumir não adianta, mas saber se posicionar repetidas vezes e tomar uma decisão.

Querer, saber, crescer e conhecer.

Distante ainda da tua evolução, muitas obras científicas apontam para teu caminho o conhecimento, a cura de diversos males, por imposição de tuas mãos, onde o saber direcionar atua profundamente.

Busca cada vez mais atingir tua meta consagrada pelo Criador.

Tua ponte do saber está na mente, só falta um simples acesso e uma pequena porta se abrirá.

O desejo é fundamental para conseguir o tal conhecimento.

Busque, procure, ache com afinco e determinação.

De oportunidade de expor a inteligência plena ao teu cérebro, atingindo e consagrando o grau da oportunidade que lhe foi conferido.

Com astúcia, conquiste a sabedoria que pensas não ter, mas que está adormecida, aguardando o momento certo de libertação.

Melhorar o mundo, usufruir da cultura contida em ti e com ela saciar a sede de conhecimento que há em teu Espírito.

Juntos, ajudar, procurar e curar, na certeza de estar sempre junto do senhor Criador de todo o infinito azul, que banha todos os seres que habitam, crescem e se transformam.

Abraça tua luta com a magnitude de um dia sonhar e só pensar em querer mais saber. Entender um universo complexo, ampliar teus conhecimentos sobre física, química e sem esquecer o lado filosófico de existir.

O Alquimista

CIRURGIA ESPIRITUAL

Cortar, curar, retirar o mal daquele lugar, demostrando que algo vai acontecer.

Com a imposição das mãos, curar sem deixar marcas, poder acabar com a dor, sempre com a permissão do Senhor.

O que vai acontecer?

Podemos crer que a doença vai se desfazer, chegando a desaparecer.

Transpor a barreira do saber para tornar real a cura do corpo carnal, sem causar nenhum outro mal.

Apenas acalentar a pessoa que, sem saber, procura um lugar para poder se curar.

As mãos que percorrem o corpo, como assim desejado pelo ser tomado, com uma incisão de energia aplicada, permitida pelo Espírito enaltecido, pelo poder de curar.

Comprometimento desejado por aquele que tem seu corpo físico tomado, para que o bem seja alcançado.

Por essa razão, deixar-se ser usado para acabar com o mal ali alojado, naquele corpo cansado, apenas por ter amor para ser doado, retribuindo pelas coisas más que outrora tenha causado.

Então, em nobre sessão, com uma equipe que vem à disposição de diversos doutores do além, com o mesmo propósito idealizado, trazer a cura e pôr em prática, com todo o amor do coração e melhorar a situação.

Sem nenhuma distinção, se põe a total disposição para realizar a tal proeza em questão, eliminando a dor quando permitido pelo Criador.

É essa a razão de tamanha resignação.

Alcançar com toda perfeição, com um modo simples de oração, acalentando o coração para trazer a todos que o procurar, mesmo sem crer, uma razão para viver.

Novamente e absolutamente sem muito compreender, apenas trazer no coração uma oração.

Por assim, dizer e oferecer as tuas mãos na cura dos males do corpo físico, da alma e do coração, que abriga com tanta emoção, o amor de ser filho do Criador e Senhor.

O Alquimista

AMBIÇÃO

Retribuir a ambição com amor, vinda do coração de alguém que prima pela evolução.

Pela simples imposição das mãos, curar um irmão, com devoção e ajuda dos céus, pureza e compaixão para sempre, dentro do coração.

Desde os antepassados, a união fraterna do bem está dentro do coração. Que a luz alcance com vigor e energia, a colocação da paz interior, encontrando sempre o poder de esclarecer e crescer junto ao Criador.

Perto da ternura pura, somente o luar a encontrar nos astros do infinito, longe da amargura. Elaborar diante da Criação, o amor contido de paixão pela simples união.

Diante mão, só sobraram resquícios de uma moléstia que, com a imposição das mãos, ajudarão na dispersão ao infinito de uma ilusão.

A causa perdida, sofrida e temida não mais existe. Diante de tamanha dedicação e devoção, abençoai os que te procuram para encontrar uma solução e pedir ao Pai sem hesitação.

Culta e soberana criação, na busca pela regeneração atingirá este irmão como uma simples comoção, trazendo de volta sua recuperação.

Clarear o pensamento como uma riqueza adormecida, despertada pelo Criador, ajudar com devoção, como já tivesse feito isto outrora, em outra encarnação.

Com as mãos abertas, encontrarás, mais uma vez, a solução do problema, como outrora fizeste, mas dessa vez sem obrigação, simplesmente por amor e dedicação.

Obscuro é o ser com esse poder vibratório que não se põe à disposição.

Curar é amar, encontrar a Deus por um ato de amor, estimar ao próximo e exemplificar de todo coração o perdão. Encontrar em si mesmo, dentro de teus pensamentos, o conhecimento para tal ação.

Aprender cada vez mais, para ajudar, para sobreviver e recuperar esse corpo físico e espiritual, que precisa estar em estado conceitual de energia e sabedoria.

Buscar dentro do teu conhecimento um jeito de avaliar o sofrimento, mesmo que apenas por um só instante, que já é o bastante, para suavizar sua dívida de outra encarnação, pois não colocou em prática no momento em questão por um motivo, a ambição.

Alquimista

O FLERTE DA ILUSÃO

Com o pensamento, há de se contemplar o tempo que passou, com o poder de suportar um coração amado, sem pensar nas atitudes a tomar, retornar para lembrar e mudar o futuro desse pensar.

Sabedoria plena de razão, em meio à tamanha satisfação, que em todo seu corpo está com emoção.

Saber como convencer, sem nada a temer.

Enfatizar a todos, um ao outro nessa ligação de ilusão.

Continuar inerente às energias ao seu redor, sem compor uma só nota, mas uma sinfonia pura e harmônica.

Sem temer chegar, crer que o futuro virá, sem, ao menos, contestar nessa imensidão o porquê da razão.

Tomar conta e estabelecer uma ligação com o Senhor Criador.

Como seria ser um mestre do saber, sem ter vivido no decorrer de uma era de transição?

Transpor os obstáculos da vida e aprender como não sofrer, apenas aprender.

Tão oportuno e próprio do ser é tornar-se mais sábio no transcorrer da vida.

Tomar nas mãos com um simples pensar, todo limiar de chegar e conquistar. Texto contido no mistério a ser sugerido na divisão de uma vida.

Fazer uma reflexão do saber para compreender e aprender a conter toda fúria e transformar todo rancor em amor.

Como é bom saber viver do lado certo do universo, conseguindo mérito, o único propósito de existir e saber concluir.

Fonte da saberia é a disciplina aprendida diante da vida.

Conhecer com fluidez, tudo que conseguir aprender diante da evolução de uma encarnação, uma nova cultura a ser demostrada ao Senhor Criador, e Nele confiar toda tua existência de conhecer e saber.

Aproveitar com emoção, a bagagem que traz no teu saber para não mais sofrer.

Aproveitar para defender teu irmão, nesta caminhada em comunhão.

Em uma existência plena, conquistar, sem recusar em mudar, apenas, flertar com a ilusão.

O Alquimista

COMUNICAÇÃO

Na busca de novas atribuições, os homens buscam pelo incompreendido, sentindo sem saber o que fazer e que atitudes tomar. Todos nós não estamos preparados para a total compreensão do inesperado.

Existem diversas maneiras de sentir o mundo paralelo que nos atinge. Como um meio de influência, os pensamentos nos atingem e nos levam a pensar de forma diferente. Com o aperfeiçoamento de nosso ser, nossa mente se põe à disposição das comunicações oriundas de nossos amigos espirituais de modo simples e correto, sem qualquer interferência externa de outrem, ou energias com intensidades diferentes e pouco objetivas.

Uma comunicação de planos diferentes deve ser perfeita e conter uma fluência constante de informações. Com a prática de ambos os lados, essas emanações energéticas se tornarão uma forma correlativa bilateral, tomando a forma de um só ser em harmonia cognitiva e simbiótica, ocasionando uma comunicação perfeita e salutar para todos os meios comunicantes.

Toda correlação entre os dois planos, tende a alcançar pontos distintos no modo da ação intuitiva ou assimilativa nos meios físicos.

Todavia, existem fatores externos que alteram o fluxo contínuo dessas informações, tornando-as, por vezes, incompreendidas no meio atuante.

Toda comunicação com alto grau de complexidade, leva mais tempo para se tornar inteligível e transparente.

Complexidade é um fator decisivo nas comunicações e, às vezes, também podem ocorrer transtornos psiconeurais no espírito que faz estágio no meio físico, em predisposição atuante no momento.

No meio de toda essa conexidade, estão ligados os corpos atuantes e, conforme a necessidade, dispõem a tal fato correlativo de percepção e atuação psicoenergética.

Essas ligações passam por transtornos psicológicos da ordem das ligações iônicas, proveniente das transformações químicas e morfológicas do cérebro em questão.

As interferências que ocorrem nos meios comunicantes, como fatores anexos comumente encontrados em todas as ligações, com o tempo, prática e persuasão tendem a se tornar uma sintonia simples e continua de relatividade sinérgica com o mundo astral.

O Alquimista

DESARQUIVAMENTO LETÁRGICO

Diversas transferências de arquivos de vivências passadas fazem-se durante o sono profundo, com um transitório torpor do Espírito encarnado, ocasionando uma imensa liberação desses arquivos armazenados durante esse estado de letargia.

Muitos indivíduos, em meio a essa transferência, aderem-nas com maior fluidez. Um intenso campo energético toma conta do cérebro em questão, executando de maneira inesperada e ininterrupta, por certos momentos.

É necessário ter um preparo emocional perceptivo, como nas regressões propriamente convencionais, pois são realistas em demasia, levando a mente a reviver fatos emocionais com muita intensidade. Essas transferências ocorrem também com o cansaço físico corpóreo, onde algumas exigências são cumpridas nessas elaborações, ou seja, após a instalação de parâmetros de preparação complexas espírito e mente.

A total liberação dos arquivos é conquistada após a liberdade emocional.

Atingidos essas condições, as transferências passam a fazer parte da memória ativa atuante do indivíduo, como se fosse uma vivência da memória emocional atual. Essa transitoriedade emocional atua conforme o preparo de cada indivíduo, de forma segura, sem riscos ou danos.

O condicionamento é convincente nessas situações, para não causar transtornos psicológicos emocionais, levando o corpo fisiológico e espiritual a atingirem pontos favoráveis à transição, sem nenhuma consequência drástica emotiva.

Tamanha façanha é mais fácil de ser atingida, após desgastes físicos extenuantes, levando a um maior desacoplamento psíquico, físico na transferência.

Devidamente ilustradas, essas memórias interferem diretamente na atuação do ser relacionado e no transparecer do lado emocional não transitório do espírito humano.

Devido a algumas dessas disposições carnais de transitoriedade, o campo mediúnico atuante fica mais aberto, levando, muitas vezes, a maior fluidez de comunicabilidade entre os planos, tornando-se um fato da própria evolução.

Em contrapartida, o meio comunicador mais suscetível, sofre várias interferências. Com o exercício cotidiano, as atuações passam por ajustes, tornando-se harmônicas e elaboradas.

O Alquimista

A VISÃO ALQUIMICA

Diante das mais ecléticas formas do pensamento humano, a Alquimia da Idade Média tinha como teor a complexidade de vários estudos com diversos temas, tais como filosofia, poesia, química, física, matemática, metalurgia, astrologia e diversos modos alusivos ao pensamento, em uma busca incessante e constante pela cura de todas as doenças e o prolongamento da vida.

Como um modo filosofal de observação dos meios naturais e místicos, sempre buscava nestas elaborações, a transformação de metais pesados em nobres e valiosos, como o ouro.

Aceitos, assim, como mágicos, bruxos, poetas, místicos e estudiosos da mente e da parapsicologia, eram observados como seres superiores para sua época, que dispunha de pouquíssimos recursos tecnológicos, mas com a persistência em estudos profundos do inusitado e tentador.

Muitos desses seres estudiosos do misticismo, da tecnologia e da teologia eram vistos como seres que buscavam pelo Santo Graal.

Inúmeras experiências foram realizadas para prolongar a vida ou até mesmo abstê-la da morte do corpo físico. Conforme as misturas, o psicológico e filosófico eram totalmente anexados ao místico.

No meio das transformações pela busca do mais nobre metal, essa filosofia permanece ainda embutida no subconsciente humano até os dias contemporâneos. Essa diversidade mistura-se à criatividade, à dualidade científica e mística, a padrões e persistência de elevado grau.

Alquimia, criação e estudo do inexplicável, caminham juntos nessa elaborada busca do inimaginável.

Filosoficamente, essa maneira é mantida em ritos e mistérios que se perpetuam desde a idade média, na compreensão infinita do universalismo, misturando- se a rituais ativistas, elaborados e secretos como os da maçonaria, encontrando nesses meios, recursos para suas pesquisas e entendimentos relacionados à transmutação.

A variedade filosófica de ideias em transição traz à tona diversidades de pensamento e entendimento. Essa dualidade psíquica, filosófica torna-se cada vez mais complexa na busca por elaborados estudos da atualidade, mas nunca deixando para trás os pensamentos do princípio alquímico místico, tornando assim, uma indiscutível peculiaridade de estudos e elaborações culturais absorvidas durante todos os séculos.

Os estudos da alquimia, ciência, poesia e misticismo estão sempre em constante transformação.

Ditames encontrados mostram que esses estudos virtuosos nunca pararam de evoluir e jamais cessarão no tempo.

O Alquimista

ALQUIMIA E POESIA

A ligação da alquimia à poesia é muito mais profunda do que parece ser.

Diante das mudanças nas entonações vocais, quando se lê uma poesia ou quando se mentaliza diversas frases, transformam-se o ritmo biológico do ser e o pensamento filosófico do mesmo. Essa transformação eleva o Espírito, como também modifica as moléculas estruturais orgânicas.

Aparentemente simples, essas mudanças existem através do ato de pensar, por isso está puramente ligada no conteúdo alquímico.

Como podem deduzir o lado misterioso da alquimia também se transforma em amor, romance, paixão e cumplicidade. Podemos deduzir então, que este lado misterioso nada mais é do que uma ilusão filosófica do amor. Ondas harmoniosas transformam o pensar e, por consequência, a vida em seu entorno.

Olhando por esse angulo, compreendemos que o misticismo está extremamente relacionado com o simbolismo poético, com o amor e a vida.

Na busca incessante pela imortalidade, está relacionado à beleza, à ternura e à poesia.

Como sempre, tudo mostra a relação do universalismo que abrange todos os pensamentos filosóficos da humanidade.

O Alquimista

ATRIBUTOS DE UM SER VIVENTE

Quando colocamos em pauta a relação dos atributos de um ser que habita este planeta, não podemos esquecer o que nunca podemos deixar para trás. Atributos não só são as coisas boas que fizemos, mas sim o que podemos deixar encaminhados em nossas relações.

Mesmo sem imaginarmos, em todos os momentos diários, nossas ações geram uma cadeia de interpretações diversas, em todos os seres e situações. Não só os mais belos e singelos atributos de um indivíduo geram continuidade lógica e perfeita na mesma ordem e sequencia. Logicamente, todas as ações com propósitos voltados ao bem têm uma maior probabilidade, estatisticamente falando, de conduzir a mesma ação. Porém, entendemos que nada é perfeito, e que estamos muito longe da relação absoluta do realismo perfeccionista.

Assim, podemos concluir que, muitas vezes, atos com atribuições lógicas não geram elogios dignos na cadeia da evolução. Filosoficamente, nessa atuação, serão gerados atributos com razão plausível de dignidade, amor, lealdade e compaixão.

Então, seguindo essas deduções, talvez nossas conclusões sejam abaladas dentro deste contexto. Concluímos que, não somente os atributos como conhecemos, geram uma cadeia puramente lógica e perfeita. Eventualmente, dentro deste emocionalismo de paixões que vivemos, certas virtudes são imediatamente notadas, outras levarão certo espaço de tempo para a concretização perfeita, dentro dos padrões evolutivos que vivemos.

O Alquimista

ILUSÃO ÓTICA DO SER HUMANO

Sobre um olhar adverso, de um campo prismático diferente, os seres humanos têm uma ilusão ótica de diversas formas. Diante dessa diversidade ótica, os fatores na vida do ser humano são notadamente transitórios, de acordo com as expectativas fora da realidade.

Essas adversas visões, levam cada indivíduo a observar a imersão com olhar singular, sendo que a vida acaba tomando diversos caminhos e formas diferentes, com um ângulo de visão diversificado, levando a uma transitoriedade visionária e ilusória do modo existencial.

Notadamente, cada indivíduo possui um modo real de ultrapassar as adversidades vivenciais devido ao grau de sua evolução, valorizando a vida através de outros mecanismos, criando assim, uma individualidade do ser, no ponto de vista ótico.

O Alquimista

A DESCOBERTA DA RAZÃO

Por que pensar de maneira lógica faz tanta diferença?

Se existem mundos paralelos e diferentes dimensões, por que, em uma existência plena, o homem ainda não se descobriu e não deu oportunidade a razão?

De maneira constante na evolução, deveríamos ter conquistado essa façanha ou simplesmente ter descoberto um meio correto de existir plenamente e aprender a conter nossos instintos. Acreditar apenas no Criador e caminhar com passos largos na busca constante do conhecimento quântico, sendo que já possuímos o tal parecer nas nossas cadeias de códigos genéticos.

Em nossa existência sublime, acompanhar o desenvolvimento de acordo com a predileção divina!

Ou como em uma explosão de cadeias embrionárias do conhecimento, deixar vir à frente da mente os desígnios destinados ao nosso ser. Equidistantes nas vias de elaboração divina do conhecimento, estão sendo colocadas variáveis de existências, como uma prova incontestável da razão.

No contexto da evolução, são nos apresentados vários fatores relativos à existência de seres únicos em conhecimento e virtualidade espiritual.

Por que não juntar a ciência com a espiritualidade ou vice versa?

Espiritualidade, ciência e razão estão plenas neste contato. Muitos de nós conseguem a junção dos dois conhecimentos.

Os seres orgânicos estão tornando-se cada vez mais espiritualizados, tomando a razão da espiritualidade e a colocando a sua frente como um código binário de existência, em uma progressão algoritmia elevada a potencialização constante.

Vamos deixar de lado esses paradigmas e voltarmos à razão. Pensar de maneira a tornar o Espírito, que é ligado à matéria, cada vez mais uno com o Criador, afinal, estamos, agora, sendo uma pequena parte do que realmente somos ou seremos.

Esquecer as desavenças, voltar à razão, consagrar a realidade imediata em que vivemos, sem se esquecer da longa jornada à frente. O que passado não importa, somente o agora é importante, pois estamos em uma evolução constante, onde ciência e espiritualidade se tornam um só conhecimento que fazem parte da cultura do ser com razão!

O Alquimista

DIANTE DA DIFICULDADE

Como podemos querer saber a verdade, sem ter a consciência posicionada para tal fato?

Precisamos saber qual caminho seguir, diante da insegurança a nossa volta. Tudo tem uma razão de ser, de existir e se coloca a nossa frente de diversas formas. Um novo fato que por mais insignificante que pareça, na verdade é uma nova oportunidade apresentada para ser executada naquele momento, uma nova etapa em nossa vida, um novo caminho a trilhar, um novo pensamento que nos leva a uma mudança interna, novos degraus a serem conquistados.

Diante do inesperado que surge, permita-se reagir com diferença, pois sempre surge uma maneira de transpor o inusitado.

Nada é dado, pois tudo tem que ser conquistado.

Para poder passar para um nível mais elevado, é preciso transcorrer pelo presente de maneira sábia e saber se posicionar.

Como podemos ensinar, sem saber uma lição antes ultrapassada?

Não é fácil viver assim, mas nada seria verdadeiro se lhe fosse dado.

Pensar, saber, reagir, controlar tudo ao redor, deixar o passado, pois, por mais que tudo pareça igual, não é, e não seria assim se esse passado já fosse conquistado.

É necessário ter um novo modo de agir, sem desesperos diante de um novo fato consumado.

Com sabedoria e decisão, saber planejar é a questão, para um dia saber dizer não de um modo certo e direto, não deixando nada à deriva.

Todo trabalho é árduo, pois o contrário seria uma simples ilusão.

Como poder transformar, sem saber conduzir tudo aquilo que um dia foi amado?

O Alquimista

OUSE FAZER

Com mil palavras, direi ou com um simples olhar fecharei a porta do saber.

Saber conduzir e não reprimir um sentimento perdido.

Dizer, se fazer entender, não deixar no ar, saber declamar uma frase diferente.

A verdade aparece novamente, mas o tempo passou e você está velho demais para acreditar e fazer.

Então, como querer dizer algo que você não procurou entender?

A mente sofre diante de um pensamento que aparece diante de teus olhos. Buscar no olhar perdido, mas sem ser confundido, mesmo não sendo fácil deixar para trás tudo que se fez. O tempo passa e o coração, num momento de desespero, pode parar e não mais bater, sem ao menos compreender.

O Alquimista

SABEDORIA ADORMECIDA

Não adianta o céu estar claro se você enxerga a escuridão.

Teus pensamentos mais sombrios tomam conta de tudo a sua volta.

Mesmo diante do sol brilhante, não consegue ver a luz que reflete em teu olhar.

Como pode pensar nessa situação?

Tuas palavras não chegam a seu destino, impedidas, sem razão, diante dessa barreira.

Tudo não passa de uma ilusão, teu mundo não é assim, como enxerga diante de ti. Deixe cair esse véu de obscuridade e vem para realidade que te espera.

Tudo pode ser transformado, com um simples pensamento e um olhar diferente, basta crer e admirar.

Toda situação que temes não tem nenhuma razão de existir e estar ali. Sonhe e veja como és na verdade. O sol brilha para ser visto, sentido e também tocado.

Não é preciso partir, para tudo ser apreciado.

Como é bom poder fazer essa ligação, imerso neste universo de sabedoria que tens dentro de você, onde os mais simples pensamentos são perplexos devido ao tamanho o teu saber.

Viva, mostre o que podes fazer para ajudar a quem te procura em agonia por faltar à compreensão. Se transporte para esse universo que tens em seu interior, ainda pouco demostrado e notado.

Não interessa a razão, basta usar todo conhecimento conquistado, pois está aí para ser usado e transferido em benefício de tudo e de todos.

Um mundo complacente, inerente à diversidade da situação e que possa chegar as tuas mãos, poder entender com sabedoria, a razão de ainda habitar um mundo de prova e expiação.

Desvendar com um olhar, o que os outros pensam, sem ninguém falar. É assim que deves ser para começar a desvendar, curar com apenas um leve toque.

Não é preciso mostrar, apenas deixe passar o que tens para doar, como um presente que lhe foi dado, para ser doado sem nenhuma razão aparente, mas existe um mistério por trás de tudo isso. Um complemento divino do

Senhor Criador, que está sempre ativo, demostrando com um linguajar diferente, que muitos não têm em mente, mas que atua em todos que vêm buscar a cura e compreensão, naquele lugar.

É preciso deixar transcorrer para mudar toda a vida que te procura, mostrar que o sol brilhante ainda está no horizonte, e só precisa ser visto. Erguer a cabeça, se deixar levar até este lugar, para somente poder ajudar. E assim, quando o dia chegar e no fim do vale a neblina se dissipar, encontrar o Criador sem pensar.

O Alquimista

O CONHECIMENTO

Devemos assimilar o que ainda não conhecemos. É preciso saber, aprender, nem que seja uma só vez, é preciso entender.

Como pode seguir em frente sem querer aprender?

Tão pequena seria a mente se nada quisesse saber e entender cada vez mais.

Todo o conteúdo de um ser está no conhecimento que pode adquirir, armazenar no inconsciente e poder passar à frente. Não podemos dizer ao universo que tudo sabemos, mas que estamos nos esforçando em aprender.

Compreender a visão dos outros, armazenar novos acontecimentos, jamais pensar em parar e até implorar para poder encontrar alguém que queira ensinar.

Em um mundo perdido, conhecimento e cultura podem ser conseguidos, fruto de uma busca incansável, mas que o inevitável surgirá.

Que magnífica filosofia existia embaixo da pura rocha que abrigava uma civilização. Todo conteúdo outrora armazenado, podia até ser tomado ou apenas transmitido.

Insignificante é o ser que despreza o saber.

Ter armazenado no inconsciente uma matéria diferente, ciência, matemática ou outra filosófica para poder transmitir a outro alguém, onde cultura e conhecimento jamais se perdem dentro de um ser.

Nesse universo de pura evolução é preciso deixar a escuridão e partir rumo à luz do conhecimento.

Diante de uma síntese, estão contidos sabedoria, um estudo místico ou futurístico, em que variados temas estão em constante mudança ou transição, para que possamos assimilar e jamais deixar se perder. O conhecimento está a frete para ser descoberto e transmitido em toda evolução, onde uma simbiose constante está sempre em execução, entre o Espírito e seus arquivos na consciência do ser, para serem lembrados e usados.

Neste universo em expansão, até as leis da física entram em discussão, podendo haver uma transformação na realidade do tempo e espaço.

Não podemos deixar para trás a tradição, mas ciência e espiritualidade estão sempre em uma sintonia perfeita para serem descobertos, onde não é preciso ser um gênio para entender, mas é necessário querer aprender e transmitir.

O conhecimento pode ser armazenado e alterado diante de uma nova descoberta e, consequentemente, transmitimos de volta ao universo o poder de uma nova conclusão.

O Alquimista

FÍSICO

Ambos os lados ligados sobre a mesma
linha do tempo, o lado das emoções
toma conta de todo o corpo e o amor
predomina.

O Alquimista

A PRESENÇA DA VERDADEIRA ALQUIMIA

Existe uma relação de perplexidade entre corpo, alma e espírito que não está dentro de uma regra distinta. Cada ser tem uma relação única entre as partes.

Nem sempre a lógica tem um fator primordial nessa relatividade, pois, segundo as teorias de Einstein, tudo é relativo.

Tudo depende do ponto de vista da observação. Uma relação controladora que segue um único padrão não existe. Mesmo que tudo tenha uma correlação universal, as regras da física não são imutáveis.

Os fatores da velocidade, tempo e espaço têm sua relatividade de existência.

A expressão "o tempo voa", será verdadeira, pois o que passa realmente é o seu tempo existencial.

Uma relação de conectividade, ou seja, o trabalho em rede segue parte da relatividade universal, mesmo estando interligadas.

A participação de qualquer ser é eminente de uma fórmula magistral.

Uma alquimia persiste em existir, em realizar uma interligação própria, mesmo sofrendo a interferência do universo em proporções relativas à sua relação naquele momento específico.

É fato que a complexidade faz parte do contexto, que uma sequência exponencial exista, mas nada segue uma lógica extremamente única.

A relação da recepção tem uma influência inerte à razão, mas os fatos não estão parados no tempo, e sim fazendo parte dele com uma participação extrassensorial.

A emulsão de energias toma parte influente na concepção da criação, e mais uma vez a relatividade tem sua atuação.

Que situação inusitada, campo magnético, elétrico e astral se entrelaçam como espírito, alma e corpo físico.

Surge então a união relativa energética que atinge tudo a nossa volta.

Que situação inatingível pode completar um pensamento analítico constante, a alquimia das energias só tem uma explicação, a da verdadeira relatividade. Com participação ativa de várias forças físicas e extrafísicas desde a Criação até a transformação, a alquimia está presente em todos os momentos e lugares do universalismo.

O Alquimista

UMA FREQUÊNCIA DIMENSIONAL DE LUZ

Tão claro é o céu quanto a mente que o admira.

Que ínfima pretensão de querer poder entender todos os fatos da Criação.

Não é claro que o mundo mude, conforme tua opinião, mas a semente poderá germinar e tudo poderá mudar.

É um fato de a percepção tentar compreender o teor de um texto complexo, elucidar ainda mais o entendimento sobre o universo.

As linhas paralelas nunca se tocam, conforme a lei da física verídica em uma dimensão além da nossa compreensão.

Até onde poderá chegar a imaginação de indagar o porquê estas coisas acontecem?

Mais um mistério, fato ou realidade pertencente a outro mundo.

A conexão existe e aí está para ser sentida por alguns. Não a nada de especial entre esses seres, somente chegaram a esse estágio através de alguns meros microssegundos adiantados. Eles estão abertos à razão e a compreensão de que podem ser diferentes, mesmo contidos nesta existência.

A energia pulsa para ser adquirida, usada e transformada, desde uma simples palavra a uma emulsão telepática de questões, simples assim.

Todavia a intolerância leva, muitas vezes, à incompreensão, e um simples pensamento se torna cansativo para os menos ligados à evolução.

A complexidade eleva as ondas cerebrais aos mais altos graus de vibrações energéticas, com pulsos na mais alta potência, podendo torná-los autossuficiente com distinção de pensamentos.

A sublimação traz à tona um poder telepático extraordinário, com a disposição da comunicação imediata.

O imediatismo eleva o grau de transferência, tornando cada vez mais atuante a capacidade intelectual.

A evolução é perpétua enquanto absorve a energia transitória do ser, com capacidade de mover, transformar e ainda adquirir intelectualidade constante.

Criador e criação convivem em um espaço sem dimensões físicas, onde o finito não existe dentro dessas percepções, mas a razão do compartilhamento de mentes perdura sempre.

O Alquimista

O VÁCUO É ENERGIA IMPRODUTIVA?

O vácuo não é uma energia improdutiva, mas é um meio que impossibilita o percurso da energia de movimentar-se constantemente.

Devido a essa impossibilidade, a energia encontra outro meio de fluidificação.

Toda a energia decorrente da constante movimentação cinética transforma todos os meios comunicantes.

O vácuo também está em mudança de trajetória, possibilitando a transformação do meio circundante, em uma nova rota de energética.

O Alquimista

AS LIGAÇÕES IÔNICAS DOS ÁTOMOS

Os átomos podem ter diferentes combinações, podendo se tornar substâncias completamente atraentes na pluralidade e com um resultado final variável.

As órbitas dos elétrons podem ser na ordem de 6 a 7, tornando-se primordial na pluralidade das combinações. Os núcleos desses átomos, formas e características são fatores de diferenciação. Partículas nucleares subatômicas tornam essas mutações sempre possíveis. As mudanças de posicionamento dos elétrons são fatores de transformação, tornando substâncias completamente diferenciadas e com características singulares.

Todas essas combinações tornam condições de infinitas possibilidades de nossas substâncias e, ainda, com densidades completamente diferentes em toda concepção.

Inimaginável ainda, atingido um grau muito maior, quando tornamos como fator de estudo, as partículas subatômicas com todas essas combinações. Patamares na ordem de infinitas potências de pluralidade são atingidos em instantes, com a junção das unidades atômicas, tornando-se moléculas inorgânicas e orgânicas, como estados de fenóis tensioativos e hidrocarbonetos.

Todas as transferências de alto grau de complexidade tomam partes das infinitas possibilidades atômicas. Transformações nucleares também são irrefutavelmente possíveis dentro dessas combinações, levando a novas descobertas na era de materiais inertes na dissociação nuclear.

Na lógica dessas combinações, estão relacionadas às parassínteses nucleares atômicas pluridimensionais. Fatores não só orbitais, mas também na ordem quantitativa, tornam esses átomos com diferentes reações.

Todas essas combinações resultam em inúmeras diferenças nas ordens atômicas nucleares ativas e subquânticas, dentro de um universo em constante expansão.

O Alquimista

PROPULSÃO IÔNICA

A Propulsão iônica é um modo de conseguir um impulso gerador de energia. Com a liberação dos elétrons em órbita do núcleo atômico, cria-se um impulso gerando uma enorme liberação de energia que, em conjunto, esse meio de propulsão se tornará viável nos meios de transportes.

Nessa tese contraditória, ainda em compreensão, podemos transitar por enormes distâncias com poder intenso de energia sem destruição dos meios ambientais. Nas órbitas de diversos átomos, principalmente nos campos orbitais com duplicidade de elétrons na mesma órbita, o que gera impulsos magnéticos de padrões elevados, liberando na atmosfera fragmentos subatômicos sem significância majoritária, digna de nota.

Com essa fragmentação, as partículas vão se tornar resíduos subatômicos e não átomos radioativos, como na fusão nuclear.

Essas subpartículas, simplesmente, vagarão na atmosfera até tornarem-se parte de um conjunto atômico de pluralidade.

Toda essa tecnologia tornar-se-á, em um futuro próximo, o meio mais viável e limpo de energia, capaz de gerar padrões energéticos surpreendentes.

Ainda será necessário um meio de acumulação desses elétrons em impulsão, como meio de garantir uma continua liberação energética.

Todavia, essa nova tecnologia alcançará padrões energéticos nunca antes estudados pela tecnologia humana.

O Alquimista

UNIVERSO NA SUA VARIEDADE

Em todos os campos já estudados, existe a relatividade.

Toda lei física, na verdade, não é totalmente absoluta.

Na observação de um determinado ponto, pode parecer única e correta, mas, dependendo de outro ângulo de observação, podem se tornar inconclusivas.

Essas determinantes que pareciam ser imutáveis, na verdade, vêm se demostrando com inúmeras variedades interpretativas de relatividade.

Tudo e todos estão em uma constante evolução, sendo que até o que parecia ser imutável tem sua estabilidade abalada.

Com pontos de vista diferentes de observação, podemos notar nitidamente essas variantes de instabilidade, cuja expansão do universo é uma delas.

Não há no próprio universo uma constante, em virtude dessas mudanças. Em contrapartida, essas mudanças seguem sistemas lógicos, mas não complexamente imutáveis.

Programações variáveis, que na verdade são relativas, mudam conforme os estudos serem conclusivos.

Elaborados padrões de ordem algorítmica, não seguem regras tão rígidas, agora, notadas.

Sendo que a única constante absoluta é que tudo é relativo neste universo.

O Alquimista

A FUNÇÃO MOLECULAR

Uma grande explosão não significa apenas uma destruição.

Na formação de diversas galáxias, essa deflagração de energia pode criar e não causar o caos.

A reunião dos átomos levam a elaboração de moléculas únicas, existindo por algum tempo, para determinado fim.

Nessas uniões momentâneas, formam-se diversos compostos com singularidades únicas.

Um novo elemento pode estar disposto somente para a criação momentânea daquele novo sistema, desaparecendo logo após ter feito seu papel nessas formações, ou seja, novos compostos nascem e são decompostos imediatamente após sua devida utilidade.

Assim, essa constante transformação, age de maneira ininterrupta na formação do universo.

Enquanto sistemas solares inteiros nascem com novas propriedades, outros estão se desintegrando e chegando ao seu fim.

No ápice de toda essa notória e momentânea formação, os compostos moleculares podem ter suas funções diferenciadas, originando novos organismos, que fazem parte da vida desses universos em formação. De origem plausível, a vida existe não só da maneira como a conhecemos.

O Alquimista

TRATADO E SALTOS EVOLUTIVOS

Durante toda pesquisa antropológica, existe sempre uma divergência.

Mesmo com o passar de todos esses anos, é possível elucidar uma vida em evolução, criar uma discussão de como aconteceu tal fato que mudou a vida daqueles seres.

As barreiras foram expostas com o propósito de entender a evolução antropológica do homem, repleta de pensamentos filosóficos.

Nessa fantástica evolução, existem outros seres que apareceram para deixar algum legado tecnológico e cultural a cada parte de nosso planeta, podendo salientar diversos modos de compreensão da astrologia, astrofísica e teologia deixados em manuscritos ou inseridos nas rochas.

Estudar tais achados fez elucidar diversos fatores culturais do caminho evolutivo do homo sapiens. É plausível que esses estudos, tragam para a atualidade, a introdução do aculturamento das espécies de seres de outros orbes.

Durante a era mesozoica, muitos desses patamares elucidativos foram deixados como determinantes para estudos de gerações futuras.

Diversos aspectos constataram que seres de culturas superiores, contribuíram, significativamente, no campo evolutivo de diversas civilizações, onde algumas destas atribuições permanecem enraizadas até a era contemporânea, como ponto de tangível percepção nos estudos tecnológicos e filosóficos dessas civilizações.

Existem grandes vestígios dessas visitas, ocasionando saltos evolutivos em pouco espaço de tempo, em diversos campos, por exemplo, o tecnológico, filosófico, colocados à disposição para tal contexto.

O ser humano deste planeta nunca esteve só e nunca estará livre dessa presença.

Saltos evolutivos são incontestáveis.

O Alquimista

FORMAS DE VIDAS DIFERENTES

Um dia poderemos imaginar como é difícil atingir um lugar tão distante.

No transitar das partículas definidas como átomos, se formam inúmeras moléculas que poderão, em uma época distante, tornar-se um ser orgânico diferente.

Diante de tal profusão de pensamentos, estão relacionados os átomos que precedem a vida como conhecemos.

Átomos com diferentes formações, longe da nossa imaginação, têm um destino incerto na criação de outros seres vivos.

Com a dispersão da vida na profusão do universo, não é difícil imaginar que outros tipos de vida surgiram ou existem, como formas diferentes das combinações conhecidas como oxigênio, nitrogênio, carbono e hidrogênio, tidas como fundamentais na formação da vida orgânica como conhecemos e não nas formas que por ventura poderão forma-se, ou seja, vidas com outras diferenciações atômicas.

Essas diferentes combinações atuam na formação astrológica há muitos anos luz de distância da terra, onde formações adversas reinam em universos de concepção divergentes aos olhos da raça humana.

Diante dessa perplexidade e das conjunções moleculares inorgânicas na pluralidade das existências, não negamos vidas de formas aleatórias às conhecidas contemporaneamente.

Observando as diversas concepções moleculares, notam-se a pluralidade da mobilidade vivente extrauniversalista.

Nas formações moleculares fora dos padrões puramente conhecidos, estão as formas virais com proliferação dependentes da parasitologia para sua reprodução, não significando que outras formações independe de outros organismos vivos para sua reprodução.

Muitos seres orgânicos possuem reprodução assexuada e, em outros patamares distantes, podemos dizer que não dependam de nenhum outro ser para sua duplicação e multiplicação em larga escala.

Essa potencialidade pode, em uma concepção distinta, elevar a potencialidade na objetividade da existência de novas e diferentes formações orgânicas.

O Alquimista

INFLUÊNCIA DOS ASTROS

Como é possível astros de tamanha magnitude influenciar partículas na ordem subquânticas atômicas?

Sim, todos os astros do universo são interligados magneticamente ou na cadeia transacional de pensamentos, em pulsos energéticos.

Devido a essas ligações tudo faz parte do todo universal.

Partículas, inevitavelmente, alteram sistemas solares gigantescos, com dimensões imensuráveis, como também, esses gigantescos astros influenciam as mais insignificantes partículas, mas que contêm civilizações grandiosas.

Toda essa relatividade tem apenas uma significância, a divindade em ação.

A interação astral também tem influência significativa nas ondas harmônicas de todos os seres vivos em existência pluri.

Essa diversidade tem influências em todas as ondas geradas, nas funções orgânicas de toda essa pluralidade de vidas distintas.

Diversos pensadores de nossa história destacaram em suas obras literárias, as diversidades biológicas de variedade imensa. Notadamente, diversas obras de parapsicologia clínica e metafísica são expostas ao crivo da razão.

Essas ondas harmônicas tomam parte da nossa capacidade de raciocínio e percepção, levando mentes privilegiadas a uma distinguível notoriedade de pensamentos.

Os quasares da compreensão humana põem à vista essa diversidade comportamental transitória. Muitos desses pensadores têm obtido resultados surpreendentes.

Ainda com a evolução extracorpórea, muitos parâmetros seculares virão à tona, no passar de segundos, em mentes privilegiadas.

Com toda essa diversidade comportamental, alguns indivíduos demonstraram superioridade intelectual, não por opção, mas pelas leis naturais da evolução da vida.

O Alquimista

A INCIDÊNCIA DA LUZ SOBRE AS MOLÉCULAS DO TECIDO ORGÂNICO

Nos estudos realizados sobre a emissão de partículas fotônicas quânticas sobre moléculas orgânicas, diversas adversidades foram notadas, primeiramente nas órbitas e suborbitais de elétrons.

As mudanças orbitais elípticas são, notadamente, expressivas e transformadas em diferenças de velocidade e aceleração, em experiências analíticas de função, movimentação e também nos conjuntos de elétrons pareados, cujas mudanças cinéticas, variadas transformações nos núcleos também foram observadas.

Nas transposições de pesos atômicos, órbitas dos elétrons, e nas partículas subquânticas, também são notadas.

Nessas emissões de íons fotônicos, moléculas em conjunções atômicas sofrem transformações. Com essas alterações orbitais, na ordem de velocidades e justaposições de polaridade iônicas, também sofrem momentâneas mudanças.

Essas subpartículas quânticas alteram a funcionalidade gerencial e levam a caracterizações na ordem de funcionalidade.

Essas transformações têm sua magnitude ampliada, principalmente nas células cerebrais, pois são mais suscetíveis a essas irradiações. Por isso, pensamentos e lembranças são aparentemente notados no âmbito parapsicológico.

Todas essas emulsões quânticas são de elevadas transposições, levando a infiltrações até as camadas mais internas do córtex cerebral, afetando o hipotálamo e a glândula pineal de maneira exponencial, transacional e orgânica, em seus tecidos.

Com essas influências atuando, as transformações agem diversamente e distintas nas concepções celulares.

O Alquimista

COMPARABILIDADE ASTRAL E ATÔMICA

Vamos imaginar o campo astral como se fosse uma pequena parte experimental do universo. Essa organização astrológica tem uma relação de ambiguidade com o modelo atômico e subatômico universal. Todos os astros, inclusive os espaços entre eles, são modelos em larga escala de um átomo, têm suas órbitas em torno de núcleos distintos da galáxia que pertencem, sofrem influencias magnéticas de todos os elementos orbitais distintos e do seu núcleo.

Esse conglomerado de forças gravitacionais formam trajetórias complexas dentro do contexto estrutural como nos modelos atômicos. Até mesmo os espaços entre eles têm influências nessas órbitas e/ou trajetórias astrais.

O espaço visto como vazio tem sua função dentro da lógica, com a definição de rota e trajetória de seus componentes. Complexamente, seguindo o modelo atômico, núcleo, espaço e elétrons em constante movimentação cinética. Na verdade esses modelos seguem um padrão distinto de formação sendo completos em suas particularidades.

As influências magnéticas e de energia cinética obedecem a padrões prédefinidos de estabilidade orbitais e posicionamento de seus núcleos em constantes transformações geológicas.

Assim sendo, podemos definir esses modelos com diferenças apenas na escala e não no seu funcionamento e motricidade energética.

O complexo escalonamento gravitacional dá-se em função plena de suas massas comparativas, em suas energias potências que tratam exclusivamente da densidade de seus núcleos. Com a diversidade de densidade, todos os elementos astrais sofrem diferentes influências orbitais na rota de transição. Em comparação com nossos modelos atômicos, todos sofrem da mesma influência interativa. Até mesmo o vácuo é um complexo emaranhado de forças eletromagnéticas e tem sua intrigante função objetivamente distinta nessas formações.

Em tese, toda forma astral tem seu modelo em diminuta escala comparativa de existência, cujo contexto e potencialidade, os conjuntos se diferenciam em virtude da densidade e do tamanho comparativo.

No vácuo orbital essas diferenças tendem a desaparecer, pois mesmo as diminutas partículas têm suas forças eletromagnéticas com gêneros homogêneos e com uma concentração lógica. Até mesmo, as órbitas duplas e de paridades orbitais ocorrem nos dois campos de comparação, tornando essa simbologia de diferenciação ainda mais inabalada.

Adentro desse imenso multiverso em questão, podemos notar que essas complexidades gravitacionais continuarão dentro das leis físicas, até que se possam notar outras variações de sinergia e potencialidade gravitacional e de dimensionalidade astral.

O Alquimista

NOÇÕES LÓGICAS DA FÍSICA

Dentro da lógica da física, observamos grande importância em relação as suas leis e fórmulas.

Podemos compreender que em uma de suas diversas fórmulas comparativas de energias, destaca-se a da energia potencial igual à massa x aceleração. Essa energia é integralmente proporcional à massa molecular e a aceleração do planeta em questão. A proporcionalidade gravitacional altera, no âmbito geral, as forças energéticas de acordo com a densidade do astro em questionamento e estudo.

Tomando como modelo o planeta Terra, observamos que a aceleração gravitacional ao nível do mar, dez metros por segundo, obtém-se padrões de ordem comparativa para essas energias em níveis dimensionais astrais. Devido a essa possibilidade, podemos obter resultados diversos dentro de nosso estudo gravitacional.

Dentro dessas expectativas, observamos também que, indiferente ao tamanho dimensional astral, o fator densidade tem papel atuante nessa constante.

Assim, em observância a essas variáveis, podemos deduzir que elas também atuam nos campos atômicos na mesma proporcionalidade.

Com esse pensamento comparativo, chegamos à conclusão de que as leis físicas atuam independente da dimensão, mesmo que apenas em nosso universo conhecido.

O Alquimista

MOVIMENTAÇÃO ORBITAL DOS ASTROS

Mesmo seguindo padrões pré-definidos de geo localização espacial, pequenas nuances estacionárias podem ocorrer durante a movimentação cinética orbital dos astros. Com milimétricas mudanças orbitais de posicionamento, ocorrem variações geo sísmicas de temperatura e pressão.

Assim sendo, podemos dizer que as nuances geo orbitais levam a grandes mudanças em nosso sistema, a intempéries, grandes transformações ambientais e, consequentemente, na vida adversa animal e vegetal.

Essas adversidades são imperceptíveis ao olho humano, mas as mudanças na estratosfera e biosfera vêm ocorrendo há milênios. A extinção de algumas espécies dos reinos vegetal e animal ocorrem e causam grandes transformações.

Elevando-se o grau de observação, mal podemos notar essas adversidades, mas as transitoriedades existem, ocorreram e continuam em aceleração continua.

A vida animal sofreu mudanças e o desaparecimento de algumas espécies liberaram a evolução de outras, inclusive no homo sapiens, que está em evolução contínua.

A adversidade também ocorre nos padrões atômicos e moleculares, sendo praticamente imperceptíveis, mas não estacionárias. Transformações a níveis submoleculares também ocorrem e transformam moléculas orgânicas e minerais. Essas transformações atômicas podem explicar, em tese, as mudanças encontradas nos meios virais em primeira ordem.

Os meios, muitas vezes, não justificam os fins no campo da física molecular, mas ocorrem de maneira sutil e frequentemente.

Explicações adversas entram em discussão por variados meios, cientificamente, físico e químico e elevam cada vez mais ao pensamento universalista.

O Alquimista

INTERFERÊNCIAS MOLECULARES

As massas atômicas são proporcionais às massas moleculares e sofrem interferências nas relações iônicas dos elétrons em órbitas da suscetibilidade magnética por proximidade atuante.

Essas conjunções nucleares sofrem interferências por contraposições nas órbitas de transições iônicas moleculares, levando a diversidades comportamentais nucleares. Toda mudança de órbita dos elétrons, causam interferências nucleares e vice e versa, atingindo todo o mundo subatômico no contexto, podendo ocasionar colisões de elétrons e certa radioatividade inesperada na universidade habitual, trazendo novos e constantes feixes iônicos que atingem o planeta terra e uma mudança notável e atuante na relação entre os átomos de diversos compostos moleculares, principalmente nos orgânicos.

Essas atuações, mesmo que singelas, no campo atuante, modificam as conjunções moleculares orgânicas, na ordem de configurações vegetais, por consequência, atuando nos compostos moleculares animais.

A tenacidade atômica e molecular atua com diversas magnitudes em transformação. Com o decorrer do tempo, essas atuações têm fator de relevância estrutural molecular sobre diversos planetas do nosso sistema solar, inclusive da Terra.

Tais observações ocorrem em milhares de anos de formação molecular ou imediatamente após sua atuação nas moléculas, tornando assim, diversas formações em compostos adversos aos conhecidos na evolução molecular.

Por isso, o universo em questão está sempre numa constante mutação e transitoriedade. Algumas delas, notadamente imediatista, e outras em milênios de transmutações.

O Alquimista

COEFICIENTE DE DILATAÇÃO DOS METAIS

Devido às diversas distâncias nas órbitas entre os núcleos dos átomos, são notados vários coeficientes de dilatação. Essas diferenças estão presentes devido à notória constante densidade entre átomos.

Elétrons com diferenças orbitais, entre os núcleos com pesos atômicos diferenciados, causam adversidades. Devido à temperatura em transição, as matérias, principalmente na ordem dos metais, dilatam com diversidades.

Essa transitoriedade tem que ser levada em questão, na junção de diversas substâncias estruturais do contexto construtivo.

Com essas diversidades entre os materiais, fadigas estruturais são aparentes nas construções mecânicas ou estáticas de complexidade. Por esse motivo, na elaboração desses projetos, esses coeficientes precisam de estudos específicos.

O Alquimista

FÍSICA E RELATIVIDADE

De acordo com as leis da física atual, dois objetos não podem ocupar o mesmo espaço no mesmo tempo.

Na contrariedade dessa afirmação verbal, em contraposição existe uma divisão de opiniões que pode mudar essa transição.

Em um mesmo tempo real e mesma dimensão, existe uma notória controvérsia a essa questão.

Salientamos que é possível essa situação, que vem se defrontar com as leis da física como conhecemos.

Partido do pressuposto, que existe um grande espaço dimensional entre os elétrons e núcleos, está comprovado que este espaço existe, apesar de estar dentro de um campo magnético. O vazio completo está ali, entre esses elementos constituintes da partícula intitulada átomo.

Partindo dessa suposta afirmação, temos como concluir que a sobreposição de dois átomos pode ser feita de modo a salientar que é possível essa situação. Sendo este campo dimensional imenso, entre núcleos e elétrons e devido aos padrões distintos das diversas órbitas, tornando essa afirmação completamente viável entre as possíveis descobertas futuras da física, mudando completamente as definidas leis, tomadas como imutáveis.

Todo um universo de afirmações pode dispensar de maneira abrupta, mas consciente, devido à imersão conceitual dessas afirmações.

Logo, poderemos concluir que um espaço finito é capaz de abrigar, ao mesmo tempo, diferentes substâncias.

Alguns eméritos cientistas se exaltarão diante dessas afirmações, mas, diante das provas materiais que surgirão, serão irrefutáveis em aceitar os termos da evolução e descobertas da física.

Enquanto a física quântica determina seus padrões na busca de diversas subpartículas, essa simples afirmação pode causar mais espanto, pois vem contra a uma afirmação tida como absoluta, tomando parte no que se diz respeito a determinadas leis físicas contemporâneas.

Nada é realmente absoluto e depende muito de diversos fatores. Tudo, neste e em outros mundos, é realmente relativo, como afirmava nosso cientista, Albert Einstein.

O Alquimista

O QUE É TEMPO

Quando olhas a chama do candelabro que ilumina o aposento, e que serve de vestes no momento que empunha a pena emergida em tinta para transcrever e marcar com uma simbologia distinta, ou quando olha o céu límpido e vê distante de teus olhos astros que formam um sistema solar.

Tempo que remonta o espaço percorrido por um trem em movimento retilíneo uniforme, ou quando uma maça cai de uma árvore até atingir um de nossos sábios.

Tempo, como podemos descrevê-lo sem contradições?

Tempo e espaço se tornam um só.

Não é possível elaborarmos uma imediata razão para descrever o tal tempo.

Transcorrer, passar, ultrapassar de um ponto a outro, determina um espaço tempo ou um tempo no espaço percorrido.

Difícil questão a elucidar.

Razões da física, que nos explica, detalha e elucida, mas nos deixa contestar com inúmeras perguntas no ar.

Conjecturas da física ou de Deus? Explicação científica ou divina?

Ambas estão ligadas por um ínfimo fio tênue ou paralelamente congruentes no final.

Sem explicação, tempo é tempo, um determinado instante ou séculos, basta pensar com relatividade, dependendo do nosso ponto de vista, tudo é simplesmente relativo.

Não adianta pensar no agora, pois já passou neste instante, deixou de existir, mas talvez tenha deixado marcas incontestáveis na linha do tempo, que jamais serão esquecidas.

Uma grande descoberta passou, simplesmente passou, mas existiu, nem que foi somente naquele momento.

Física, lógica aplicada. Vida, existência plena.

Iluminado é o ser que pode pensar, pôr em dúvida alguma coisa.

Questão divina ou científica?

O Alquimista

MACRO E MICROCOSMOS

Dentro das fórmulas matemáticas, existe o desencadear do funcionamento do universo. É preciso resolver cada uma delas para chegarmos à compreensão exata.

Somos detentores do poder de criar. Buracos negros existem para captar energias densas e transformá-las em energias sutilizada. Se olharmos para dentro de um deles iremos encontrar muitas vidas.

Quando pensamos, criamos uma ilusão que se tornar realidade. Usamos a energia do pensamento, assim como a mesma energia que está no universo, para criar algo surpreendente, de acordo com a cor que dermos a ele.

A energia que circula no universo, assim como a que é criada dentro da mente, não é em linha reta, mas em curvas. Ela parte de um ponto e chega ao seu destino, saindo de forma sutil e transformando em matéria para, depois, se transformar em energia sutil, novamente.

As leis da física são imutáveis para nossa condição de vida, porém elas mudam de acordo com a dimensão atuante, conforme a capacidade da vida que impera em cada mundo habitado.

Aprender conduzi-la é a resposta para estar cada vez mais próximo do Criador.

Dentro do cérebro encontramos buracos negros iguais ao do universo, com a função de filtrar as energias.

Uma ruptura dentro do cérebro é necessária para transferir as energias do passado. Aprender a manipular essa energia é a grande chave que abrirá a porta para a sua concretização que te colocará cada vez mais perto do Criador.

O Alquimista

PEQUENOS FRAGMENTOS DA CONSCIÊNCIA

Deixou de me ouvir por um breve momento de emoção. Nessa ocasião, permanece adormecida, para sonhar e continuar na vida ao amanhecer e ver o sol raiar.

O Alquimista

O pensamento vai muito longe até ser disperso pela imensidão do universo.

O Alquimista

Percepção é estar ligado à filosofia da razão que flutua da alma ao coração.

O Alquimista

Dorme com Deus! Que neste instante de solidão eu consiga entender o motivo de tudo isso. Dorme, amor, unidos estamos em uma só emoção dentro da mesma vida.

O Poeta

Os olhos não precisam estar abertos para se ver uma nova jornada que se inicia.

O Alquimista

Dentro do vale, só existe uma saída, pense, exista e continue.

O Alquimista

O passado já existiu, o presente ainda vive e o futuro te espera.

O Alquimista

Concretizar um sonho é uma arte da vida.

Com pincel, lápis e um papel, é possível eternizar um momento.

O Alquimista

O pensamento vai longe e nunca para de flutuar e criar novas ideias!

O Alquimista

Dentro de um contexto imaginário de um ser que pensa e existe de verdade, a emoção toma conta de tudo a minha volta e sempre me faz pensar em amar.

O Poeta

Quem acompanha meus passos, agora, tem um futuro garantido em minha vida para nunca mais desaparecer.

O Alquimista

Os sonhos retornam novamente para serem vividos de um modo diferente!

O Alquimista

É preciso ter ilusão para se completar uma paixão do passado.

O Poeta

Como é possível um sonho retornar, e a paixão não existir sem uma razão?

A filosofia da vida perfeita é vivê-la como ela se apresenta no momento certo.

O Alquimista

Desista da guerra para sonhar com um amor e uma paixão.

O Alquimista

Nunca perca a oportunidade de viver, pelo menos, um momento de alegria e satisfação.

Alquimista

A compreensão faz parte do universo em expansão, que cria momentos para serem vividos com toda emoção.

O Alquimista

Persistir é um ato de amor contínuo da vida.

O Poeta

Como é possível viver sem ter um motivo para sonhar?

O Poeta

As madrugadas, o céu e a lua são feitos para elevarem os pensamentos mais nobres, apenas com o olhar.

O Alquimista

Pena e papel relatam o sonho de uma vida em um pedaço para sempre.

O Alquimista

Cadê você que sonha ao meu lado, mesmo distante na imensidão do universo?

O Poeta

O diário de homem fica escrito nas estrelas para todo o sempre.

O Poeta

Não é possível fugir da realidade, mas sim sempre sonhar!

O Alquimista

A mistura das emoções dá sabor a um modo de viver.

O Alquimista

Surge sempre um novo motivo para continuarmos a viver, uma nova opção diante de nossos olhos.

O Alquimista

O horário marcado no tempo nem sempre está correto com relógio da vida.

O Alquimista

A reflexão faz parte da emoção da nova conquista, tanto na guerra como no amor.

O Poeta

As críticas fazem parte do crescimento de uma vida.

O Alquimista

CONCLUSÃO

SÓ O AMOR TRANSFORMA

Dentro de uma sistemática complexa na existência, o amor sempre persiste, ultrapassando tudo e sempre retornando ao seu ponto fundamental na alma de cada ser.

Tudo é possível de acontecer, até mesmo as barreiras mais intransponíveis são dispersas, fazendo com que uma tamanha força invisível tome conta de várias existências.

Distribuição impulsiva necessária para essa força vital, que transforma e atenua a dor.

Acontece de repente, tomando conta da vida, mudando a maneira de ser, ultrapassando as existências.

Tudo é possível, basta sentir e deixar-se levar para atingir seu eu mais profundo.

Tal força é tão intensa, que controla o ser, tornando-o diferente, fazendo sentir e valorizar a vida de uma maneira que difere de tudo.

Não existe distinção, nem uma lógica perfeita, apenas um enorme poder de recuperação que transforma o mais íntimo do ser.

Ele é capaz de mudar o mundo, assim que tocar cada ser, na distinta estrada da elevação divina que cada um experimenta.

Vamos parar apenas um minuto, para sentir e dizer que é muito bom viver com essa magia contida dentro de nós.

Beleza da criação que transforma o corpo e alma de cada ser.

DEUS É AMOR!

O Alquimista